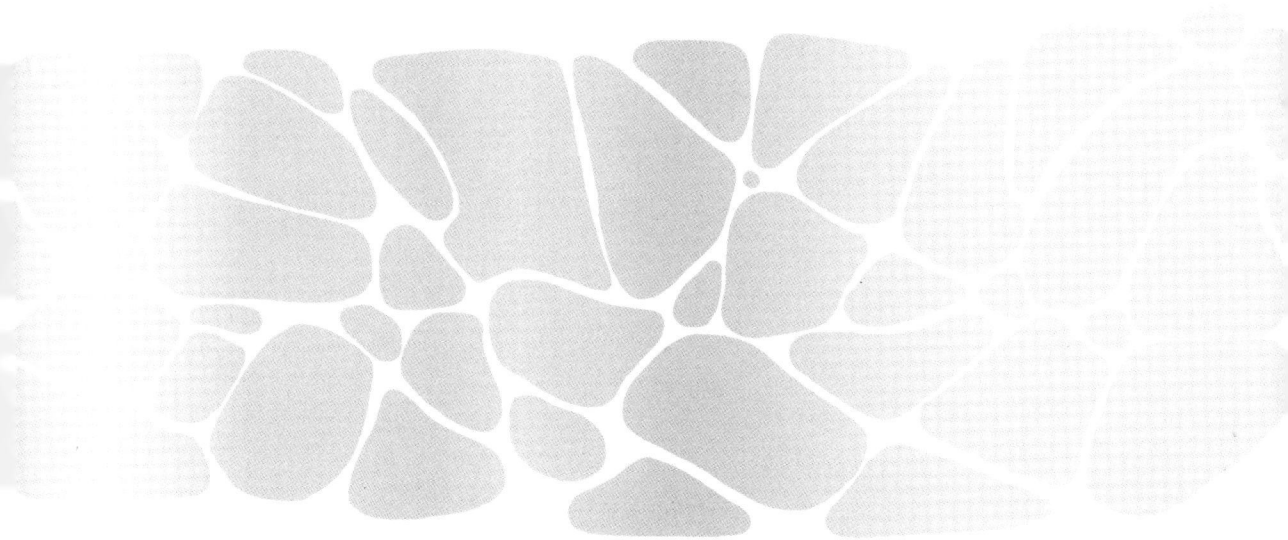

高校学生社团建设

李　俊　龚雪萍／著

Construction of College
STUDENT
ASSOCIATIONS

ZHEJIANG UNIVERSITY PRESS
浙江大学出版社

图书在版编目（CIP）数据

高校学生社团建设 / 李俊，龚雪萍著. — 杭州 ：
浙江大学出版社，2021.9
ISBN 978-7-308-21735-4

Ⅰ．①高… Ⅱ．①李… ②龚… Ⅲ．①大学生－社会
团体－研究－中国 Ⅳ．①G645.57

中国版本图书馆CIP数据核字(2021)第185306号

高校学生社团建设

李　俊　龚雪萍　著

责任编辑	朱　玲
责任校对	朱　辉
封面设计	春天书装
出版发行	浙江大学出版社
	（杭州市天目山路148号　　邮政编码　310007）
	（网址：http：//www.zjupress.com）
排　版	杭州林智广告有限公司
印　刷	浙江省邮电印刷股份有限公司
开　本	787mm×1092mm　1/16
印　张	15.75
字　数	287千
版 印 次	2021年9月第1版　2021年9月第1次印刷
书　号	ISBN 978-7-308-21735-4
定　价	49.00元

序 言

　　高校学生社团是落实立德树人根本任务、推进素质教育的重要载体，是高校学生根据成长成才需要，结合自身兴趣特长，在高校党委的领导和团委的指导下开展活动的群众性学生团体。高校学生社团一般分为思想政治类、学术科技类、创新创业类、文化体育类、志愿公益类、自律互助类及其他类等。随着教育综合改革的不断深入和大学生学习、生活方式的日益改变，学生社团逐步成为大学生中具有较大影响力和凝聚力的组织，也成为教学改革的重要抓手。学生社团文化在大学生知识结构的完善、实践能力的提升、综合素质的提高以及思想道德水平的升华等方面发挥着独特的、不可替代的作用。如何使高校学生社团和第二课堂更好地发挥育人功能，拓展第一课堂的育人成效是高等教育教学改革的重要课题。

　　浙江科技学院作为全国学生会社团改革试点单位、浙江省首批高校文化育人示范载体，自 2016 年以来推进社团改革与建设工作，紧紧围绕立德树人的根本任务，贯彻落实《高校学生社团建设管理办法》，制定出台《校党委关于新时代加强和改进学生社团工作的指导意见》，明确社团工作的指导思想和总体要求，成立社团建设管理评议委员会并设立学生社团管理中心，探索实施基于"五项机制"的学生社团育人体系，即注册制规范社团运作、挂靠制强化社团管理、星级制培育社团品牌、学分制激励社团发展、导师制注重社团指导。学校社团工作获得全国高校创业社团百强、浙江省优秀社团等省级以上荣誉多项，在社团改革与建设方面取得了一定的成绩和经验。

为深入贯彻习近平新时代中国特色社会主义思想，特别是习近平总书记关于高校思想政治工作和青年工作的重要论述，落实教育部、团中央关于社团工作的最新要求，思考如何团结凝聚广大青年学生，坚持思想性、知识性、艺术性、多样性相统一的原则，积极开展方向正确、健康向上、格调高雅、形式多样的社团活动，丰富课余生活，繁荣校园文化，促进青年学生德智体美劳全面发展，该书在深入研究高校学生社团建设的理论基础，比较中美高校学生社团的发展经验的基础上，提出了高校学生社团运行的五项机制、高校学生社团课程建设的优化路径以及高校学生社团干部培养的方法，并挖掘了高校学生社团育人模式和价值，构建了高校学生社团的评价指标体系，对高校学生社团的数字化管理进行了研究和探索。

该书有以下三个特色亮点：一是既围绕立德树人的根本任务，遵循教育教学和学生成长的规律，又体现新时代对高校思想政治工作和社团工作的新要求。二是既从机理上分析社团建设的内在运行逻辑，又从实践中归纳社团建设的具体实施方法。三是既对高校学生社团工作体系进行了深入系统的分析，又对社团建设关键问题进行了创新探索实践。

该书可作为高校共青团干部、从事学生工作的教师、社团指导教师和学生社团负责人等的指导用书，也可作为教育部门、团委及高校相关领导和从事高校学生社团工作研究的参考用书，还可以作为各级团校、人才学院和"青马工程"班学员的培训用书。

浙江科技学院校长

2021 年 9 月 15 日

目 录
CONTENTS

第三章

高校学生社团运行机制

附　录

第一章

绪 论

———

习近平总书记明确指出，青年兴则国家兴，青年强则国家强。青年一代有理想、有本领、有担当，国家就有前途，民族就有希望。基于中国特色社会主义进入新时代这一科学论断，习近平总书记深刻指出，实现"两个一百年"奋斗目标的历史进程，将贯穿千千万万当代青年成长发展的全过程。

高校学生社团的基本任务是以习近平新时代中国特色社会主义思想为指导，团结和凝聚广大青年学生，坚持思想性、知识性、艺术性、多样性相统一的原则，积极开展方向正确、健康向上、格调高雅、形式多样的社团活动，丰富课余生活，繁荣校园文化，促进青年学生德智体美劳全面发展。围绕高校育人的中心任务，在引导青年学生坚持学业为主的同时，针对学习就业创业、创新创造实践、身体心理情感、志愿公益和社会参与等普遍需求，借鉴"第一课堂"的做法，加强与学校相关部门、政府有关职能部门以及社会机构合作，普遍推行高校共青团"第二课堂成绩单"制度，推动工作的规范化、课程化、制度化。从工作内容、项目供给、评价机制等方面进行系统设计和整合拓展，客观记录、认证学生参与"第二课堂"活动的经历和成果，促进高校共青团"第二课堂成绩单"成为学校人才培养评估、学生综合素质评价、社会单位选人用人的重要依据。

高校学生社团是我国当代大学生素质培养的重要载体，是第一课堂的延伸，是高校第二课堂的引领者，是学生素质拓展与能力锻炼的有效途径，是校园文化建设与素质教育的重要主体，是文化育人的重要阵地平台，是学生自我发展的重要模式之一。本章将着重介绍高校学生社团的概念界定、基本类型和理论基础。从高校学生社团的国内外定义出发，深入解读高校学生社团的价值，深刻分析高校学生社团的积极作用，深度剖析高校学生社团的内涵特征。从活动内容和管理模式两个角度对高校学生社团进行细致分类；运用马克思主义相关理论、学生参与理论和社会认知理论对高校学生社团工作进行解读。

第一节　高校学生社团概念界定

随着社会的发展、科技的进步和教育改革的不断深入，全面推进素质教育成为教育改革发展的战略主题，对素质教育的重视程度不断提升，全国高校对学生社团的重视程度也不断加强。优秀的社团活动可以拓展学生的人际交往能力，提高学生的领导能力，提升学生的自我认知能力，加强学生的职业能力，是校园文化建设的重要组成部分，对校园文化建设起到了积极的作用。

高校学生社团活动是推进素质教育的重要途径和有效方式，在加强校园文化建设、提高学生综合素质、引导学生适应社会、促进学生成才就业等方面发挥着重要作用，是新形势下有效凝聚学生、开展思想政治教育的重要组织动员方式，是以班级、年级为主开展学生思想政治教育的重要补充。

近几年，教育体制改革的成效愈发显著，高校招收的学生人数大幅度增加，为高校学生社团的发展注入了源源不断的新鲜血液和蓬勃生机。在第一课堂的基础上，各高校为了给学生提供更好的实践平台，高校学生社团的数量和社团成员人数大大增加，学生社团蓬勃发展，社团活动丰富多彩。

一、高校学生社团的定义

（一）国内关于高校学生社团的定义

在《现代汉语词典》中，"社"指的是"某些集体组织"，古代把土地神和祭土地神的地方、日子、祭礼都叫"社"；"团"指的是"会合在一起"；"社团"指的是"各种群众性组织的总称"。社团可分为以营利为目的和以非营利为目的两类社会团体，前者如合作社、公司等；后者如政治、科技、文化、艺术、慈善事业等社会群众团体。

在《中国大百科全书·教育》中，对学校社团的解释是这样的："中国中等学校和高等学校学生在自愿基础上自由结成的群众组织。这些社团可打破年级、系科以及学校的界限。团结兴趣爱好相近的同学，发挥他们在某方面的特长，开展有益于学生身心健康的活动。"

在百度百科中搜索"高校学生社团"可搜索到"学生社团"词条，"学生社团"是指学生在自愿基础上形成的各种群众性文化、艺术、学术团体。其不分年级、系科甚至学校的界限，由兴趣爱好相近的同学组成，在保证学生完成学习任务和不影响学校正常教学秩序的前提下开展各种活动，目的是活跃学校学习氛围，提高学生自治能力，丰富课余生活，交流思想，切磋技艺，互相启迪，增进友谊。高校学生社团种类很多，如各种学术、社会问题研究会，以及文艺社、棋艺社、影视评论社、摄影社、美工社、篆刻社、歌咏队、剧团、篮球队、足球队、信息社、动漫社等。

（二）国外关于高校学生社团的定义

国外高校"学生社团"英文可译为"student club""student society"或"student association"。美国倾向于使用"student club"一词。1945 年后，美国强调高等教育要培养完整的学生，提出"学生人事服务"和"服务学生"的理念，高校学生社团的发展也遵循这样的理念。

欧洲学生社团的发端最早可追溯到古希腊时期斯巴达和雅典学校开展的各种体育运动，而同时期的雅典也产生学生组织。中世纪的欧洲以及 18 世纪晚期英国的大学和学校里也有学生课外活动的开展。以"学生治校"为特点的意大利博洛尼亚大学为中世纪欧洲学生社团的产生开了先河。此后，学生社团逐渐成了学生在学习以外进行文化体育活动的主要组织形式。[①]

在类型上，美国高校中常见的社团可以分为以下五类：信仰类社团，例如学校里的各种政党俱乐部；学术类社团，例如通信社、天文社、文艺社、集邮社、汽车研究社、航空研究社等；艺术体育类社团，例如棒球社、篮球社、足球社、网球社、排球社、田径社、国术社等；地域类社团，例如各校校友会、各地区同学会（同乡会）等；跨类型或其他难以归类的社团称为综合性社团。

在高校中，社团的内涵很具体。例如，哈佛大学的"实践社团"是指有着同样的目

---

① 杨芳芳. 国外学生社团研究综述[J]. 新丝路，2020（6）：98-99.

标、同样的工作或者同样的兴趣的一群人组成的一个非正式的团体，通过在不断发展的基础上相互影响，就他们共同关注的问题进行讨论，从而促进知识共享，加深对某一领域的知识和专业技术的理解。斯坦福大学的非洲黑人留学生成立了"黑人社团"，鼓励社员进行交流，发挥每个学生在社团中的独特作用，关注和支持斯坦福大学的进步。耶鲁大学有 50～60 个正式注册的校园艺术社团，满足了不同人群的兴趣爱好，如肚皮舞俱乐部、古典室内乐俱乐部、中国书法俱乐部和时装设计俱乐部等；还有耶鲁合唱团、耶鲁戏剧团、耶鲁乐队、清唱团等，都是耶鲁大学长期以来深入人心的传统社团。

高校学生社团是落实立德树人根本任务、推进素质教育的重要载体，是高校学生根据成长成才需要，结合自身兴趣特长，在高校党委的领导和团委的指导下开展活动的群众性学生团体。

综合高校学生社团的发展及国内外对高校学生社团的定义比较，笔者认为高校学生社团的目的是立德树人，组织形态是群众性学生团体，培养路径是围绕兴趣特长促进学生成长成才。

二、高校学生社团的价值

（一）高校学生社团的价值内涵

在研究高校学生社团价值时，经常提到的是"高校学生社团的价值是什么""这个社团活动很有价值"，等等。实际上，这其中关于"价值"的意义就是哲学层面对价值的理解，即对高校学生社团意义、作用的判断与描述。在研究高校学生社团内涵之前，首先要分析价值的内涵。

克里夫·贝克说："我相信每一个人都可以探索价值问题，因为价值就发生在每个人的日常生活之中。"[①] 作为一个在日常生活与学术语言中常常出现的词语——"价值"，我们不禁会经常思考：价值到底是什么？凡事都有价值吗？大家谈论的价值都是一个意思吗？从学科的角度来划分，价值可以分为哲学、经济学和社会学意义上的价值学说。

从词源上来探索一个词语的含义，是理解一个概念的重要途径。一方面，从西文词源上追溯，"价值"一词英语是"value"，法语是"valeur"，德语是"wert"，这些词与古代梵文"wer"（护栏、掩盖、保护）、"wal"（围墙、掩盖、加固）和拉丁文"vallum"（堤）、"vallo"（用堤护住、加固、保扩）有较大渊源，后来在这些词义上，"价值"又

---

① 克里夫·贝克. 学会过美好生活——人的价值世界[M]. 詹万生，等译. 北京：中央编译出版社，1997：8-9.

衍生出"尊敬、敬仰、喜爱"等意思。现在理解的"价值"通常为"珍贵的、尊重的、重视的"意思。使用"价值"一词的肯定意义时，与日常用语中的"好"极为相似。而"好"则有更广泛的含义，人们经常在表达"是与非""对与错""优与劣""美与丑""善与恶"时，将褒义的一面称为"好"，也代表着对于表达者来说，"好"的一面是"可珍贵的、可尊重的"，反之，贬义的一面称为"坏"。因此，"好坏"在日常用语中已成为一个具有普遍意义的抽象概念，同理，"价值"也往往具备这些词语所要表达的基本内涵，也是它们之中抽象出来的共同名称。从这方面对价值的理解多是在哲学层面上的。

另一方面，《说文解字》中对"价值"的解释是这样的：价，物直也；值，措也。[①]"价"始指场所，引申为卖者之所得，买者之所出："值"是持有，后引申为"相当"。从这个意义上来理解，"价值"实际上是指物品在比较、交换的过程中体现出的"相当""不相当"，反映的是物的功用性。[②] 这里对价值的理解有经济学层面的，也有社会学层面的。

时至今日，随着漫长历史的演变，"价值"一词的内涵经过变化与发展，已广泛应用于不同学科、不同领域甚至不同语境之下，而其最广泛意义的内涵，其实也就是"好坏""有用无用""意义与作用"等层面。前文也说过，价值就是客体满足主体需要的关系，客体对主体的价值大小与其满足程度相关。日常中说到某事或某物有"价值"，实际也就是说某事或某物"好"；说到某事或某物对某人有"价值"时，实际上也就是说某事或某物对某人"有意义""有用"之意。这些日常约定的价值内涵在本质上都是对事物意义、作用的判断与描述，与哲学上对价值内涵的理解有一定的相同之处，因此，日常人们对价值的普遍理解都已达成共识。

高校学生社团价值的概念是价值的子概念。关于高校学生社团价值的内涵界定，学术界也存在不同的声音，有属性说、关系说、意义说，等等，但无论何种学说，其实质都是研究大学生们加入高校学生社团并参与社团活动的作用、意义和对自身的影响，等等。高校学生社团之所以存在和高校学生社团活动之所以展开，是大学生们的某种愿望、目的或需要使然。高校学生社团价值的存在，实际上是大学生们依据自身需要进行选择、追求的结果。

高校学生社团价值的内涵是高校学生社团价值客体能满足高校学生社团价值主体特

---

① 段玉裁. 说文解字注[M]. 上海：上海古籍出版社，1988：281.
② 转引自魏宏聚. 何为价值——价值教育中价值内涵、特征与分类辨析[J]. 教育理论与实践，2013（19）：8-11.

定的愿望、目的或需要，这种特定关系是在高校学生社团活动中形成的，是高校学生社团发展的必然产物，这种关系表现为高校学生社团的存在及其性质与大学生的愿望、目的或需要等相一致、相适应、相接近的程度，表现为高校学生社团活动对大学生具有了或产生了某种功能、作用、意义和影响。[①]

（二）高校学生社团的积极作用

1. 高校学生社团有利于加强学生思想引领

高校本身就是产生新思想、新文化的源泉，也是优秀的民族文化得以保持和积淀的场所。高校学生社团根植于高校深厚的文化土壤之中并在其中发展和壮大，应该成为思想引领和弘扬中华民族优秀传统文化的一流团队。社团要因团队精神而存在，并因团队精神而发展，通过团队培养出更多的精英，培养出更为全面的人。具有较强的团队精神和与他人协作的能力，是现代人才的一项重要素质。联合国教科文组织提出的未来教育四大支柱，即学会认知、学会做事、学会共同生活、学会生存，强调合作精神和与人共事的能力。高校学生社团恰恰有助于培养学生作为集体一员的合作意识。在社团内部成员之间相互支持，相互协作，取长补短。高校学生社团应以打造一流的文化传播团队为目标而获得永恒的动力支持。[②]

2. 高校学生社团有利于推动学生全面成长

高校的立身之本在于立德树人。培养德智体美劳全面发展的学生是新时期人才培养的重要目标。高校学生社团通过组织建设和活动开展，在学生全面发展过程中发挥着重要作用。一是在组织建设方面，学生社团的培训交流活动有利于提高学生的综合能力。社团干部是社团日常建设的参与者，是社团活动的策划者和组织者。社团选派优秀社团干部参加"青马工程"培训班和社团干部培训班，提高社团干部的思想政治素质和政策理论水平，培养他们的组织策划能力和协调能力，发挥"老带新"作用。社团成员是社团活动的参与者，他们为了提高某一领域的专业技能而加入社团，社团根据社团成员的特点，邀请专业教师和有经验的高年级学生对其开展教学活动和日常训练，如文化体育类社团开展篮球教学、吉他教学等；志愿公益类社团开展社会礼仪培训，帮助志愿者提升服务技能等。定期举办的社团全体大会，为来自不同学院和专业的成员提供拓展交往圈子的机会和平台，帮助他们走下网络、走进人群，提高语言表达和人际交往能力。不

---

① 冯昭昭. 大学生社团的价值研究[D]. 武汉：华中科技大学，2016：64.
② 金丽. 高校学生社团的理论构建[J]. 沈阳师范大学学报（社会科学版），2008（2）：133-134.

同专业的成员为社团活动建言献策的过程，不仅有利于社团建设，也有利于大学生的全面发展。二是在开展活动方面，丰富多彩的社团活动有利于提高学生的综合素质。志愿公益类社团帮助学生提高道德品质，成为道德高尚的人；学术科技类社团帮助学生获得专业知识，提高专业能力；文化体育类社团可以帮助学生提高身体素质、审美能力和人文素质；创新创业类社团在帮助学生提高创新创业能力的同时，引导学生走出校园，了解社会现状。此外，学生参与社团活动还有利于培养理性平和、积极健康的心态，可以说社团活动是促进大学生全面发展的重要途径。

3. 高校学生社团有利于繁荣校园文化建设

新时代，党和国家高度重视文化建设，把"以文化人"作为"培养时代新人"的重要手段，要求广泛开展文明校园建设。良好的校园文化可以为大学生的成长和发展提供优质的环境和肥沃的土壤，对塑造学生的个性、提高学生的修养起着重要作用。高校学生社团是校园文化建设的主力军，不仅丰富了学生的课余生活，而且使大学校园文化向更高层次、更高品位的方向发展。在高校学生社团里，学生不仅可以施展才华，锻炼能力，而且还可以增强个人的团队意识，培养责任意识。高校学生社团为学生提供了一个更加全面的展示舞台，繁荣了校园文化生活，为学生创造了更积极、更健康的校园环境。

4. 高校学生社团有利于促进社会和谐发展

青年是祖国的未来，是国家的希望。高校学生社团能更好地体现年轻人乐观向上、勇于创新、勇往直前的一面，大学生通过团队的形式不仅能使自己的能力得到最大限度的锻炼，而且还可以升华爱国主义情怀，弘扬创新精神。高校学生社团要以弘扬中华传统文化为核心，体现中华民族自强不息、开拓创新、勤勉勇敢的精神。当前，高校学生社团特别是志愿公益类社团积极利用节假日回报社会，为构建社会主义和谐社会、振兴地方经济、繁荣社会做出了贡献。

（三）高校学生社团的内在特征

作为当代大学生素质培养与能力拓展的重要载体，高校学生社团是落实立德树人根本任务、推进素质教育的重要载体，是高校学生根据成长成才需要，结合自身的兴趣、特长，在高校党委的领导和团委的指导下开展活动的群众性学生团体。从范畴上说，高校学生社团属于非营利性社会组织。高校学生社团是校园文化建设与素质教育的重要主体，是文化育人的重要阵地和平台。高校学生社团被誉为高校第二课堂的引领者，是第一课堂的延伸，是学生素质拓展与能力锻炼的有效途径，是继学生行政班集体之后的"第二学生集体"，是学校精神文明建设的重要窗口。结合学生社团内在组织属性，当前高校学生社团呈现以下特征。

1. 非营利性

非营利性是高校学生社团的基本经济属性和管理属性。现代公共管理学认为，公益性社会组织的基本经济属性是非营利，即提供公共服务的公益性社会社团不能以盈利为目的，这是《社会团体登记管理条例》（国务院令第250号）规定的。尽管各高校的性质、发展定位、人才培养模式、办学特色、办学理念等具体情况各不相同，高校学生社团在发展历史、发展理念、发展模式、结构规模、特色项目活动策划等方面也不尽相同，但是这些都不是社团的本质属性，而非营利性是学生社团的基本属性。

2. 广泛参与性

随着高等教育的发展和学生规模的扩大，高校学生社团以较快的速度实现了规模化发展。特定的组织目标和发展特征使群众性成为高校学生社团的基本组织属性，决定了高校学生社团的组织原则、发展方向和服务对象。也就是说，高校学生社团是学生群体自发形成的为学生群体服务的群众性组织。大学生思想活跃，思维敏捷，爱好广泛，对知识有强烈的求知欲和好奇心，对新事物有较强的探索能力。高校学生社团能够在一定程度上满足学生自身完善、发展、展示的需要。学生社团灵活的组织形式和自由的活动方式在大学生中具有很强的吸引力和凝聚力，这使其成为学生大学生活的主要内容，在职业技能培养、兴趣培养、道德修养、职业素质巩固等方面发挥着重要作用。

3. 群体规范性

高校学生社团作为学生自发组建的团体组织，是一种非正式的行政组织。但它建立在共同追求的基础上，有一定数量的发起人同意成立，具有成员共同遵守的社团章程，而非一个松散的团体。在组织机构的建立和发展过程中，应根据需要完善组织机构，建立健全规章制度，明确社团宗旨，有效保护社团成员的权益，规范社团活动程序。从组织行为的角度看，高校学生社团组织结构有着显著的群体规范性，社团成员的具体工作具有明显的组织和纪律性，社团活动有具体的程序和要求。

4. 教育引导性

教育引导性是高校学生社团区别于其他团体、社会组织的重要标志之一，它是学生社团群体规范性特征在教育领域的集中表现，具有很强的行业属性。在我国，高校承担着人才培养、社会服务、科学研究、文化传承与创新的神圣职责和使命。高校学生社团是教育引导高校学生，促进学生在个性培养基础上全面发展的第二课堂，这必然要求高校学生社团在教育学生方面发挥更为重要的作用。随着我国高等教育办学体制改革的深入推进，高校人才培养方向正在由专一型向一专多能型、知识型向应用型转变；与社会需求相适应，注重人才的全面发展已经成为现代高等教育的基本理念。高校学生社团作为学生素质拓展与能力培养的重要平台，通过开展丰富多彩的学生社团活动，促进学生在兴趣爱好基础上培养个性特长，促进学生自由全面地发展，为今后的职业设计和人生规划奠定了坚实的基础。这是高校学生社团区别于其他学生组织的一个重要特点。[①]

第二节　高校学生社团基本类型

高校学生社团活动丰富多彩，能够满足在校学生基本的课外活动需求，深受学生喜爱。传统高校学生社团从活动内容上一般可分为思想政治类、学术科技类、创新创业类、文化体育类、志愿公益类、自律互助类及其他类等。本节将从两种不同的分类标准出发，对高校学生社团分类进行系统介绍。

一、按活动内容分类

高校学生社团由于开展的特色活动不同，因此按照活动内容分类，可分为七类。

（一）思想政治类社团

思想政治类社团以马克思列宁主义、毛泽东思想、邓小平理论、"三个代表"重要思想、科学发展观、习近平新时代中国特色社会主义思想，以及党章党规等学习研究社团为主，主要活动内容为学习、交流党的理论知识，参与相关社会实践，是高校学生思想政治教育的"第二课堂"，为高校学生学习党的理论知识提供了平台，对于培养有理想、有道德、有文化的青年起到了积极的导向作用，是培育当代青年正确价值观念的重要组成部分。

---

① 周贵勤. 高校学生社团特征与价值功能分析[J]. 湖北函授大学学报，2016（15）：40.

◎ **参考案例**

清华大学学生马克思主义学习研究协会（简称"学生 TMS 协会"），成立于 1995 年 4 月。从成立伊始，协会就确立了自身的定位，即学习研究马克思主义；在校党委学生部的指导下，协助推进全校的学生党建和思想政治教育工作；指导、服务、管理各院系分会和党课学习小组工作；与全校各个学生理论学习组织一起，努力建设全校学生的理论学习平台。

学生 TMS 协会的历史可以回溯到 1979 年。党的十一届三中全会召开之后，广大清华大学学生重读经典著作、学习理论知识的需求日渐增长。在这种时代背景下，来自精仪系的 10 多名追求入党的学生自发地组织起来，成立了清华大学第一个"党课学习小组"。清华大学党委对此非常重视，及时给予了肯定和支持。在学校和同学们的共同努力下，"党课学习小组"的组织形式迅速推广开来。

到 1994 年，清华大学本科生中已有党课学习小组 294 个，遍布各个院系，对同学们的政治理论学习起到了积极和重要的推动作用。然而，由于党课学习小组的规模有限，组织分散，加之影响力有限，导致部分同学对于党课学习小组的认识不够明确，难以充分利用学校的资源，举办大规模的活动。于是，水利系水工 12 班、材料系材 32 班等 20 个党课学习小组于 1995 年春季联合发起成立"清华大学学生马克思主义学习研究协会"的倡议。经过认真筹备，协会于 1995 年 4 月 7 日在清华大学大礼堂正式成立。协会得到了学校领导、老一辈专家学者的热情鼓励和大力支持，曾任教育部长的何东昌欣然担任了协会的名誉会长，著名作家魏巍为协会挥毫题词"我们的旗帜是共产主义"。[①]

（二）学术科技类社团

学术科技类社团主要着眼于自然科学和工程技术领域的内容，从事学术研究、兴趣学习、发明制造、文化创意等一系列科技创新活动及专业拓展，在社团活动中完善知识结构，将理论付诸实践，通过提高动手能力促进学生的个人发展，在科学普及、科技咨询方面发挥着日益重要的作用，成为我国高校科技建设中的重要力量。

◎ **参考案例**

浙江科技学院 ATTACKER 方程式赛车队成立于 2016 年 5 月，是挂靠在机械与能源环境工程学院下的五星级社团、学分制社团。社团以每年自主研发制造两辆赛车并参

---

① 学生TMS协会[EB/OL]. （2017-09-27）[2021-09-07]. http://m.sohu.com/a/195019631_635647?vk_sa=102432011.

加中国大学生方程式汽车大赛和电动方程式大赛为主要任务，目前有会员人数90余人。车队秉持"行者先行，进击不止"的口号，坚持"不止·卓越"的技术理念，致力于参加中国大学生方程式汽车大赛和中国大学生电动方程式大赛，并在造车过程中提升车队的技术水平，培养学生多方面的能力，同时体验赛车带来的乐趣。

ATTACKER方程式赛车队为学分制社团，相关课程"汽车设计与整车集成仿真"（Automobile Design and Simulation of Vehide Integration）是关于车辆工程专业汽车零部件设计与制造模块以及整车开发的一门专业课。课程针对汽车传动系、行驶系、转向系、制动系以及整车集成试验的设计和计算方法，采用案例教学，并研讨国内外最新的汽车设计技术和整车试验。教师在授课中以作业的形式给出一些思考题，要求学生在整理相关参考资料、科研论文及参考书的基础上，通过思考和交流，得出答案，并完成一份书面形式的学习报告，针对自己的报告在课堂上做一个10分钟的PPT展示，交流学习成果。通过课程的系统学习，学生可以有效地掌握汽车设计和整车开发的理论与方法，提高学生的动手实践能力，设计制造能力，也为今后从事汽车设计、制造、研究以及使用和维修等发挥自己的能力奠定一定的基础。

（三）创新创业类社团

创新创业类社团以培养创新意识、创新精神、创新思维、创造能力和创新人格等创新型人才为目的，通过社团活动提升学生实践能力和创新创业能力。社团组织成员参加各类创新创业大赛，增加社团成员的就业及创业相关知识和经验，为大学毕业后的就业或创业做充分准备。

◎ **参考案例**

浙江科技学院大学生KAB创业俱乐部成立于2006年，是校团委直属的五星级学分制社团。俱乐部坚持以"创新成就梦想，创业砥砺人生"为宗旨，持续开展"优秀企业家进校园""企业直通车""绿色创业"等活动，聘请李家华、赵伟等20余位全国知名创业导师指导俱乐部的建设和发展，依托全国大学生KAB创业基地开设"KAB创业基础""浙商解读MOOC"等课程，帮助大学生树立创业意识，学习创业知识，培养创业技能。近年来俱乐部及其成员荣获"全国十佳KAB俱乐部""全国KAB俱乐部主席""浙江省高校首批实践育人示范载体""浙江省大学生优秀社团"等荣誉称号。

KAB俱乐部为学分制社团，相关课程"大学生KAB创业基础"是面向所有专业开设的一门创业基础课，是顺应新时代发展的要求，以市场变化及其发展趋势为背景，从企业微观角度出发，运用企业管理新观念，培养学生的创业意识和创业能力，让学生掌握小企业开办与管理全过程的理论和实务的一门创业课程，目的在于培养学生的创业精神和创业意识，培养学生积极进取、勇于挑战、勇于创新的能力，为其就业开拓广阔的空间。

（四）文化体育类社团

文化体育类社团的主要活动内容是体育运动、健身锻炼和文艺活动等，旨在提高学生对文化体育的兴趣，使学生热爱文艺和体育运动，以达到增强其个人修养和身体素质的目的。响应全民运动的号召，文化体育类社团作为高校社团的重要组成部分，在激发学生活力、提升生活质量、让学生热爱生活方面发挥着不可替代的作用。

◎ **参考案例**

浙江科技学院晴岚戏曲社成立于 2000 年 9 月，是挂靠在人文与国际教育学院下的学分制社团。社团以"让戏曲在校园里流传"为主要任务，目前有会员人数 38 人。社团的主要工作为引导同学们了解戏曲，培养和提高戏曲欣赏、戏曲演唱的能力，在校园里推广中华民族优秀传统文化。晴岚戏曲社通过每年的专场活动，从大学校园入手，进行越剧等戏曲的推广，希望通过社团活动及表演等方式让更多的大学生对中国传统戏曲产生兴趣，为戏曲的流传、发展，尽自己的一份力。

浙江是中国戏曲史上著名南戏的发源地，对民间戏曲的发展有着深远的影响。南戏，又称"戏文"，是宋、元时南曲演唱的戏曲，因最初产生于浙江温州地区，故也叫温州杂剧。一般认为，南戏是中国戏曲最早的成熟形式之一。浙江的戏剧艺术底蕴丰厚，除越剧外，还拥有婺剧、绍剧、瓯剧、甬剧、姚剧、湖剧、温州乱弹、新昌高腔，以及流行于杭嘉湖地区的昆剧、评弹等多个剧种。

（五）志愿公益类社团

志愿公益类社团以奉献、友爱、互助、进步的理念为基础，利用课余时间开展各类服务社会、关怀社会弱势群体的活动。这些活动都是基于社会道德良知及社会责任感的无偿行为。随着社会主义精神文明建设的不断深入及大学生思想道德意识的不断提高，越来越多的大学生参与此类社团。志愿公益类学生社团作为连接大学生个体与社团组织、学校与社会的特殊学生团体，在社会上的影响力也日益提升。

◎ **参考案例**

北京大学爱心社成立于 1993 年 11 月 23 日，是中国高校第一家由学生自发成立的志愿服务社团。20年来，爱心社不断发展壮大，坚持从事爱心活动，平均每周进行30多项志愿服务活动。作为北京大学十佳社团及品牌社团，爱心社在校内外具有极大的知名度和影响力。

爱心社有社员近1000人，遍布北京大学各个院系及北京大学附属小学等单位。爱心社包括儿童、助残、校园、护老四个实践部组，以及分别负责对内及对外事务的组织部和外联部、负责一对一资助贫困山区孩子活动的资助部，还有手语分社下辖的表演组、教学组及宣传组。

爱心社坚持以"友爱，善良，诚实，互助"之心，坚持志愿服务实践活动，从以前的立足于服务校园，进而将爱奉献到全社会。爱心社平等助残、扶老助幼，并以"爱心万里行"的暑期实践活动将大学生的爱洒向了大江南北。爱心社"呼唤爱心，奉献爱心"的宗旨经过一届届社员的传播与贯彻，深入人心。

爱心社每周的常规活动经常会被中央电视台的少儿频道、科教频道，以及北京电视台报道，引起巨大的社会反响，具有强有力的社会影响力和知名度。在校内，爱心社与其他优秀社团也有着广泛的合作，如爱心、车协、山鹰三大品牌社团一起组织的篮球赛。在校外，爱心社和北京市各中学广泛联络，如在北京大学附属中学、中国人民大学附属中学、北京第十二中学等北京市重点中学进行青年辅导教育，为大学生志愿服务做出优秀的表率。[①]

（六）自律互助类社团

自律互助类社团以培养学生的自律、互助意识，引导学生积极承担社会责任为目的，通过社团活动提升自己、要求自己，变被动为主动，约束自己的言行，彼此帮助，提高团队合作的能力。具体来看，此类社团通常积极组织参加"防艾"知识竞赛、文化学业辅导、心理健康疏导、法律援助咨询等活动。

◎　**参考案例**

浙江大学学生就业与职业发展协会成立于2003年10月16日。协会分为玉泉主会与紫金港分会，作为浙江大学就业与指导中心下属的四星级自律互助类社团，致力于"服务，提高浙大学子就业竞争力"，以"Your future, we care!"为口号，秉承"服务文化""精英文化""家文化"，每年承接近千场校园综合招聘宣讲会，举办的品牌活动包

---

① 爱心社[EB/OL]．（2015-08-07）[2021-03-21]. https://youth.pku.edu.cn/xywh/hlst/232748.htm.

括职场精英训练营、名企之路、企业参观等，涵盖简历、面试、行业交流、投资创业等各方面求职课题，解决浙大学子就业难题，提升浙大学子就业素养。协会曾多次获得"浙江省高等学校优秀学生社团""浙江大学十佳社团""浙江大学示范学生社团"等荣誉称号，在全校师生中拥有广泛的影响力与良好的口碑。[①]

（七）其他类社团

除以上社团活动内容以外的社团称为其他类社团。

二、按管理模式分类

高校学生社团按照管理模式分类，可分为三类。

（一）专制型社团

社团负责人（社长）全权负责，在社团中处于最高地位，社团运行的所有事务均由社团负责人做出决断，人员招募、活动策划、场地安排、设备保障等都需社团负责人考虑，其他成员没有决策权和管理权，必须服从社团负责人的统一指挥。但社团负责人与部门及其他社员处于不同等级，不同部门间缺少经常性的沟通，成员之间也较少有交流。这一模式固然能保证决策和执行的高效率，也能保证活动正常开展，但往往是以压制其他成员的表达热情和积极参与为代价的，同时，对社团负责人的组织管理能力和个人魅力也有很高的要求。专制型社团组织结构如图1.1所示。

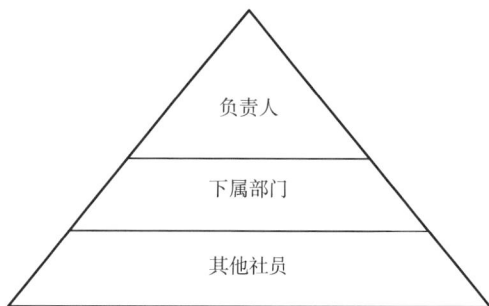

图1.1　专制型社团组织结构

（二）民主型社团

民主型管理模式即社团负责人和职能部门都由民主选举产生，社团管理实行理事会负责制。理事会由社长、副社长和若干常任理事组成，是整个社团的决策机构和权力

---

① 大众评审，星级调整社团已就位[EB/OL].（2020-12-26）[2021-03-28]. https://mp.weixin.qq.com/s/g0OXPUz3kOUASVVtfvU-Xg.

机构。在社团活动策划中，理事会成员充分讨论并主动吸纳其他成员的意见，通过不断吸收意见和建议来提升活动质量和管理水平。民主型管理模式强调集思广益，虽然达成共识常需要经过漫长的讨论和争执，但保证了决策的民主性和科学性，且成员间关系融洽。如上海大学法学会，其内部机构包括管理层和执行层。管理层由会长、副会长、理事长构成，执行层包括学术部、宣传部、外联部、财务部、网络部、企划部等。管理层做出活动决策，交由执行层共同讨论并且完善计划，讨论通过后交付执行。民主型社团组织结构如图 1.2 所示。

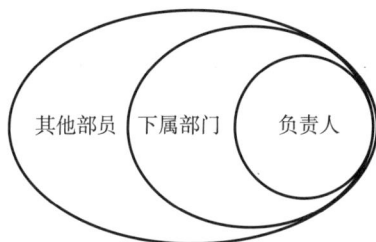

图 1.2　民主型社团组织结构

（三）松散型社团

松散型管理模式即社团追求庞大的规模而缺少科学的规章制度和管理措施，社员进出没有限制；负责人、职能部门和其他社员联系松散，缺少有效沟通；活动策划和开展全凭一时兴起，缺乏综合考虑和长远规划。该模式采取社员大会制。社员大会是最高权力机构，负责规章制度的制定和重大问题的决策，力图让所有成员都满意，但往往以冗长烦琐的会议和成员的频繁更换为结果。① 松散型社团组织结构如图 1.3 所示。

图 1.3　松散型社团组织结构

通过对不同管理模式的社团对比分析可以看出，在专制型社团中，社团负责人有绝对的决断权，负责人与社团成员间是严格的管理与被管理的关系，社团成员只是按照规定参加活动，社团层级间缺少沟通与感情交流，整个社团活力较弱，这种管理模式不

---

① 王建慧. 高校学生社团发展周期与运行机制相关性研究[J]. 扬州大学学报（高教研究版），2010（3）：47-48.

利于社团长久发展；松散型社团表现出充分民主，负责人和社团成员间是一种平等的关系，在决断时往往会出现漫无边际的讨论与争执，成员间缺少真正的沟通和倾听，社团活动开展存在层层阻碍，这种管理模式不利于社团的和谐发展；在民主型社团中，负责人和社团成员间彼此深入沟通交流，相互集思广益、取长补短，在决断中具有一定的科学性，在举办活动中相互帮助，发挥出整个社团的力量，社团在负责人和成员的共同努力下一起进步，一起发展，这种管理模式有利于社团的稳定发展。

我们在调查中发现，除了按照活动内容和管理模式分类外，还存在由于社团成员数量的差异，按人数分类的方法。按这一方法大致可将社团分为三类，分别是：小型社团（社团成员人数在 20～30 人）；中型社团（社团成员人数在 30～100 人）；大型社团（社团成员人数在 100 人以上）。

第三节　高校学生社团工作理论基础

高校学生社团在创建、组织、管理和评估过程中，不仅需要实践层面的锻炼，更需要理论层面的引领。在以学生为根本的育人工作中，以学生身心健康发展的客观规律和已有理论为根基，能让社团在育人导向中更加具有方向性、目标性和可行性。在组织管理中，学生社团干部的培养不仅需要思想政治引领，更需要扎实的政治理论作为总纲领。因此，高校学生社团工作的理论基础是工作实践的引路明灯，也是活动组织的方针导向。

高校的立身之本是立德树人，它的作用是为党和国家培养德智体美劳全面发展的高素质人才。优质的校园文化可以为学生的兴趣发展、成长成才提供良好的环境氛围和发展平台。高校学生社团作为社团文化的载体和第二课堂的重要组成部分，学生参与较为自主、活动较为丰富，是校园文化的重要组成部分。此外，高校学生社团对在校学生人格塑造、能力培养、创新意识提升等方面都起到了比较重要的作用。因此，科学地开展高校学生社团工作需要从不同角度对高校学生社团进行分析。

从心理学角度分析，人是处于社会关系中的，没有人可以脱离社会群体而单独生存。马斯洛的需求层次理论表明，人类总是受到生理、心理需求的本能驱动，人要生存，就不能离开生理、安全、社交、尊重、自我实现等基本需要，要实现这些需要，在通过交往而形成的人类群体中生活是必不可少的。高校学生社团本身是一个学生根据自己的兴趣爱好自愿加入的组织，有陶冶情操、发挥特长、开阔视野、活跃氛围、提高能力等作用。从某种意义上说，大学生加入社团的原动力就是为了满足自身的需求。冼季夏从马斯洛的需求理论视野分析了高校学生社团建设的层次逻辑，从大学生的安全需要层次、归属与爱需要层次、尊重需要层次和自我实现需要层次等四个层次谈到高校学生社团的组织建设。同时，他还提到，在社团组织中大学生的成长需要体现在个体身心发展需要、个体归属需要、个体社会化需要和个体自我价值实现需要中。[①]

从教育学角度分析，《中国大百科全书·教育》说："从广义上说，凡是增进人们的知识和技能、影响人们的思想品德的活动，都是教育。"也有学者认为，现代教育就是教育者根据一定社会和个人的要求以及遵循受教育者身心发展的规律，对受教育者所进行的一种有目的、有计划地传授知识技能，培养思想品德个性，发展智力和体力，以便把受教育者培养成为社会和个人所期望的那种人的活动。研究者们经常提及高校学生社团对大学生"素质教育""人文教育""创新教育""实践能力培养"的作用，就是将高校学生社团建设基于教育学理论的思想来进行研究的。还有诸如"隐性育人功能""培养综合素质"等也是在现代学校课程观的理论基础上总结出来的。[②]

从社会学角度分析，人的成长实质上是一个社会化过程。社会化就是个体在特定的社会文化环境中，学习和掌握知识、技能、语言、规范、价值观等社会行为方式和人格特征，适应社会并积极作用于社会、创造新文化的过程。它是人和社会相互作用的结果。通过社会化，个体学习社会中的标准、规范、价值和所期望的行为。个体的社会化是一种持续终身的经验。社会化通常涉及两个方面：一是社会对个体进行教化的过程；二是与其他社会成员互动，成为合格的社会成员的过程。作为众多学生参与的高校学生社团，通过其特定功能及所组织的活动，能够有效整合各方资源，加强大学生之间、大学生与社会之间的互动，为大学生的成长成才，为社会的稳定、持续发展提供支持保障。[③]

理论是实践的指导，高校学生社团建设是建立在科学的理论基础之上的。马克思主义相关理论是高校学生社团建设的总指南，为高校学生社团建设指明了方向。相关学

---

① 冼季夏. 马斯洛需求理论视域下的高校学生社团建设[J]. 学校党建与思想教育，2009（6）：59-60.
② 冯昭昭. 大学生社团的价值研究[D]. 武汉：华中科技大学，2016：11-12.
③ 周伟军. 大学生社团功能的社会学分析——以天津市高校社团的实证调查为依据[D]. 天津：天津理工大学，2011：8.

科的理论知识是高校学生社团建设的重要理论来源，为高校学生社团建设提供了方法论支撑。

一、马克思主义相关理论

（一）马克思主义关于人的本质理论

马克思指出："人的本质不是单个人所固有的抽象物，在其现实性上，它是一切社会关系的总和。"[①] 社会性是人的本质属性，这是人与动物的重要区别之一。人的社会性表现为人们之间具有社会性的交往活动，这种交往活动既是社会生产的需要，又是人实现自我完善和发展的需要。人只有在不断地与他人的交流、交往和互动中，才能获取自身发展所需要的物质和能量，才能推动社会的发展和进步。在现代社会，完全孤立的个人是不存在的，随着交通和通信技术的快速发展，尤其是互联网技术的应用，人们跨越时空的联系和交往越来越频繁，而人类自身的社会性也越来越得到彰显。

高校学生社团是大学生社会交往和社会关系形成的重要场所，是大学生实现人的自我本质的重要表现形式。在学生社团组织中，大学生通过社团活动和社团日常管理，相互之间结成一种联系紧密的合作交往关系，这种关系对于社团成员尤为重要。大学生在学校除了同班同学之间的交往之外，还有更广泛的社交需要，在一定程度上反映了青年人身体和心理正常发展的规律。高校学生社团拓宽了大学生的社交领域，为大学生开展社交活动、增进同学关系提供了重要平台。高校社团建设，是马克思主义关于人的本质理论的外在体现。[②]

（二）马克思主义关于社会组织的理论

马克思主义经典作家关于社会组织的思想是高校学生社团建设的重要理论基础。马克思、恩格斯认为"社会组织在一切时代都构成国家的基础以及任何其他的观念的上层建筑的基础"[③]，指出了社会组织在国家和社会中的重要地位。马克思主义经典作家从无产阶级解放学说、工人阶级组织理论以及组织广大群众的革命实践中，不断丰富和发展马克思主义社会组织理论，夯实了高校学生社团建设的理论根基。

马克思主义社会组织理论是建立在唯物史观基石之上的。根据马克思主义唯物史

---

① 弗里德里希·恩格斯，卡尔·马克思. 马克思恩格斯选集：第1卷[M]. 北京：人民出版社，2012：139.
② 邱玥. 高等学校大学生社团建设研究[D]. 沈阳：辽宁大学，2019：37-38.
③ 弗里德里希·恩格斯，卡尔·马克思. 马克思恩格斯选集：第1卷[M]. 北京：人民出版社，2012：211.

观的基本原理，社会组织是商品经济发展到一定历史阶段的产物，它有着深刻的经济根源。社会组织的性质和特征是由经济基础决定的，在不同的经济社会形态中发生不同变化。

社会组织是实现人的自由发展的重要组织形式。马克思、恩格斯在《共产党宣言》中指出："每个人的自由发展是一切人的自由发展的条件。"① 高校学生社团建设离不开马克思主义关于人的自由全面发展理论的指导。高校学生社团是由相同兴趣爱好的大学生组织起来的学生组织，因而其成立的初衷就是为了满足大学生个性发展的需要，通过参加社团活动，不断提升自身的各种能力，从而实现大学生自身的全方位发展。根据马克思主义理论，人的发展包括人类特性的发展、社会性的发展和个性的发展，只有实现这三个层次的发展，才能真正获得人的自由全面发展。高校学生社团建设与人的全面自由发展理论相契合，只有始终坚持这一理论，才能保证其建设不偏离方向。

社会组织也是实现人的社会价值和个人价值相统一的组织形式。马克思主义认为，除了自然属性，人还具有社会性，社会性是人的本质属性。作为一种复杂性的社会动物，人自身兼具了社会性和个性，并实现着社会价值和个人价值的统一。社会价值即人对整个社会的意义，个人价值即人对自身需要的满足。高校学生社团建设离不开马克思主义关于人的社会价值和个人价值相统一理论的指导。高校学生社团建设，一方面在于帮助大学生习得知识、提升技能、满足需求，另一方面在于为国家培养并提供所需要的高素养人才。高校学生社团建设实现了社会价值和个人价值的统一。因而，对于高校学生社团建设的研究，要坚持社会价值和个人价值统一理论的指导。②

（三）马克思主义关于接班人的理论

"无产阶级革命事业接班人"思想萌生于共产主义同盟时期，明确提出于苏联斯大林时期，在马克思主义中国化过程中获得了新发展，逐步成为马克思主义理论的重要组成部分。③ 接班人指的是具有坚定的共产主义信仰并为社会主义、共产主义事业不懈奋斗的广大青年和党政干部。培养社会主义事业的建设者和接班人，一方面是为了确保我们党和国家始终沿着社会主义道路走向前进，另一方面是为社会主义建设提供充分的人才保障，增强社会主义发展的动力。

---

① 弗里德里希·恩格斯，卡尔·马克思. 马克思恩格斯选集：第1卷[M]. 北京：人民出版社，2012：422.
② 邱玥. 高等学校大学生社团建设研究[D]. 沈阳：辽宁大学，2019：38-39.
③ 马鑫，李占才. 中国共产党接班人思想的发展与演化[J]. 河南社会科学，2015（2）：62.

高校学生社团能够为社会主义现代化建设输送人才。高校学生社团建设离不开马克思主义关于意识形态理论的指导。马克思、恩格斯在《德意志意识形态》中指出："统治阶级的思想在每一时代都是占统治地位的思想。"① 任何社会都需要一定的主流价值观念来引导人们的思想，以增强人们对该社会的认同感和凝聚力。习近平总书记强调："培养什么人，是教育的首要问题。"② 高校学生社团建设不是"自由"建设，而是在党的领导下开展的有利于大学生健康成长、有利于培养社会主义时代新人的育人行动。高校学生社团建设内在蕴含着思想政治教育功能，通过寓教于乐的方式将国家对大学生的要求渗透于社团活动当中，在潜移默化中提升大学生的政治品格、理论品质、思想境界和道德修养。③

二、学生参与度理论

学生参与度（student engagement）理论基础主要包括北美大学生发展理论（Pascarella & Terenzini, 2005）④ 和大学生影响力理论。学生发展理论将学生的学习过程更多地视为一个自主发展的过程；而大学生影响力理论则强调大学生在高校期间的成长存在受外在因素影响的因果关系，强调高校环境、学校资源、社会化互动等因素对大学生大学期间个体能力发展和自身成长的影响作用。这两类理论互为补充，从不同角度阐释大学生成长过程的影响机制，构成了学生参与度理论基础。⑤

在国外，学生参与度理论的雏形是由西方教育学家拉尔夫·泰勒提出的。他提出了任务的时间性概念（time on task）⑥，认为学习者的学习时间会对学生完成任务产生积极的影响，知识的获得量随着学习时间的投入量而增加，从而影响学习任务的完成，这也奠定了学生参与度理论相关研究的基础。

学生参与的概念最早出现在 1984 年。纳蒂列洛将学生参与定义为学生在学校提供

---

① 弗里德里希·恩格斯，卡尔·马克思. 马克思恩格斯选集：第1卷[M]. 北京：人民出版社，2012：178.
② 习近平. 在全国教育大会上的讲话[N]. 人民日报，2018-09-11（01）.
③ 邱玥. 高等学校大学生社团建设研究[D]. 沈阳：辽宁大学，2019：39-40.
④ Pascarella E T, Terenzini P T. How college Affects Students: A Third Decade of Research[M]. San Francisco: Jossey Bass, 2005.
⑤ 刘桂梅. 中新职业教育环境下学生学习参与度对比分析及启示[J]. 中国职业技术教育，2016（5）：63-64.
⑥ Merwin J C. Historical review of changing concepts of evaluation[A]. In R L Tyler (ed.). Educational Evaluation: New Roles, New Methods: The Sixty-Eighth Yearbook of the National Society for the Study of Education, Part II[C]. Chicago: University of Chicago Press, 1969: 150.

的活动中的参与，这些活动是教学计划的一部分。[①] 随着该理论的发展，从单维度的学生参与度，即学生参与到活动中的时间长度，即学生的行为参与度；发展到二维度的解释，即包括学生参与活动的时间和积极性；直至包含行为参与度、认知参与度和情感参与度三个维度的定义。其中，学者弗雷德瑞克斯等[②] 提出的三维度学生参与度的解释受到多数研究者的认同。

国内教育研究者开始对学生参与度概念进行研究和本土化定义最早是在 2000 年。孔企平对学生参与的解释是行为、情感和认知三维度的结合，但是三个维度的学生参与是相对独立的。[③] 胡子祥、雷斌将学生参与度定义为测量学习者在教育过程中在生理和心理两方面表征的一种度量工具。[④] 2010 年，孙沴睿、丁小浩指出，学生参与能够影响学生在相应方面的发展，学生参与度也能够决定发展的程度。[⑤] 赵晓阳、刘玉兰将学生参与度定义为学生在有效教育实践中投入的时间和精力，并且关注大学提供的促进学生参与教学活动的服务环境。[⑥] 也有学者将学生参与度定义为测量学生个体在自己学业与有效教育活动中所投入的时间和精力，以及学生如何看待学校对他们学习的支持力度。[⑦] 黄慧提出学生的学习参与并未因为学习环境的转变而改变参与的本质，在线学习环境中的学习过程、学生的在线学习参与仍然是认知参与、行为参与、情感参与三者的融合。[⑧]

有关学生参与度的研究几乎全都集中在以下三个方面：一是学生参与度与其学习经历和结果之间的关联性，例如大学生参与度对其学习态度、能力发展等的影响。研究方法主要有两种，一种是通过比较实验组与控制组的学生之间的差异，来定性分析学生参与度对学生学习效能的影响；另一种是通过学生自我评估参与活动前后的个人能力变化，来评估学生参与度对学生发展的影响。二是对高校内对学生参与度的影响因素的研究，基于实证研究提供给教师提高学生参与度的实践性策略。三是关注学生参与度的应

① Natriello. Problems in the evaluation of students and student from secondary schools[J]. Journal of Research and Development in Education, 2004(17): 14-24.
② Fredricks J A, Blumenfeld P C & Paris A H. School engagement:Potential of the concept, state of evidence[J]. Review of Educational Research, 2004, 74(1): 59-109.
③ 孔企平. 学习投入的概念内涵与结构[J]. 外国教育资料，2000（2）：72-76.
④ 胡子祥，雷斌. 大学生参与对高等教育服务质量影响的实证研究[J]. 现代大学教育，2008（3）：104-110.
⑤ 孙沴睿，丁小浩. 大学生课外参与投入的适度性研究[J]. 大学教育科学，2010（6）：53-61.
⑥ 赵晓阳，刘金兰. 学生参与度评价：一种学生主体的教育质量评价方法[J]. 高教探索，2012（6）：21-26.
⑦ 清华大学教育研究院. NSSE-CHINA2013文件使用手册[S]. 北京：清华大学，2013：2-4.
⑧ 黄慧. 混合式学习环境下大学生在线学习参与度提升策略研究[D]. 上海：上海师范大学，2017.

用研究，即学生参与度对高等教育质量评估的重要意义，为高等教育实施评价、管理、监控提供建设性建议。[①]

三、社会认知理论

社会认知理论是由美国心理学家班杜拉在 20 世纪 70 年代后期提出的，并在 20 世纪 90 年代迅速发展，成为国内外心理学研究的重要理论。社会认知理论探讨的是人们如何获取和应用知识以及在此过程中的一系列人类心理活动。[②]

社会认知理论是社会心理学的重要理论之一，它是一种用来解释社会学习过程的理论，社会认知理论家们将个体描绘为积极地处理事件和发展关于强化期望的人，相据美国心理学家班杜拉的理论，关于行为强化的个体期望，比这个行为以前是否受到过强化更为重要。此外，班杜拉认为，强化历史对个体的认知没有直接的作用，相反它是通过个人的记忆、解释和偏见筛选出来的。[③] 社会认知理论主要内容包括三元交互决定论、观察学习和自我效能感。

（一）三元交互决定论

行为到底是由外部力量决定的还是由内部力量决定的，长期以来存在两种决定论：个人决定论和环境决定论。个人决定论强调人的内部心理因素对行为的调节和控制，环境决定论强调外部环境因素对行为的控制。美国心理学家班杜拉在批判前人的基础上提出了自己的理论，即探讨环境、人及其行为之间的动态的相互决定关系。将环境、行为、人的主体因素这三者看成是相互独立、同时又相互作用从而相互决定的理论实体。其中，个人的主体因素包括行为主体的生理反应能力、认知能力等身心机能。所谓交互决定，是环境、行为、人三者之间互为因果，每两者之间都具有双向的互动和决定关系。

在三元交互决定论中，首先，人的主体要素如信念、动机等往往强有力地支配并引导其行为，行为及其结果反过来又影响并最终决定思维的内容与形式以及行为主体的情绪反应，其次，个体可以通过自己的主体特征如性格、社会角色等引起或激活不同的环

---

① 向秋. 混合式教学环境下学生参与度模型的构建和实证研究——以长江大学为例[D]. 荆州：长江大学. 2018：8-10.

② 唐甜，罗奂芃，向莎莎. 社会认知理论视角下大学生自主学习英语的现状探析[J]. 英语广角，2020（142）：126.

③ Stipek D，田Ben. 社会认知理论[J]. 国际高等教育研究，2003（1）：32-38.

境反应，再次，行为作为人与环境之间的中介，是人用以改变环境，使之适合人的需要而达到生存的目的并改善人与环境之间的适应关系的手段，而它不仅受人的需要支配，同时也受环境的现实条件的制约。

（二）观察学习

班杜拉认为，观察学习，亦称替代学习，是指一个人通过观察他人的行为及其强化结果习得某些新的反应，或使他已经具有的某种行为反应特征得到矫正。他按信息加工的模式对观察学习进行了分析，认为观察学习是由四个相互关联的子过程组成的，即注意过程、保持过程、再现过程和动机过程。

第一个过程是注意过程，指的是在观察时将心理资源开通的过程，它决定着观察者选择什么样的示范原型。第二个过程是对示范活动的保持，要对示范活动进行保持就必须以符号的形式把它表象化，从而保留在记忆中。观察学习主要依存于两个表象系统，即视觉表象系统和言语编码系统，其中，言语编码较之视觉表象在观察学习时更具有确实性。第三个过程是再现过程，也就是把符号表象转换成物理形式的外显行为的过程。最后一个过程是动机过程，是观察者在特定的情境条件下由于某种诱因的作用而表现示范行为的过程。总之，观察学习只有在这四个过程都完成的基础上才能实现。

（三）自我效能感

自我效能感是个体对自己与环境发生相互作用效验性的一种自我判断。自我效能感强的人能对新的问题产生兴趣并全力投入其中，能不断努力去战胜困难，而且在这个过程中自我效能也将会不断地得到强化与提高，相反，自我效能感差的人总是怀疑自己什么都做不好，遇到困难时一味地畏缩和逃避。

班杜拉认为，个体在活动中是通过四个方面的信息来获得或形成自我效能感的。一是实践的成功经验，是指个体对自己在实际活动过程中所取得的成就水平的感知，成功经验增强其自我效能感，反之则降低自我效能感。二是替代性经验，是指看到能力等人格特征和自己相似的他人，在活动中取得了成功的观察结果，能够使观察者相信当自己处于类似活动情境时也能获得同样的成功，从而提高观察者的自我效能感。三是言语的劝导，是指接受别人认为自己具有执行某一任务的能力的语言鼓励而相信自己的效能。值得注意的是，说服性的言语必须是实事求是、能调动个体的积极性的。那些虚幻的、华而不实的劝导反而会适得其反。四是身心的状态，是指身心状态会影响自我效能的水平，个体在追求目标时，自我效能通过生理唤起来影响行为改变。乐观积极能创造积极情感，消极情绪会产生挫败感，所以要变消极情绪为乐观积极的心态。

由此可以看到，个体是可以在社会环境中来培养自我效能的。所以在思想政治教育学习中要注重引导受教育者直面困难而不是逃避，通过一次次迎难而上来证明自己，使自己的自我效能得到强化。

由高校学生社团工作理论基础可以看出，高校学生社团工作需要从心理学、教育学、社会学等角度分析，依据马克思主义相关理论、学生参与度理论、社会认知理论对高校学生社团进行理论指导。只有以科学合理的理论基础为指导，才能对高校学生社团工作提供建设性的建议。

第二章

高校学生社团中美比较

———

　　美国拥有 4000 余所公立和私立高等院校，其中世界排名前 100 的高校占比较多。美国高校以其灵活、开放的教育方式，吸引着较多数量的本地学子和留学生。各大高校里有数量众多的学生社团，充分发挥着学生参与管理、促进自身发展的作用。本章拟对中国和美国的高校学生社团工作进行对比分析，以期对中国高校学生社团工作有所启示。

　　在对社团的研究上，笔者通过研读在 Elsevier、Springer Link 等外文资源库中搜索到的社团研究论文发现，系统性研究高校学生社团的文章并不多，一般会作为次要主题出现，但都肯定了社团的"组织性"带给学生的有益影响。比如美国教师凯茜探讨了虚拟写作社团对专业学习的作用，用实证研究的方法对学生的社团任务提交率、社员的反馈进行了统计，得出的结论是，这样一个非竞争性的同辈帮扶队伍对社员的整体性写作水平的提高有一定的积极作用。[①] 英金·昂古瑞纳和泰尔·胡赛尹力发现，大多数旅游专业的学生并不打算在本领域建立自己的事业。他们从课外活动（学生社团）的同学关系如何影响旅游专业学生的专业目标和就业后的焦虑的角度进行分析，通过对 512 份调查问卷的数据分析，指出社团关系对职业规划有促进作用。[②] 美国的书籍和期刊中关于社团

---

① Kathy E, Brooke L. Effects of a virtual writing club in a college of pharmacy[J]. Currents in Pharmacy Teaching and Learning, 2010, 2(2): 68-71.

② Engin U, Tahire H. The moderating effect of student club membership on the relationship between career intention in the tourism sector and post-graduate employability anxiety[J]. Journal of Hospitality, Leisure, Sport & Tourism Education, 2020, 27(11): 100-110.

的集中性讨论较少，通常是以案例形式出现，如通过某个具体社团的训练对学习成绩的影响进行研究，或对社团的差异化进行比较研究。在书籍中有关社团的介绍会作为大学生课外生活之一进行描写，着墨不多且会与某一研究点的深入探究结合，如梅耶的《维多利亚时代的大学男女同校》（*University Coeducation in the Victorian Era*）一书在"课外学生生活"（Extracurricular Student Life）这一节中对社团活动进行了介绍。

在高校学生社团的对比研究上，国内出版了一些优秀的社团工作对比研究书籍，对中外高校学生社团进行了一定的比较。有的书籍从发展历史的维度去比较，比如马可心等在《大学生社团建设理论与实践研究》[①] 第二章中将中国与美国的高校学生社团历史发展进行了比较。张彦、韩流在《学生社团组织与学生成长成才研究》[②] 第二章中对中外高校学生社团的发展历史进行了解析。谭维智、赵瑞情在《学生社团生活：一种学习的新视野》[③] 一书中也对国内外学生社团的发展历史进行了介绍。有的学者从"第三部门"实践发展理论研究的维度进行思考，比如吕福春在《中国复合型社团研究：以中国共青团的职能变迁为个案》[④] 中对美国、日本和中国香港的非营利组织发展概况进行了全面分析。总体来说，相关著作中，学者对高校学生社团的研究都以历史发展为重点。期刊资料中对比中外高校学生社团的文献仅有十几篇，比如许利敏的《国外学生社团发展特点及对我国高校的启示》[⑤]、王万民的《国外学生社团发展的特征及启示》[⑥] 以及杨校铨、李岩的《从国外高校社团探究我国高校体育社团的发展》[⑦]，对国内外社团的运行机制和经验启示进行了介绍。关于中美高校学生社团工作比较研究的相关文献有：陈洁的《从中美高校学生社团管理对比谈"服务型"学生社团的构建》一文，侧重于对比分析中美高校社团审批模式和社团功能定位的不同；[⑧] 罗树云在其硕士学位论文《美国高校学生社团发展研究》中对美国高校学生社团的发展历史、发展现状（发展理念、社团类型、组织管理）和活动情况做了较为全面的分析，并以哈佛大学的社团工作为例进行佐证，最后

---

① 马可心等. 大学生社团建设理论与实践研究[M]. 北京：经济管理出版社，2018：26-45.
② 张彦，韩流. 学生社团组织与学生成长成才研究[M]. 北京：北京大学出版社，2012：30-55.
③ 谭维智，赵瑞情. 学生社团生活：一种学习的新视野[M]. 济南：山东教育出版社，2013：5-10.
④ 吕福春. 中国复合型社团研究：以中国共青团的职能变迁为个案[M]. 天津：天津人民出版社，2007：15.
⑤ 许利敏. 国外学生社团发展特点及对我国高校的启示[J]. 赤峰学院学报，2013（1）：259.
⑥ 王万民. 国外学生社团发展的特征及启示[J]. 青少年研究，2002（4）：45.
⑦ 杨铰铨，李岩. 从国外高校社团探究我国高校体育社团的发展[J]. 当代体育科技，2012（30）：78.
⑧ 陈洁. 从中美高校学生社团管理对比谈"服务型"学生社团的构建[J]. 创新创业理论研究与实践，2019（5）：153.

给出了对我国社团工作建设的启示；^① 樊慧君的硕士学位论文《美国高校学生社团管理研究》中，重点从学生社团工作的运作管理机构、制度和模式等方面向读者展示了美国的社团工作，同时对美国高校学生社团运作流程进行了研究，包括社团组织建立的申请、社团建立的认证和审批、学生社团活动的管理以及社团经费来源和财务管理等方面。^②刘韵的《中美高校对学生社团经费资助比较研究——以美国密歇根州立大学、俄亥俄北方大学和中国地质大学（武汉）为例》一文，以经费管理作为切入点进行了对比分析。^③

在梳理国内外高校学生社团工作的相关研究基础上，笔者结合中美高校对比研究的重点，运用文献研究法和访谈法从发展历史、社团类型、运行机制、社团功能和评价指标五个维度进行中美比较。

第一节　发展历史比较

高校学生社团是高等教育中浓墨重彩的一笔，它的发展受到高校政策和整个高校系统在时代中的成长路径的影响。中国和美国体制不同，高等教育的发展受到不同历史事件的影响，高校学生社团在历史中的发展也各有特色。

一、中国高校学生社团发展历史

在中国，社团的产生和发展具有悠久的历史。春秋战国时期最早的社会性团体就已经出现。经过比较剧烈的社会变革，社会阶级发生了很大的改变，一度出现了"诸子百家"的现象。诸子百家代表了社会不同阶层的利益，各个团体广收门徒，形成了"百家争鸣"的宏大场面，各团体中的人员有相同的道德追求。"诸子百家"的形成标志着我国社会性团体已经形成。在此之后，社会各阶层读书人寻求志趣相投的人进行思想交流、学术研究而逐渐形成社会性团体，还会时常举办集会等其他活动。"风声雨声读书声声声入耳，家事国事天下事事事关心"，古人讲求诗礼传家，于是在千百年的历史流转中，

---

① 罗树云. 美国高校学生社团发展研究[D]. 重庆：西南大学，2016：10.

② 樊慧君. 美国高校学生社团管理研究[D]. 上海：上海师范大学，2015（2）：5.

③ 刘韵. 中美高校对学生社团经费资助比较研究——以美国密歇根州立大学、俄亥俄北方大学和中国地质大学（武汉）为例[J]. 学理论，2014（18）：235.

承载着文明和思想火花的"四大书院"（河南商丘的应天书院、湖南长沙的岳麓书院、河南登封的嵩阳书院、江西庐山的白鹿洞书院）也应运而生。还有东林书院，创建于北宋政和元年，即1111年，是当时北宋理学家程颢、程颐嫡传高弟、知名学者杨时长期讲学的地方。1604年，由东林学者顾宪成等人重新修复并在此聚众讲学，他们倡导"读书、讲学、爱国"的精神。东林书院成为江南地区人文荟萃之地和议论国事的主要舆论中心。

中国自主创办的现代大学是1895年由盛宣怀创办的北洋大学堂（现天津大学）和1896年由盛宣怀创办的南洋公学（现上海交通大学），而具有标志性的大学是1898年戊戌变法中创办的京师大学堂（现北京大学）。这些学堂的创办，掀开了中国近代以来高等教育的新篇章。

1902年11月，南京成立了"爱国学社"，思想活跃的学生创办了《学生世界》。爱国学社的成员是退学的学生，主要活动是学习，但是其并不是由在校学生自行创办建立的组织团体。1904年，日俄战争爆发后，京师大学堂学生丁作霖出于对列强侵略中国和清政府软弱无能的愤慨，与同学张榕赶赴东北，在奉天地区组织成立了"抗俄铁血会"，发布檄文，声讨俄国侵略中国的罪行，开启了爱国运动。他们通过举办集会、演讲、办报纸等活动抗议日俄在我国东北地区发动战争、侵略中国的罪行。"抗俄铁血会"的组织建立及其爱国行动，为京师大学堂和其他高等学校的学生树立了榜样，其他同学也纷纷效仿，组织并建立类似组织，积极参与到各类爱国活动中，因此，"抗俄铁血会"应该是中国高校第一个由在校大学生发起组织的真正意义上的高校学生社团。[①]

中国高校学生社团热潮是在五四运动时期。1905年，清政府宣布废除科举制度倡立新学后，全国各地掀起了一场建立新式高等学堂的热潮，社团也因此繁荣起来。"清朝末年，全国已有公立大学及公立高等学堂二十七所；另，私立专科以上学校也有若干所，其中仅教会办理者就有十余所。一九一二年度，全国专科以上学校共有一百一十五所，学生达四万多人。"[②]1911年，辛亥革命推翻了清朝政府的统治，结束了中国两千多年的封建帝制，陈独秀、李大钊等人发表了大量宣传民主主义思想和社会进步的文章，解放了一大批有识之士的思想。1915—1919年，中国出现了新式知识分子的群体，他们乐于接受新式科学知识。据统计，1916年全国新学堂学生近400万人。如北京大学

---

① 欧阳大文. 中美高校学生社团的比较研究[D]. 长沙：湖南师范大学，2007：30.

② 彭明. 五四运动史[M]. 北京：人民出版社，1984：112.

到 1918 年时，全校教员达到 217 人，其中教授 90 人，学生总数达 1980 人，其中研究生 148 人，成为全国最大的高等学校。[①] 高等学校的蓬勃发展为中国高校学生社团注入了新鲜活力。各种性质、各种名目的社团掀起了中国历史上第一波全国性的高校学生社团热潮。从各种文献综合来看，五四运动时期按时间建立的社团有诗社、互助社、新民学会、少年中国学会、新潮社、国民杂志社、平民教育讲演团、工学会、觉悟社、曙光杂志社、平民周刊社、北京工读互助团、北京大学马克思学说研究会、外国语学社。五四运动至中华人民共和国成立前夕，虽然北洋军阀镇压学生运动，遏制高校学生社团的发展，但中国高校学生社团整体处于平稳发展的状态。中国共产党的最早组织是在上海首先建立的。上海共产党早期组织成立后，实际上成为各地建党活动的联络中心，发挥着中国共产党发起组的重要作用。各地共产主义小组成立后，有组织、有计划地扩大马克思主义的研究和宣传，批判各种反马克思主义思潮，发起建立社会主义青年团，创办工人刊物，开办工人学校，领导工人成立工会，开展工人运动，进一步促进了马克思主义同工人运动的结合。华北事变后，民族危机空前严重。1935 年 12 月 9 日，北平大中学校学生数千人举行了抗日救国示威游行，反抗日本帝国主义，即"一二·九"运动。"一二·九"运动得到全国人民的支持和响应，其广泛地宣传了中国共产党停止内战、一致对外的抗日主张，从而掀起了全国抗日救国运动的新高潮。抗日战争时期高校学生社团组织的活跃性产生了重要作用，其活动也发挥了积极的影响。学生们通过学生社团组织参与相应的社会实践工作，既提高了自身的社会服务能力，也提升了学生们的社会责任感和民族意识。其中，高校学生社团组织主要有"学生自治会""抗敌后援会"等。解放战争时期，在国民党统治区爆发了"一二·一"运动、"一二三零"运动、"五二零"运动等学生爱国运动。中华人民共和国成立后，各高校对社团进行了整顿和重组，学生社团的活动内容主要围绕恢复教育和生产、社会服务、学术研究以及开展文化体育活动等方面来进行。

改革开放后，高校学生社团展现出无限的蓬勃活力，并再度进入繁荣时期。由于国家和高校对大学生素质教育的重视程度不断提高，高校学生社团又如雨后春笋般迅速发展。高校学生社团在性质、类型、功能等方面都发生了比较大的改变，高校学生社团在学术水平、科技含量、服务社会、实用性等方面都有了较大程度的提高。总结下来，中国的高校学生社团发展起点可定为 1904 年成立的"抗俄铁血会"，社团发展历程可分为

---

① 刘健清. 社团志[M]. 上海：上海人民出版社，1998：259.

萌芽阶段（1904 年至中华人民共和国成立前）、探索阶段（中华人民共和国成立至改革开放前）和成熟繁荣阶段（改革开放后至今），其中经历了社会思潮的影响，在探索时期遭遇了挫折。现在，全国各大高校都有一定数量的社团，发展形势向好。共青团中央也加强了对社团的管理，发布了《关于加强和改进大学生社团工作的意见》（中青联发〔2005〕5 号）和《高校学生社团建设管理办法》（教党〔2020〕13 号）。

二、美国高校学生社团发展历史

对美国高校学生社团来说，从 17 世纪末至 21 世纪初，美国高校学生社团历经了初步发展（1701—1860 年）、稳步提升（1861—1945 年）、动荡发展（1946—1990 年）以及全面发展（1991 年至今）四个阶段。[①]

最早开始在美国盛行的是文学社团，比如耶鲁大学的文学型社团"克罗托尼亚协会"，旨在提升同学们的辩论水平和文学素养，这一时期的社团主要进行的是演讲和辩论活动。[②]18 世纪的美国高等教育主张对学生进行文雅教育和严格的宗教熏陶，清教主义思想盛行，学生们因此很难形成小团体进行活动，学校内学生社团的活动也受到影响，无法发挥作用。18 世纪末"西进运动"和急剧工业化的社会背景下，学生们开始尝试摆脱"寄宿制"，追求自由，许多社团开始慢慢出现。虽然校方仍然公开反对社团活动，但是这些社团在"无领导组织"的状态之下仍然获得了一定的发展。

稳步提升阶段很多公开性社团获得了较快发展。陈学飞在其著作《美国高等教育发展史》中对学生组织有所提及，文中介绍了南北战争时期到第二次世界大战前夕随着美国高等教育的发展，大学校园生活也随之发生变化，如学生自我管理及学生组织的产生、学生社团与俱乐部的兴起，学生社团活动逐步丰富起来。[③]这一时期的美国迅速从农业化国家变成了城市化国家。内战之后，学生受到当时比较流行的"反智主义"思潮的影响，组建了较多的体育社团，与学校传统的学术教育相对立。这一时期的思想特点促进了高校学生社团的发展。众所周知，美国是移民国家，多元文化对高校学生社团文化的发展和繁荣有极大的推动作用。20 世纪二三十年代杜威的实用主义教育哲学此时大行其道，许多人认为学术研究和课外活动双管齐下才是完整的教育，美国高校学生社团也由重视生活享乐和人际交往转而研究社会问题。

---

① 罗树云. 美国高校学生社团发展研究[D]. 重庆：西南大学，2016：17-21.
② 欧阳大文. 中美高校学生社团的比较研究[D]. 长沙：湖南师范大学，2007：39.
③ 陈学飞. 美国高等教育发展史[M]. 成都：四川大学出版社，1989：35.

社会的动荡激发了青年学生参与社会活动的热情。学生反对组织的崛起始于 20 世纪 50 年代的文学叛乱协会，嬉皮文化和黑色幽默文学思想在此时也开始盛行。学生运动爆发后，激进学生团体大范围出现，此类团体以大学生为主要力量。20 世纪 60 年代，美国大学掀起了校园革命浪潮，学生社团在反对越战、反对种族歧视等运动中表现得异常活跃。

20 世纪 90 年代以来，美国学生社团组织活动以"自由、民主"为主，得到学校认可的学生社团数量增多、规模加大、层次逐步提高，经费的提供力度也逐渐加大，社团的指导与管理人员也接受了专业化的培训。因此这一时期学生社团在学生群体中产生了十分积极的影响。[①] 吕庆广在《60 年代美国学生运动》中指出：直到美国经过近 10 年的改革和高等教育大环境的逐渐改善，高校学生社团活动才又开始复苏和活跃起来，而且与具有强烈时代特征的学生社团不同的是，学生社团在活动上已经由过去的激进、片面追求自由而转向比较理性、全面了。[②] 在注重自我实现的同时，也增强了公民责任心，积极参加社区服务。例如，耶鲁大学的几位学生组织了一个"全国无家可归问题教学"社团，这一社团扩展到了全国所有高校，他们发动学生提出解决无家可归问题的计划，向议会发出呼吁，要求各社区向无家可归者提供廉价住房。[③]

三、对比分析

从中美高校学生社团的发展进程来看，可以分析得出以下三点：

第一，社会历史进程对学生社团发展有重要影响。历史的发展会密切地影响高校学生的思想状态和活动特点，从而影响学生社团的发展。中美高校学生社团的发展都经历了低迷期和热潮期，与时代背景息息相关。

第二，高校学生社团起源时间不同。美国 18 世纪出现了耶鲁大学的文学型社团"克罗托尼亚协会"。中国的"社团"概念由来已久，而高校学生社团的真正起源应该是 20 世纪初的抗俄铁血会，随后开始了繁盛的发展。

第三，中美高校学生社团发展都受到一些重要的历史发展事件或经济发展的转折点的影响。美国高校学生社团受到的影响是内战和学生运动，中国高校学生社团受到的影响是五四运动和改革开放。中国高校学生社团比美国更先进入到稳定发展的阶段。

① 樊慧君. 美国高校学生社团管理研究[D]. 上海：上海师范大学，2015（2）：21.
② 吕庆广. 60 年代美国学生运动[M]. 南京：江苏人民出版社，2005.
③ 王英杰，美国高等教育的发展与改革[M]. 北京：人民教育出版社，2002：99.

目前来说，中美高校学生社团工作都进行到了发展的繁荣阶段，有较好的国家经济保障，国家对高等教育的支持较大，社团的发展有较好的外部环境。

第二节 社团类型比较

高校学生社团有不同的类型，这些类型一般有文件的规定或者是约定俗成的分类。不同的社团类型有特定的发展情况，这与高校的特性相关。本节将对中美两国高校学生社团的类型进行一定的比较。

一、中国高校学生社团类型

经过不断的发展，中国高校学生社团不仅数量上有了增加，类型上也经过不断传承固定下来。高校学生社团分为思想政治类、学术科技类、创新创业类、文化体育类、志愿公益类、自律互助类以及其他类等。第一章节中对高校学生社团的基本类型已经阐述，此节中仅进行简单描述。

思想政治类社团是推动高校马克思主义大众化实现的重要载体，是第二课堂中学校进行思想政治教育的主阵地。例如，社团通过"微团课""主题团日""红色之旅社会实践"等活动提高青年学生的思想理论修养。

学术科技类社团以专业为依托，在科学普及、科技咨询等方面发挥着日益重要的作用，成为我国高校科技发展中的重要力量，是第一课堂知识展示的优质平台。

创新创业类社团通过各种教育手段、各类科技竞赛和项目立项等不断提高学生的综合素质，增强学生的创新意识、创新思维和创业能力，以满足知识经济时代对大学生创新精神、创造能力的需求。

文化体育类社团注重培养学生的文化素质和身体素质。文化类社团例如"书画社""诗词社"和"朗诵演讲社"等，体育类社团中例如"篮球社""足球社"和"跆拳道社"等，都凝聚了一大批热爱传统文化和运动的青年大学生。

志愿公益类社团是连接大学生个体与社团组织、学校与社会的特殊学生团体。通过参加志愿公益类社团的活动，大学生们可以加强和社会的联系，增强学生的主体参与意识和社会责任感。

自律互助类社团通过吸引志同道合的同学一起制订计划，提升自己，形成互助共同体。

其他类社团包含一些特殊的社团。

二、美国高校学生社团类型

美国大学学生社团类型和数目较多。哈佛大学官网上将学生活动列为吸引学生报考的重要亮点之一，目前有超过450个学生组织，通过学生组织的课外活动，学生可以遇到朋友，发现新爱好，并且能更好地理解这个世界和其中的人。根据各个高校的官网上关于社团的资料，美国高校主要的学生社团类型如下。

（一）信仰类社团

信仰类社团是指具有同样信仰或者同样理念的学生聚集在一起的社团组织。例如，共和党员俱乐部、基督教青年会等。

（二）学术类社团

这类社团以专业为兴趣，吸引志同道合的人一起探索。例如，物理学学生协会的成员一起探讨物理问题；房地产发展社团举行"发现建筑"为主题的讨论和演讲等。斯坦福大学的美籍印裔科技协会（American Indian Science and Engineering Society）致力于让印裔青年大学生们在保护民族传统的同时融入科技社会，这是一个学术类和地域类结合的社团。哈佛大学全美模拟联合国会议（Harvard National Model United Nations，简称 HNMUN），始于1955年，是美国历史最悠久、规模最大、影响最深远的模拟联合国大会，2021年，第67届哈佛大学全美模拟联合国会议共设置四大委员会（General Assembly/Economic and Social Council/Regional Bodies/Specialized Agencies），各委员会下设分会场共计25个，另设有记者团（Press Corps）和非政府组织（NGOs）。

（三）艺术体育类社团

在美国高校中这是较为普遍的一种社团类型。体育类社团是美国高校学生社团中浓墨重彩的一笔。美国大学对体育类社团扶持力度较大，在校际比赛中表现优异的同学可以被著名球队挖掘。在大学中，每个参与体育类社团活动的同学，都能获得一定的学分。这些学分可以冲抵平常课业所需的学分。部分特别优秀的学生甚至能在体育项目中获得相当多的学分，以支持其毕业。[①] 常见的体育类社团有球类运动社团、户外运动社团和攀岩社团等。哈佛大学官网上显示有 58 个体育类社团为学生们提供系列活动，涵盖培训型、休闲型和竞技型。[②] 体育俱乐部是由在娱乐和体育方面有共同兴趣的大学生组成的团体，共同组织和参与他们所选择的活动。体育俱乐部为参与者提供了参与运动或娱乐活动并从中获得乐趣和锻炼的机会，其体育活动由学生自发发起，并由学生负责领导、决策、组织和监督。哈佛大学的体育俱乐部面向本科生、毕业生、教职员工和校友开放。由于社团或联盟的规定，非本科生可能会被限制参加某些体育项目的校际比赛。哈佛大学体育俱乐部的宗旨是为有志于参加特定体育活动的哈佛大学学生提供活动机会。体育俱乐部致力于促进健全的休闲价值观的发展，提高个人和团体之间的归属感和相互理解。

（四）服务类社团

美国重视志愿服务，把志愿服务活动作为大学生和社会连接的一种方式，例如"红十字会之友"，是由哈佛大学的本科生发起组织的，他们与美国红十字会合作，每一学年在哈佛大学组织四次献血活动，除此之外，他们还为社团成员提供与灾害服务和公共卫生及安全有关的志愿服务的机会。张勘在谈论美国志愿服务的载体时写道："高校大学生参与志愿服务是大学生个人和社团主动参与、自发组织的无偿慈善行动，其中大学生自发组成的各种社团是志愿服务的生力军，高度自治的社团不仅是开展志愿服务的载体，也是活动的组织者，而政府在其中扮演的角色仅仅是辅助性的引导者和因势利导的推动者。"[③] 由此可见美国高校对服务类社团工作的重视程度。

（五）地域性社团

随着留学生人数的增加，在美国大学就读的外国学生也越来越多，其中志趣相投的学生会组成地域性的社团，比如泛亚洲联合会、以中国留学生为主体的社团等。例如，哈佛大学设计研究生院的中国社团（ChinaGSD）通过与其他组织的交流，加强了与大哈佛社区的合作，其宗旨是促进中国学子和其他设计研究生院学生的文化交流，并且定期组织面向所有学院学生的活动。近期，该社团举行了线上讨论活动，主题是"经济发展如何影响人们对公共空间的态度"，这是该社团组织的双月系列活动之一。地域性社团

---

① 杨校铨，李岩. 从国外高校社团探究我国高校体育社团的发展[J]. 当代体育科技，2012（2）：78.

② Harvard Club Sports [EB/OL]. (2020-06-09)[2021-02-09]. https://recreation.gocrimson.com/sports/2020/6/9/club-sports.aspx.

③ 张勘. 大学生参与志愿服务长效机制研究——中美比较的视角[J]. 中国高教研究，2009（12）：78.

努力发挥团结、服务和窗口的功能，日益成为团结同学的纽带、展示国家形象的窗口。

三、对比分析

从中美高校学生社团的类型对比来看，可以分析得出以下三点：

第一，中美高校学生社团类型有区别。中国高校学生社团类型经过这么多年的发展，已经稳定为思想政治类、学术科技类、创新创业类、文化体育类、志愿公益类、自律互助类和其他类。因为文化背景和人口构成不同，美国高校学生社团类型相对更多。

第二，美国高校学生社团对服务类社团给予较大关注。从国家政策到社会认可到大学评价，志愿服务是美国大学生生活中必不可少的一部分，大学里的志愿服务社团也成为重要的载体。对比来看，中国的志愿服务类社团一般是在严格的规定下在学校内部或者在附近活动，与社会的连接没有特别广泛和紧密，目前也在日益加强。

第三，中美高校学生社团类型体现一定的时代性。中国高校现阶段特有的创新创业类社团、自律互助类社团与中国目前的经济发展有一定的关系，在鼓励大众创业、万众创新的时代背景下，高校里也开始以社团为载体来孕育潜在创业者。美国高校的体育类社团占较大比例，这与美国的体育文化和体制有一定的关系。

第三节　运行机制比较

社团组织的运行有着相对完整的机制，这也是中美高校学生社团的发展都取得了优质发展的重要影响因素之一。社团的成立审核、组织建设、指导教师、活动开展、经费管理等都是社团开展工作的必备环节。

一、中国高校学生社团运行机制

中国高校学生社团从成立、年审、注销、组织建设、活动管理、经费管理等都有相应的制度规范。

第一，社团成立和管理有严格的规则。学生群众性组织（含团队运营的网络新媒体社团）须按学生社团登记注册。学生社团登记成立时，须按一定类别向社团建设管理评议委员会进行申请登记，按程序批准筹备成立的社团、拟批准成立的社团要召开全体成员大会或成员代表大会，通过社团章程，选举产生社团执行机构和负责人候选人。已注册的社团也需要定期召开大会，依照社团章程行使职权，包括选举和更换社团负责人候选人，审议社团工作报告。社团实行年审制度，高校还需要及时做好学生社团事项变更的登记、章程的修改和注销等工作。

第二，充分保障社团成员的权利。在组织建设上学生社团充分保障成员的权利，成员有权了解社团章程、组织机构和财务情况，有权对社团的活动提出建议，有权按照章程申请加入或者退出该社团。每名学生最多加入两个社团。同时，高校学生社团还需要健全骨干遴选机制，建立全面有效的社团骨干评价考核办法，强化对学生社团干部的评价激励。

第三，配备有专业的社团指导教师。在社团指导教师的配备上，《高校学生社团建设管理办法》中规定学生社团的指导教师至少有一名，必须是本校在职教职工，以便于对社团的指导和对社团活动的开展给予支持。社团指导教师对社团的指导较多，社团在活动开展、负责人换届、社团课程等方面都会征求指导教师的意见。学生社团指导教师的主要职责大致为以下几个方面：一是指导学生社团发展建设，把握社团发展的正确方向；二是加强对社团成员的思想政治教育；三是规范学生社团日常管理；四是审批社团活动事项，参加学生社团相关活动；五是开展学生社团骨干培训；六是定期对所指导的社团工作进行总结，及时发现、指导、整改社团建设和社团活动中存在的突出问题。

第四，社团活动开展有规范。在活动开展上，各高校团委通过活动审批流程、社团负责人大会或者联席会议的方式对学生社团的活动进行监督和规范管理。学生社团举办活动须遵守国家法律法规及高校相关规章制度，并按照相应的审批程序进行，不得在学生中散布违背宪法、法律法规和党的路线方针政策的错误观点和言论，不得开展违背社团宗旨的活动，不得开展纯商业性活动。对于在户外进行的或者参与人数较多的社团活动要有预案，确保活动安全、有序地进行，比如一些户外运动或者志愿服务活动。对学生社团进行校外活动，加强审核和管理，原则上企业、社会机构不得在学校建立特定冠名的学生俱乐部、协会等社团。对于社会组织的介入需要进行审核。如《宁波大学学生社团建设管理办法》中第三十条规定：社团活动须经学生社团集体决策、指导教师同意并报业务指导单位批准后方可开展，同时报学生社团管理中心备案。学生社团举办涉及校外和涉及商业的活动，需提前报党委学生工作部和团委同意，并按照学校规定到相关部门审批后方可开展。

第五，经费来源和使用有保障。在经费管理上，中国高校学生社团的建设经费主要来自高校拨款。学校会按照每位学生不低于每年 20 元的标准为学生社团提供发展经费，并保证专款专用。例如，为了进一步加强学生社团建设，促进学生社团的健康发展，营造浓厚的校园文化氛围，按照"抓大放小、助强扶弱、去粗取精"的社团管理方针，浙江大学社团指导中心和浙江大学社团建设管理评议委员会设立了"浙江大学学生社团发展基金"，并进行管理。基金受共青团浙江大学委员会监督，学生可以提交文本材料申请，并在现场答辩后得到公示结果。浙江科技学院每年给予五星级（社团需要进行星级评定）社团经费 1000～2000 元，四星级社团经费 500～1000 元。学生社团应制定严格的经费管理制度，每学期向全体成员公布经费使用情况。另外，在实际工作中，挂靠单位也会对社团的精品活动提供一些支持，促进社团发挥重要的育人作用。

二、美国高校学生社团运行机制

第一，社团成立有严格的规则。社团（亦称俱乐部，club）成立必须采用校方规定的注册社团的标准章程，才有资格向大学申请注册。社团成员也应该熟悉学生活动和行为规则，包括管理注册社团的一般规则和适用于特定类别的社团规则。社团注册通过以下两种方式进行监督：体育类社团通过体育联合会由体育主任进行监督；其他社团，包括出版刊物等活动，都是通过学生社团办公室由学监进行监督。新注册社团的申请可以在特定的时间通过提交一个新的注册表来登记。一旦登记注册后，任何对社团信息的变更必须报告给学生社团办公室，以确保学监可以及时得到最新的社团资料。

社团在注册时必须采用标准章程，某些与标准章程的细微差异是允许的，但是必须是社团充分运作所必需的（在对标准章程进行任何修改之前，需先申请"更改"选项，以便提交给学监）。

社团的名字需要提前设定。每个社团的章程中需要有名称和创建目标。社团管理成员包括一名负责人、一名秘书、一名财务主管会计及一名高级社员，也可以有其他社员，最多可达八名。学监通常不允许社团更改章程，只有极特殊的情况下才可以授权更改。

社团的成立注册需要登记名单。社团秘书需要保存一份最新的成员名单或登记册（即已缴付会费或已根据社团章程确认为有效成员的人）。在大多数情况下，这份名单或登记册代表着有资格参加投票选举社团公职的成员，并且应提供给学监检查。注册的社团若要使用大学的名称或校徽，需提交申请。

哈佛大学在学生社团管理中建立了一系列行之有效的制度，其中主要有年度审核制度、活动申报制度和活动管理制度。[①] 由学生创办或经营的社团、俱乐部、出版物等，都可以向学监申请在大学注册。为了注册和保持注册，需要满足各种标准，如学生会员的活动内容和行为规定等。

第二，有专业化的管理机构指导社团组织建设。美国高校一般设有专业化的管理机构，当前主要有两种：一种是隶属于学生事务处的"学生社团办公室"，类似于我国高校团委指导下的社团管理中心，主要负责学生社团的成立审批、监督考评、活动指导、经费划拨及提供其他必要的支援。另一种是"学生社团委员会"，一般以主管学生事务的院长或副院长为主席，也有的以教授为主席，而委员会的成员大多数是学生，个别成员为教师，委员会决定有关社团组织及活动的政策，接受新社团成立登记。学生社团办公室担任学生社团的顾问，主要工作是为社团活动提供必要的支援，审查活动经费申请与拨款补助。学生社团委员会判定社团活动是否违规等。由此可见，美国对社团的管理也较为规范。例如，耶鲁大学有数百个社团，耶鲁大学各学院、研究生院为这些社团的发展提供了沃土。

第三，社团指导教师对社团管理负有一定的责任。社团指导教师的主要职责是协助社团干部工作、监督社团内的民主、帮助社团成员理解并监督遵守各种法律政策和法规、维护社团的持续性发展等。指导教师不参与管理社团事务，但是对社团活动、财务、选举等有知情权和建议权。

第四，活动开展有规则。美国大学对游行、集会等有严格的限制，社团活动的开展有相应的机构进行审核和指导。例如，在耶鲁大学，为学生活动提供交流活动场所、活动审核的是耶鲁学院委员会（Yale College Council），该组织和耶鲁学生活动委员会（Yale Student Activities Committee）合并以后服务于大学学生，负责活动审核和支持。学生议会（The Graduate and Professional Student Senate）通过社区服务、社交集会和学术交流来促进学生交流，并且负责审查官方和非官方的学生组织。

第五，经费来源渠道相对广泛。美国高校学生社团的经费来源渠道稍多，除了学生会员交的会费之外，学校提供了一定的经费用于活动开展，此外还有基金会和校友

---

① 廖良辉. 中美高校学生社团管理比较——以美国哈佛大学为研究实例[J]. 青年研究，2005（4）：48.

赞助。社团和学生组织还可以在校园里组织一些营利性的服务项目，如举办一些义卖活动，所得收入全部作为社团的会费；高校会设置社团补助金，对注册社团的活动予以支持；社团委员会可以为大学社团、学会和注册发行的出版物提供财政援助，社团委员会定期开会，讨论是否向注册的诸如非体育类社团等提供小额资金，以支持他们的活动；等等。

三、对比分析

从中美高校学生社团的运行机制对比来看，可以分析得出以下五点：

第一，在成立管理上，中美高校学生社团在注册时都遵循一定的规则，并且都有严格的审核制度。中国各高校根据《高校学生社团建设管理办法》，结合自身情况制定社团管理办法，对社团的成立、注册、年审和注销等都进行了规定。美国高校学生社团采用注册社团的标准章程，向大学申请注册；社团成员则通过熟悉行为规则，在相应的社团监督部门的管理指导下开展活动；社团通过登记成员名单来明确参加和投票选举公职人员的权利。

第二，在组织建设上，中国高校学生社团实行党委统一领导，党委学生工作部门牵头负责，团委、宣传、保卫等职能部门共同参与的学生社团工作机制。美国高校学生社团亦有专业化的管理机构，如学生社团办公室、学生社团委员会等。

第三，在指导教师的支持上，中国高校学生社团对指导教师有特定的要求，要求业务能力较强，鼓励选聘优秀的思想政治课教师担任指导教师。美国的社团指导教师会协助社团干部工作，监督民主，不参与社团管理的具体事务。

第四，在活动开展上，中国对学校社团活动有严格的限制，遵守国家和学校的相关规定，不发表不当言论，开展积极向上、有正能量的活动。美国高校学生社团对游行、集会等有严格的限制。

第五，在经费管理上，中国高校学生社团的活动经费主要来自高校的拨款，每位学生有一定标准的活动经费。每个社团每学期需要制作财务报表，将本学期的花费梳理清楚，管理明确。美国高校学生社团的经费一部分来自会员的交费，另外一部分是承担的服务项目收取的一些费用；除此之外，学校会相应地给予社团支持，社团亦可以获得基金会和校外的赞助。

第四节　评价指标比较

评价是管理机构对高校学生社团的发展进行总结、引导和激励的重要方式之一。通过评价筛选出一批优质的社团育人载体，同时实现社团的良性健康发展。

一、中国高校学生社团评价指标

高校学生社团的育人作用众所周知，但是对社团工作的绩效评价标准的研究还较少，无法对育人作用进行量化评价。社团评价体系包括建构绩效评价标准、确定社团绩效目标、鉴别影响因素和评价对象等。评价指标是用于考核、评估、比较各个高校学生社团活动质量及其效果的统计指标。

杨帆等在《高校学生社团的学生评价与影响因素》一文中认为高校学生社团的学生评价体系由团队合作、职能分工、发展前景、影响力四因素结构组成。[①] 团队合作是指社团负责人和成员之间关系融洽并在社团活动中精诚合作，反映了社团成员对社团抱有极强的集体归属感。杨帆等在文中编制的"高校学生社团评价问卷"及四因素结构评价体系为高校学生社团评价体系化的建立和完善提供了可能。

各大高校会对社团进行年度考核，设置社团工作的各项指标，总结下来主要集中在社团内部管理、社团活动开展情况和社团影响力等方面。以下是浙江大学学生社团工作考核指标体系（见表2.1）。

表2.1　浙江大学学生社团工作考核指标体系

一级指标	二级指标
学生社团内部管理	社团组织架构构建情况
	社团管理制度是否健全有效
	社团日常运营情况
	社团指导教师的指导力度
	社团会员参与社团活动情况
	社团内部文化建设情况

---

① 杨帆，李朝阳，许庆豫. 高校学生社团的学生评价与影响因素[J]. 教育研究，2015（12）：49.

一级指标	二级指标
学生社团活动开展情况	社团活动数量
	社团活动质量
	社团承办和参与学校活动情况
	社团活动是否主题鲜明、形式新颖、健康向上
	社团财务运营情况
学生社团影响力	学生社团媒体宣传、社会影响情况
	学生社团获奖情况
	学生社团个人获奖情况

浙江科技学院的星级社团考核细则里包括社团规范指标（社团活动开展、社团计划和总结、社团财务状况、社团违纪情况、社团招新和换届程序、社团参与文化节活动）和社团发展指标（社团参加国家级、省市级比赛以及社团成员在相关比赛中的获奖情况）。

二、美国高校学生社团评价指标

美国高校对社团的表现设置了公开透明的评价标准，学校评估的重点是社团是否为所有学生提供了展示自己长处和能力的机会。评估程序透明，包括评分标准以及反馈机制，评估采用的是多样性标估方法。

美国高校对学生社团的评价首先表现在严格的准则上。比如华盛顿大学，作为一所综合水平高的研究型大学，在高校学生社团管理方面结合法律手段、行政手段和职业手段，采用了非常专业化的管理方式。法律手段如本科生社团的行为准则，行政手段如华盛顿大学学生社团管理中心的行政管理与处罚制度等，职业手段如社团的管理人员都必须经过专业的培训才能竞选成为行政人员对社团进行管理。华盛顿大学学生社团管理中心还有专门的指导教师对学生社团进行专业化的指导等。[①] 管理人员会对社团进行必要的评价。高校学生社团通过教师评价以及学校的管理与监督，更好地促进了学生综合素质的提高，同时也提升了学校的教育质量。

另外，对经费的严格管理是美国高校学生社团的评价内容之一。一些高校学生社团联合会规定社团财产归属于社团董事会，社团所有开支需要支票进行佐证，报销要有至少两名董事会成员签字，其中一人是社团财务官。

---

① 倪佳. 美国高校学生社团管理研究——以华盛顿大学为例[D]. 开封：河南大学，2019：54.

表 2.2 是美国高等教育标准促进委员会对课外活动的考核指标体系。

表 2.2 美国高等教育标准促进委员会对课外活动的考核指标体系

评价内容	具体指标
注册审批	注册审批
	规范申请场地
	活动预估计划
	活动独立性
活动意义	符合学生需要
	活动开展流程
	指导教师参与
	重视多元文化
	重视活动评估
	学生社团个人获奖情况

三、对比分析

从中美高校学生社团的评价指标对比来看，可以分析得出以下三点：

第一，在评价保障上，中美高校学生社团都采取了公正和尽可能全面的评价方式。中国高校学生社团受到社团建设管理评议委员会的考核，各个高校会有一定的指标体系。横向上来说是各项活动开展的情况，比如社团成员的活动参与率、社团举办活动的场次、社团骨干参与联席会议的次数是否达到规范、社团及其成员的获奖情况等；纵向上来说是社团发展的影响力，比如随着时间的推进，社团是否在规定的指标考核上获得成长，优质发展。

第二，在评价的要素上，中国高校学生社团的经费使用是专款专用，审批比较严格。美国高校学生社团在活动开展中对经费审核也较为严格，对特殊社团的特殊活动，比如公众演说、游行等有着明确的规定。

第三，中美高校学生社团一般采用社团内部管理、活动开展情况和社团影响力等指标进行描述。不少中国高校会对社团进行评比，设定星级，以激发社团活力。美国高校学生社团则侧重指导人员的评价。

第三章

高校学生社团运行机制

———

2018 年 9 月 10 日，习近平总书记在全国教育大会上强调，要把立德树人融入思想道德教育、文化知识教育、社会实践教育各环节，贯穿基础教育、职业教育、高等教育各领域，学科体系、教学体系、教材体系、管理体系要围绕这个目标来设计，教师要围绕这个目标来教，学生要围绕这个目标来学。2017 年，中共中央、国务院印发《关于加强和改进新形势下高校思想政治工作的意见》，明确指出要积极发挥共青团、学生会组织和学生社团作用。这是从中央层面提出的高校学生社团建设的支持性意见，对切实加强高校学生社团建设管理，充分发挥学生社团育人功能，支持高校学生社团健康有序发展，具有十分重要的意义。各学校要在党委的领导下，由党委学生工作部门牵头组织各相关部门负责人及学生社团业务相关领域专家成立学生社团建设管理评议委员会，负责对学生社团的注册登记及年审进行评议审核，使社团在学校中发挥出应有的枢纽作用。

学生社团的创建与管理越来越受到国家和高校的重视，这为学生社团的跨越式发展提供了契机。高校学生社团是校园文化建设的重要载体，是学生的"第二课堂"，高校学生社团要以社会主义核心价值观为引领，营造良好的校园文化氛围，坚持开放性和多样性。因此，本章将着重介绍高校学生社团的运行机理、管理制度与支持体系，以立德树人为根本、提升能力为目标、实践育人为路径，从注册制、挂靠制、星级制、学分制、导师制五个机制介绍高校学生社团的管理制度（见图 3.1），并从学校统筹管理角色、部门挂靠支持角色、教师指导培养角色、社团创新发展角色四个方面介绍高校学生社团的支持体系。本章以宁波大学与浙江科技学院作为参考案例来具体阐述上述内容，并介绍其运行机制。

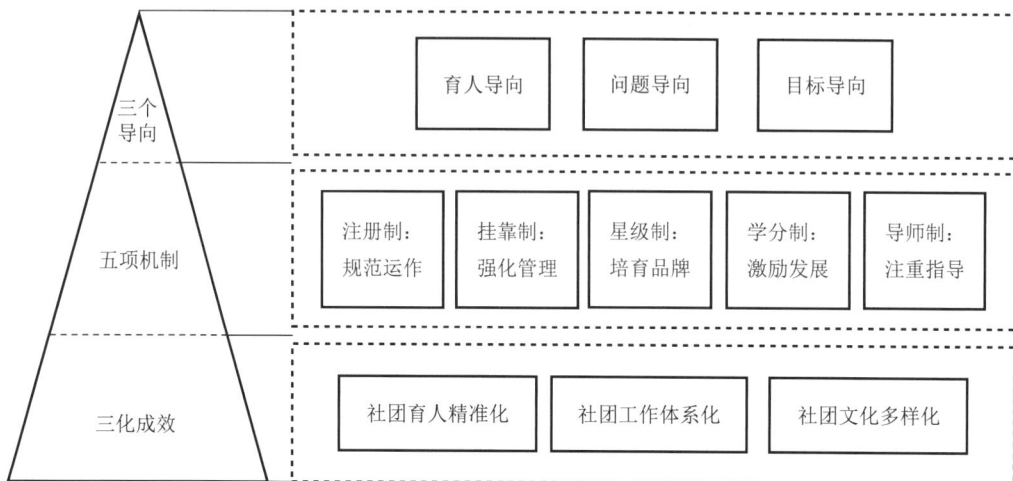

图 3.1　浙江科技学院学生社团管理制度

第一节　高校学生社团运行机理

虽然高校学生社团有着较为明确的发展目标，具有一定的规范性，但是它们是高校的非正式群体，要符合高校学生社团成立条例，能够独立开展活动。大学生不分年级、不分年龄，只要是兴趣爱好相投，生活理念、人生追求相似，就可以成为社团成员，并且社团成员在加入后能够团结在一起，发挥自己的特长，开展适合学校实际、适合自己自身发展的活动。

一、组织行为理论

大学生为实现一定的目标，互相协作结合而成的集体或团体，称为狭义上的组织，在现代社会生活中，组织是人们按照一定的目的、任务和形式集合起来的社会集团，组织不仅是社会的细胞、社会的基本单元，而且可以说是社会的基础。从管理学的角度，所谓组织（organization），是指这样一个社会实体，它具有明确的目标导向和精心设计的结构以及有意识协调的活动系统，同时又同外部环境保持密切的联系。[①] 而组织中的个体、群体或组织本身从组织的角度出发，对内源性或外源性的刺激所做出的反应，则称作组织行为。组织行为是一种重要的组织现象，对这种现象的研究越来越引起了管理学家的重视。组织行为学是研究组织中人的行为与心理规律的一门科学，它是行为科学的一个分支。一般的组织行为学认为，组织行为学是系统研究组织环境中所有成员的行为，以成员个人、群体、整个组织及其外部环境的相互作用所形成的行为作为研究对象。组织行为学认为，作为被管理对象的人是以"复杂人"的形式存在的，即强调人的认知的复杂性，个人的心理、情感状况、受尊重、受信任程度，直接决定着其在工作中潜能的发挥，并最终影响管理工作的效果。[②] 对于每一个个体来说，行为是他的个性特征，是其性格主导的表现，因此，组织行为学作为一种管理方法，通过理解、描述、控制、预测等方式影响成员的行为。对于组织行为学来说，要促进实现组织行为目标，就需要注重个体行为，并对行为进行有效管理。因此，组织行为学具有如下四个特点：

第一，应用性。组织行为学是一门实践性很强的学科，研究目的是为了更好地投入到实际管理中，改进管理效果。通过预测识别组织成员的行为，帮助管理者改善管理，提高管理水平，进而使得组织成员有更好的发展。

第二，科学性。组织行为学作为一门社会学科，直觉判断和推断是其主要研究方法。在研究过程中，还要经过推理、分析、验证等科学环节对所得出的结果进行验证，因此，科学性也是其重要特征。

第三，系统性。组织行为学是在多个学科交叉融汇的基础上产生的一个独立学科。因此，组织行为学的研究涉及很多相关学科的内容，但是其并不是多学科的简单相加，而是一个系统性的研究结果。其经过了组织中的个体行为到群体行为，进而到组织行为体系深化。

第四，跨学科性。组织行为学综合了诸多学科的研究成果，是多个学科知识的综合。其以行为学为基础，涵盖了心理学、管理学、社会学以及政治学、经济学等的知识内容和研究方法。[③]

通过组织行为学理论，我们可以发现，要做好社团的管理工作，要使社团得到更长

---

① 组织[EB/OL]．（2019-04-22）[2021-03-21]．https://www.zdic.net/hans/%E7%BB%84%E7%BB%87.
② 李文娟．组织行为学在独立学院学生管理工作中的应用[J]．文教资料，2012（10）：145-146.
③ 王明娜．民办高校学生管理环节组织行为学的应用[J]．智库时代，2019（29）：77-79.

远的发展，应坚决贯彻党中央提出的"以人为本"的精神，用最有效的方法，极大地调动高校学生社团成员的积极性和创造性，提升成员绩效与组织效能。[①] 这也与第一章中所述马克思主义关于人的本质理论、马克思主义社会组织理论对社团建设的指导不谋而合。同时，在传统的组织管理理论中，特别是在泰勒倡导的科学管理理论中，工作被极端地标准化和计量化，整个流程被详细分解，同一环节会员的工作也尽可能地一致和统一，这种设计某种程度上极大地提高了工作效率。[②]

二、社团运行标准

高校学生社团在创建之时，要做好标准化管理的准备，有利于社团的后续发展与社团活动的开展等。管理标准化是指在经济、技术、科学和管理等领域中，对复杂的事物及其概念，通过制定、执行相关标准以达到统一，从而获得最佳秩序和社会效益。标准化理论最早产生在企业领域，随着社会的发展，社会公共领域开始引入标准化理论。标准化既是经济活动又是社会活动，在规定产品的性能和其他特性时，为了判断物品是否同规定相符，必须按照相关要求进行测试。标准化不仅能简化目前的复杂性，而且能预防将来产生不必要的复杂性。标准化活动是克服过去形成的社会习惯的一种运动，需要各方面协调配合。高校学生社团要坚持以问题为导向，围绕增强"政治性、群众性、先进性"，借鉴标准化建设相关理论，对其运行过程中的相关制度、活动、工作等进行规范，形成一种标准化的模式和体系。

社团活动是学生第二课堂中的重要内容之一，对拓展学生的眼界和能力、丰富其社会体验十分有益。高校学生社团是高校校园文化建设和学生思想政治教育的重要阵地，遵循和贯彻党的教育方针，坚持立德树人的基本导向，在繁荣校园文化，培养学生的社会责任感、创新精神和实践能力，提升学生综合素质，促进学生成长成才方面发挥着重要作用。目前，随着高等教育形势的发展变化、青年大学生学习成长需求的变化、学生社团规模的快速发展以及新媒体时代的到来，高校学生社团建设出现了一些不容忽视的问题，需要高度关注、持续改进、规范发展。高校学生社团的运行存在以下四方面问题：

第一，高校对学生社团管理的难度加大。以浙江科技学院为例，目前全校已有 180

---

① 王思睿，傅小兰. 发挥心理学实证研究在科技社团管理中的价值[A]//中国科协学会服务中心. 科技社团改革发展理论研讨会论文集[C]. 中国科协学会服务中心，2017：5.
② 张昌凡. 高校教学团队工作模式的组织行为学分析[J]. 中国高教研究，2012（12）：78-81.

个学生社团，总量较多，种类丰富。在新媒体时代，高校学生社团管理工作面临着极大的挑战。新媒体已经融入青年大学生的日常生活中，其作为学校加强思想政治教育引领的"新的领域和阵地"，学校必须主动利用、加以研究并采取措施进行管理引导。如针对新媒体使用申请门槛低、平台多的特点，管理上要及时监控，督促注销不再使用的QQ群、微信群等，以免带来一些风险。此外，学生社团类型较多，很多学生社团会开展跨校交流活动。一般来讲，按照学生社团管理规定，学生社团交流活动包括学校部署安排的交流活动，挂靠单位、指导教师指导的交流活动，以及高校学生社团相互之间的交流活动，社团与挂靠单位以外的校内外其他单位进行联络或者联合开展的活动须事先上报校团委，经批准后方可进行。但是在具体的操作和运行过程中，仍会出现一些问题亟待关注与重视。一些学生社团参加校外的联谊交流活动没有向校团委报备，他们有时候以个人身份、有时候会以社团身份参加，学校团委也很难完全掌握每个社团成员的活动，特别是一些社会公益类学生社团。

第二，高校学生社团管理机制不健全。健全的学生社团管理制度对推动学生社团发展、规范学生社团管理有重要作用，但目前的高校学生社团管理制度已经不能完全适应学生社团建设发展的需要。学生社团的数量、结构、定位以及指导挂靠单位、指导教师的选聘考核等方面需进一步完善相关制度。高校学生社团一般都会有自己的章程，但是不少学生社团负责人不熟悉社团章程，高校学生社团制度意识不强，对自身发展目标定位不清晰，或因财务问题阻碍了社团的发展，影响了其成员的积极性。

第三，高校学生社团活动质量不高。不同类别的学生社团发展差异较大，这不仅与共青团组织以及挂靠单位、指导教师的指导相关，也与学校自身学科发展和长期积累的校园文化特别是第二课堂文化氛围有关。学生社团活动是增强凝聚力、提升影响力的重要载体。一些学生社团不注重自身总结提升，往往是届届传承，照搬照抄，缺乏创新的精神，很难形成影响广泛的学生社团活动品牌。学生参加社团的目的性很强，但是学生社团活动如果不能实现学生的预期愿望，就会直接影响学生参与社团的积极性。"加入社团后发现与想象的不一样"是学生退出社团的主要原因之一。更为关键的是，作为大学生思想政治教育的重要载体，一些社团却很难做到将学生社团活动与学生思想政治教育紧密结合。

第四，高校学生社团资源保障不够。高校学生社团发展和日常运作需要强有力的资源保障，主要包括三个方面：智力资源，即专业指导教师或专业管理团队；财力资源，即充足的社团活动经费；空间资源，即学生社团日常活动场地。高校学生社团数量众多，涉及面广，涉及领域宽，多数学生社团缺乏专业的指导教师，导致学生社团的专业能力水平较弱，文化底蕴不深，发展质量不高，影响力不够。高校学生社团活动经费普遍紧张，虽然不同高校对经费的支持力度存在差异，但是总体上学校对学生社团的经费支持力度还有待提高。目前，很多学生社团活动没有专门的场地，一些学术科技类社团依托学院、专业和相关部门的实验室、办公室进行活动，总体上，大多数社团没有固定的场地，只能临时借用教室来开展一些交流、学习活动。

针对以上四个高校学生社团的运行问题，笔者提出以下社团运行的五个标准化措施：

第一，组织设置标准化。高校学生社团设置要与社会形势发展、青年学生的行为方式结合起来，既要把握学生的现实需求又要明确具体的标准，要从思想性、实效性、发展前景等方面予以考虑。[①] 管理部门要不断完善社团管理体制和运行机制，使社团运行规范、有序、高效；不断提高社团建设水平，培育一批有内涵、有特色、有水平的品牌性示范社团。

第二，思想教育标准化。宣传教育工作是加强学生社团管理的基础性工作，既要全方位又要多渠道，把思想政治教育融入学生社团管理的各个环节。要重点从组织、媒介、过程等方面制定规范的教育引导标准。高校以立德树人为根本，推动学生社团在活跃校园文化、加强学生思想政治教育、促进优良学风建设、服务学校改革发展稳定等方面发挥更大的作用。

第三，制度建设标准化。规范建设高校学生社团关键还应抓好各项规章制度，只有以完善的、科学的规章制度作为支撑，高校学生社团才能得到很好的发展。高校团委和社团管理中心在履行管理社团职能时，不仅要按照学校党委关于加强和改进社团管理的指导性意见进行，还要注重建立健全本级的具体管理制度，重点是强化执行落实。

第四，骨干培训标准化。高校学生社团骨干的素质是学生社团健康发展的关键。高校学生社团骨干一般是在某些方面有特长的学生精英，他们的思想素质、行为方式等对社团成员有着直接的影响，因此建立完善学生社团骨干培训标准显得非常重要。例如，浙江科技学院学生会开设团校和精英特训营，切实促进各级学生干部的沟通与交流，增强共青团队伍的服务力、凝聚力、战斗力和创造力，通过教育培训和实践锻炼，不断提

---

① 郭广春，周静，马晓琼. 基于标准化建设理论的高校学生社团管理研究[J]. 安徽工业大学学报（社会科学版），2020（4）：112-114.

高学生干部的思想政治素质、政策理论水平、创新贯彻能力、实践能力和组织协调能力，努力培育和造就一支素质全面、勇担重任、模范表率的大学生干部队伍。

第五，管理机制标准化。在高校党委的领导下，团委和社团管理中心是履行学生社团管理指导职能的主体，但这对当前高校学生社团建设来讲是不够的。高校要科学统筹建立学生社团挂靠单位和指导教师选聘制度。建立标准化的高校学生社团指导教师管理考核机制，并进行定期考核；指导教师应明确社团的定位，指导社团制订每学期的工作计划，确定工作重点。学校对指导教师每年度考核一次，考核分合格与不合格，学校根据考评结果，对合格者每年计算相应课时的教学工作量，对不合格者不予计算相应课时的教学工作量，并解聘社团指导教师。

第二节　高校学生社团管理制度

注册制、挂靠制、星级制、学分制、导师制是高校学生社团中较为普遍的社团管理制度。其中，注册制给予社团挂靠准入机会，学校所有社团每年进行统一注册，根据各大类社团的科学发展规律，严格把握社团正确的发展方向；挂靠制使得学生社团管理更精细化，本着有利于自身发展和有利于活动开展的原则，由学校职能部门、直属单位或二级学院（部、中心）进行挂靠指导；学分制使社团成为学生的第二课堂，有利于进一步提高社团成员对社团活动的参与度，发挥社团的育人功能；星级制对社团进行量化评级，充分调动社团干部、指导教师等的主动性、积极性和创造性，学校每年对全校学生社团进行一次考评；导师制给予社团指导保障，鼓励学生参与指导教师的学术科研活动。以下将以浙江科技学院为例，从以上五个方面具体阐述高校学生社团管理制度。

一、注册制规范社团运作

在高校学生社团的管理制度中，注册制社团，即向学生社团管理中心提出申请，并提交相关材料，审核通过后注册成为社团。

以浙江科技学院为例，高校学生社团实行注册制管理，所有社团每年进行统一注册，注册条件须符合《浙江科技学院学生社团建设管理办法》（简称《管理方法》）的要求，学生社团负责人学习成绩综合排名须在班级前 50% 以内，社团注册需要有 20 名以上正式学籍在读学生联合发起并需要有挂靠单位，挂靠单位可为学校职能部门、直属单位或二级学院（部、中心）。

浙江科技学院学生社团的成立必须符合《管理方法》的相应程序规定。申请筹备成立的学生社团，发起人应向社团管理中心递交下列书面材料：①高校学生社团成立申请表（见表 3.1）一式三份，社团管理中心、社团挂靠单位和社团各存一份；②社团章程草案；③社团拟负责人个人简历，基本情况介绍（包括思想表现、学习成绩等），身份证、学生证复印件，综合测试成绩证明等；④安全细则，包括日常运营管理、活动应急预案等安全措施；⑤指导教师个人简历。

在向社团管理中心提交书面申请材料后，新申请社团进入初审阶段。社团成立初审要求为：①社团管理中心应当自收到《管理方法》第十四条所列全部有效文件之日起 7 个工作日内完成初审，初审通过后递交社团建设管理评议委员会评议审核；②审核通过的社团进入一学期试运行阶段，试运行通过后正式登记备案，由团委颁发社团资格证书；③未通过初审的，社团管理中心应向发起人说明理由。

社团有下列情形之一的，不予批准成立或不予继续注册登记：①举办违反法律法规、校纪校规或社团章程宗旨活动的；②申请成立时弄虚作假的；③参加社团人数长期不足 20 人的；④连续两年星级评定结果为一星级社团的；⑤校内已经有性质相同或相近学生社团的；⑥涉及宗教文化的；⑦涉及民族排他性或地区排他性的；⑧未经学校审核批准的校外机构成员单位或分支机构性质的学生组织；⑨跨地跨校联合成立的；⑩全体成员大会决议解散的；⑪其他不宜批准成立的或不宜继续注册登记的。

经批准筹备的学生社团，试运行期为一个学期，自批准筹备之日起计算。经批准筹备的社团，应在自批准筹备之日起 30 日内召开全体成员大会，通过章程，产生执行机构和负责人，并开展活动。社团负责人不得同时担任其他社团的负责人；社团负责人任期满一年后由校团委颁发任职证明。

试运行期间的学生社团不属于正式社团，应当以"社团（筹）"的形式开展活动；社团享有除选举权和被选举外的其他权利，并履行义务。试运行期间的学生社团可招收成员，成员人数由社团自行确定。试运行期间的社团必须接受社团管理中心的管理，并严格遵守社团管理中心的各项规定。

试运行期满的学生社团，经挂靠单位和指导教师同意，向社团管理中心提出正式登记申请，由社团建设管理评议委员会颁发《浙江科技学院学生社团登记证书》（一式两份，社团管理中心留底一份，社团一份）。对于不予批准登记的社团，社团管理中心应当将不予登记的决定书面通知申请人，并向申请人说明理由。

表 3.1　高校学生社团成立申请表

填表时间：　　　　　　　　　　　　　　　编号：

社团名称			社团类别	
负责人（附个人简历）	学院、班级		电话／手机	
财务负责人	学院、班级		电话／手机	
核心成员 （主要筹建人姓名、学院、班级、联系方式）				
申请书（附件）				
社团宗旨				
主要活动方式及内容				
指导教师意见 （附书面意见）	联系方式：　　　　　签名： 　　　　　　年　　月　　日			
挂靠单位意见 （附书面意见）	负责人签名：　　　　　盖章： 　　　　　　年　　月　　日			
社团管理中心意见	负责人签名：　　　　　盖章： 　　　　　　年　　月　　日			
社团建设管理评议委员会意见	负责人签名：　　　　　盖章： 　　　　　　年　　月　　日			

浙江科技学院学生社团创建机制见图 3.2。

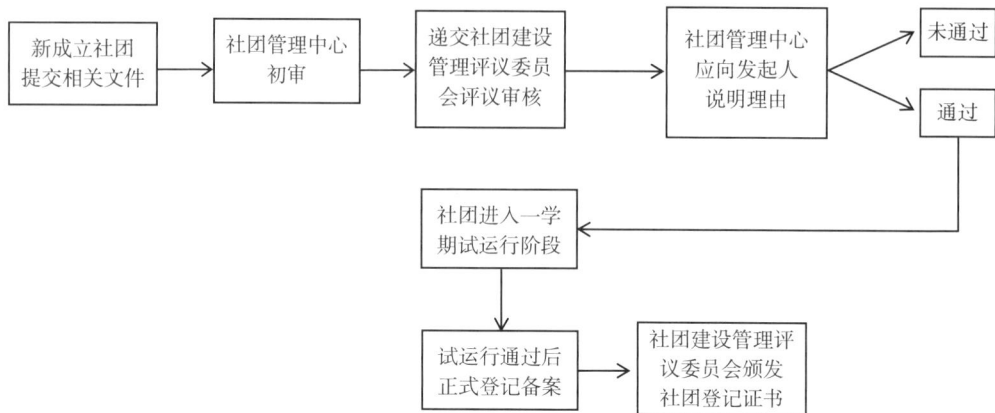

图 3.2 浙江科技学院学生社团创建机制

二、挂靠制强化社团管理

挂靠制社团，一般是指高校学生社团挂靠于校团委、二级学院、宣传部、学工部、保卫处等部门，各社团挂靠单位具体负责社团的日常指导工作。学生社团应本着有利于自身发展和有利于活动开展的原则提出挂靠意向，并与相应的挂靠单位协商，也可委托校团委、社团管理中心与相关单位协商挂靠事宜。挂靠单位对挂靠社团的政治方向、常规工作、活动组织和社团发展等进行指导，并对挂靠社团的健康发展担负主体责任。挂靠单位优先给予活动场地、专业技能、设施设备、活动资金和师资力量等方面的支持。挂靠社团享有参与挂靠单位对所属学生社团评奖评优工作的权利，挂靠社团所取得的各种成绩或获得的任何荣誉，可作为挂靠单位团学工作成果列入年度评优等各项工作考核。

各挂靠单位、指导教师要切实发挥指导作用，把握社团正确的政治方向，从活动设计、实施和总结等方面全程关注社团活动的开展。各挂靠单位要在活动中及时总结，深入挖掘亮点，对活动过程中涌现出的典型事迹进行宣传，培养学校社团活动的优秀品牌，着重建设一批有活力、有特色、有品牌、有影响的优秀社团，打造一系列主题鲜明、内容充实、形式新颖、效果明显、影响深远的社团活动。

学校各级党组织要切实加强对学生社团工作的领导，把加强和改进学生社团工作纳入学生党建与思想政治教育工作体系之中，要定期研究学生社团工作；学校党委学工部、研工部要会同团委加强社团的规范管理和分类指导；校团委在学校党委的领导下，具体承担对学生社团的管理工作，各社团挂靠单位具体负责社团的日常指导工作，校、院两级共青团组织要指定专人负责学生社团工作；党委宣传部、人事处、教务处等部门结合工作职能，为学生社团的建设和发展给予支持和指导，每周安排相对固定的学生社团活动时间；保卫处、后勤等部门为学生社团开展活动提供必要的安全保障和物质保障。学校形成党委领导，行政支持，挂靠单位业务指导，团组织具体管理，各部门、各学院共同关心、共同参与的学生社团工作管理格局。

三、星级制培育社团品牌

星级评定制运用于社团评定中，即参照酒店行业的星级划分标准，对社团实施星级考评，完善考核激励和年审评价机制，充分调动社团干部、指导教师等的主动性、积极性和创造性。社团建设管理评议委员会每年对全校学生社团组织一次考评，评选优秀社团指导教师、优秀社团干部、社团活动积极分子和社团活动奖学金，对成绩突出的社团指导教师、工作出色的社团负责人和积极参与社团活动的学生给予表彰和奖励。

浙江科技学院学生社团星级制是根据社团发展水平和综合实力对社团进行等级评定的一项管理制度，分为一星级、二星级、三星级、四星级和五星级五个等级，由学生社团星级评定委员会评选。参与星级社团评选的学生社团应具备下列条件：第一，经校社团建设管理评议委员会批准、登记注册在校的学生社团；第二，遵守学校规章制度及社团管理规定，有健全的社团运行机制；第三，具有自己独特的社团文化，积极开展社团活动，有特色、效果好；第四，得到社团成员和广大师生的较高认可；第五，社团工作有目标、有计划、有措施，平时活动正常，有学期工作总结；第六，社团经费管理严格，使用合理。

五星级社团应在校内外具有较大影响力，获得省市级、校级等荣誉；四星级社团应在校内具有一定影响力，有特色，表现突出；三星级社团运营良好，较有特色；二星级社团正常运营，无特色，表现一般；一星级社团是指那些业绩不佳、运营不规范的社团。连续两年评定为一星级且无明显发展意识的社团将予以注销。社团管理中心每年定期公布年度评比、星级评定等相关信息。

学生社团星级评定委员会由社团建设管理评议委员会代表、校团委代表、学生社团指导教师代表和社团管理中心代表构成。

一星级至四星级社团星级评定流程包括：第一，上交材料，包括：①本年度社团所举办的活动（附活动策划方案和照片）；②本年度社团所获得的荣誉和奖项，需要书面材料证明；③本年度财务报表；④高校学生社团星级社团申报表（见表3.2）。第二，文本审核。第三，开会讨论，由学生社团星级评定委员会依据评分规则决定最终评定结果。第四，公示发文。

五星级社团星级评定流程包括（见图3.3）：第一，自主申报，申报对象为连续两年被评为四星级或曾被评为五星级的社团；第二，文本初审，校学生社团管理中心负责文本审核，评选出候选社团；第三，网络投票，社团管理中心官方微信平台进行投票；第四，一轮筛选，社团文本审核评分结果（占70%）与网络投票结果（占30%），选出一定比例的社团；第五，公开答辩，分为社团展示环节与评委提问环节，最终选出若干五星级社团；第六，公示发文。

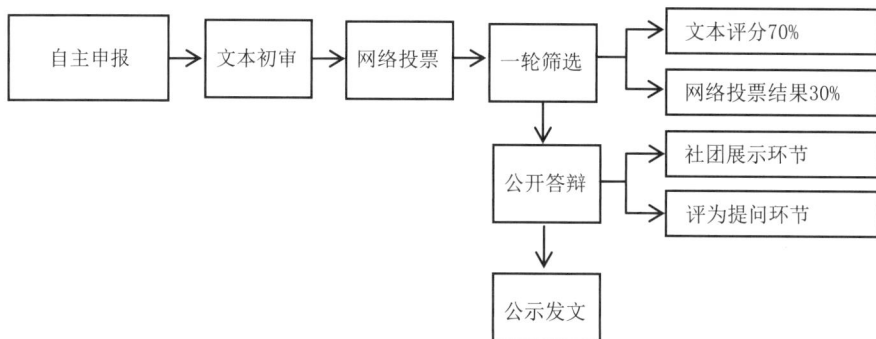

图3.3 浙江科技学院学生社团星级制评定流程

四、学分制激励社团发展

学生加入社团大都不限要求，一般不用交会费就可以自然成为成员，大部分都不会有具有效力的社团成员身份证明，随时都可以单方面宣布退出，频繁的人员流动导致社团的发展缺乏规范性和组织性，社团活动、计划、思想不能保持连续，更谈不上积累、沉淀为优秀的社团文化。学分制社团的设置改变了这种状况。学分制作为一种教学管理制度和学校培养学生的教学模式，为不同兴趣爱好、不同学习基础、不同志向的学生灵活地安排学习进程、构建个性化的学习计划提供了条件。学生可以在确定了专业方向以后，在一定的课程范围内进行多方面的选择。[1]

---

[1] 徐恒等. 高校大学生社团的学分制管理[J]. 湖州师范学院学报，2006（5）：138-140.

表 3.2 高校学生社团星级社团申报表

填表时间：   编号：

社团名称				社团类别	
负责人		学院班级		电话/手机	
学年活动 （附活动策划 方案和照片）					
获得荣誉或奖励					
财务报表					
挂靠单位意见					

注：社团类别划分为思想政治类、学术科技类、创新创业类、文化体育类、志愿公益类、自律互助类及其他类等。

"学分"一词来源于英文 credit，英国学者朗特里将其解释为"学生在某门课程中因表现成功而得到的分值认可"。我国教育界对学分制的重视与达成共识始于 1986 年学分制工作委员会的召开，学分制是学校课程教学测量的一种计算单位，是学生学习内容难易的量化表示，也是"学生修读课程所需的社会必要劳动时间的反映"。从学分制产生这个层面来看，学分制在其产生之初是被看作一种测量手段和方法，但随着高等教育和学分制的不断发展，学分制得到进一步的完善和发展。学分制是大多数高校采用的一种学生学习量的计量方法，用以衡量学科的难易程度及所需时间，一般每门课程的具体学分数以专业教学计划中的规定为准。常见的学分计算方法是与该科目每星期上课的小时数挂钩，如每星期上 3 小时课即为 3 学分。

现代学分制追其溯源，起源于德国柏林大学的选课制，首创于 19 世纪末美国哈佛大学，之后得到逐步推广和完善。美国哈佛大学校长艾略特主张学生应该对自己的课程有充分的选择自由，并主张学生可以自主安排要学习的专业和课程，但是由于推行选课制而引入了大量的课程，出现了如何计算学生学习量、何时毕业等新的问题，于是，在之前选课制的基础上，学分制应运而生。

广义地讲，学分制不仅仅是高等教育发展到一定阶段的产物，同样也是生产力发展、科学技术和社会进步的产物。对于学分制的定义，学术界一直存在着不同观点。其中，最具代表性的观点是认为学分制是教学管理制度的一种。《国际高等教育百科全书》中对于学分制的解释是：衡量学校课程等某一种教学过程对学生完成学业所应有的地位或所起的作用的一种管理方法。《中国大百科全书·教育》中对学分制的解释是：学分制是高等学校以学分作为学生学习量的计算单位而实行的一种教学管理制度。

结合以上观点，笔者认为，学分制是一种以学分为计量单位，以选课为核心，以教师指导为辅助，通过绩点和学分来衡量学生学业完成状况的一种教学管理制度。通过学分制，可以更好地对社团进行分类管理，针对不同社团建立不同的制度。

以浙江科技学院为例，2016 年进行了社团改革并设立了学分制社团，截至目前，已有 KAB 创业俱乐部、大学生艺术团、浙江科技学院志愿者协会等 42 个社团申请成为学分制社团。社团活动纳入学分制体系，学生参加社团犹如选修了一门课程，并设置课程大纲、课程教学环节和课程评价环节，限制课程人数，从根本上解决了社团人员流动性大、参加活动有头无尾等问题，更有针对性和目的性。

以浙江科技学院为例，学分制社团的申请设定要求是将以下书面材料于每年 3 月或

10月递交给校学生社团管理中心。材料包含以下内容：

    （1）高校学分制社团申请表（见第四章表4.1）；

    （2）通识教育选修课（全校公共拓展复合课）开课申报表（见第四章表4.2）；

    （3）课程教学大纲（见第四章附件一、附件二）；

    （4）社团章程与相关制度文件；

    （5）社团工作总结。

学分制学生社团的具体内容，将在本书第四章做详细介绍。

五、导师制注重社团指导

导师制是一种教育制度，与学分制、班建制同为三大教育模式。导师制由来已久，早在14世纪，牛津大学就实行了导师制，其最大特点是师生关系密切。导师不仅要指导他们的学习，还要指导他们的生活。近年来，国内各高校都在探索研究生教育以外的高等教育也能建立一种新型的教育教学制度——导师制，以更好地贯彻全员育人、全过程育人、全方位育人的现代教育理念，更好地适应素质教育的要求和人才培养目标的转变。这种制度要求在教师和学生之间建立一种"导学"关系，针对学生的个性差异，因材施教，指导学生的思想、学习与生活。导师制从制度上规定教师具有育人的责任，将教师在从事教学科研以外，对学生进行思想、学习、心理等方面的指导和教育作为其工作的另一部分。

特别是在社团课程中，导师既是社团活动的组织者，也是参与者。在社团课程中，教师要突出学生的活动主体地位，让学生通过自主学习和探究实践获取直接经验，经过学生的反思提升，让学生的综合素质得到质的提升。社团活动课强调让学生通过自主探究实践活动来获取直接经验，但不是说不要教师的指导。在社团课程上，教师是学生活动的引导者和组织者，而不是旁观者。教师要参与到学生的探究实践活动中去，与学生共同完成探究实践活动。教师的指导要适时到位，要全程指导学生的探究实践活动，指导学生确定活动的主题、学会各种搜集资料的方法、及时恰当地排解在综合实践活动过程中遇到的各种问题、总结和交流展示实践活动的成果。学生在社团指导教师的全程指导下，综合能力会大大提高。因此，社团指导教师在社团活动中要做好自身的角色转变，即社团指导教师不仅仅要做一个活动的组织者，更应该做一个活动的参与者。[①]

---

① 王绍坡. 浅谈社团活动课程中教师个人角色的转变[J]. 读与写（教育教学刊），2018（2）：148-149.

每个社团都挂靠于二级单位，并由导师指导负责学生社团的管理与监督引导。及时解决社团在发展过程中的问题，凝聚社团，增强社团的归属感。

"导师制"区别于其他人才培养方式主要有以下四个特点：

第一，"导师制"所关注的不仅是工作上的问题，更多的是个体问题。在工作中学生还有可能面对人际方面的困惑，或者对社团氛围和社团文化的理解产生偏差等问题。这些个人问题无法通过参加培训课程或工作坊、E-Learning 课程、做项目等常规的人才发展方式来解决，"导师制"对此是最合适的。

第二，"导师制"鼓励长期的"一对一"的支持性关系。"导师制"采用"一对一"的指导方式，特别适合解决学生职业生涯发展进程中产生的各种个性化问题。而绝大多数人才培养项目都是短期的、针对群体的，只适合解决普适性的问题。

第三，导师言传身教的榜样作用。导师一般都是高校里德高资重的教师，其本身就是成功的典范。"导师制"中，导师的榜样作用、言传身教的力量是独一无二的。

第四，隐性知识的传承。大多数学习方式传播的都是显性的、能被总结进教科书的知识。而"导师制"在施行的过程中，从导师身上学到的往往是很难提炼的隐性知识，比如为人处世的方式、想问题的思路、动态解决问题的能力、艺术化的领导技巧，等等，这些隐性知识对人才发展的促进作用更为显著。

以浙江科技学院为例，为进一步加强社团管理，提高社团活动的质量，实行学生社团导师制。每个学生社团至少配备 1 名指导教师，其中第一导师须为在职在岗教职工，每名教师指导社团不多于 2 个，每届聘期一般为 1 年，鼓励学生参与指导教师的学术科研活动。被认定为学分制社团的指导教师，经考核合格，学校给予相应的工作量。若社团有多名指导教师，其工作量根据实际指导情况进行分配。社团指导教师的考核由教师个人申报、所在社团评价、挂靠单位评价和社团管理中心评价四部分组成，最终提交社团建设管理评议委员会审定。学校根据相应工作量发放社团指导津贴。

聘任的导师需满足以下条件：①政治觉悟高，忠诚党的教育事业，品行端正，思想高尚；②业务水平较高或具有一定专长，尤其在社团发展所需要的专业领域有一定的造诣；③具有较强的责任感和敬业精神，有时间、有精力对学生社团及其社会实践活动进行有效指导；④关心学生课外活动和学生成长成才，乐于为学生社团及其社会实践活动服务；⑤其中思想政治类、志愿公益类社团指导教师须为中共党员，鼓励选聘高水平的思政课教师担任思想政治类社团的指导教师。

导师聘任建议满足以下要求：①社团指导教师须从学校在职教师和管理人员中选聘。各学生社团挂靠单位要鼓励并选派优秀教师担任社团指导教师，学术性社团的指导教师一般应为专业教师；②社团指导教师由社团建设管理评议委员会负责选派，在征得教师本人和学生社团同意的基础上，由教务处、校团委聘任；③每个学生社团至少配备1名指导教师，每届聘期一般为1年，考核合格的可连任；④指导教师一经聘任，不得随意更改，如有特殊情况，须由社团挂靠单位提交书面说明并报校学生社团管理中心、校团委备案；⑤社团指导教师的选聘工作一般在每年9月进行。

聘任的导师需尽到以下工作职责：①遵循学校相关规定，明确社团发展定位和建设重点，不断完善社团的管理体制和运行机制，使社团运行规范，高效有序；②指导学生制订社团工作计划，指导社团大型活动方案的策划和开展，帮助社团提高活动质量与层次，使社团成为校园文化和第二课堂的引领者，成为学生主动学习、自我发展的重要阵地；③定期对学生社团进行专业理论指导或培训，帮助社团成员提高业务素质；④协助学生社团开展必要的校外交流、调研活动和相关实践活动，加强社团的校内外实践平台建设，建设一批可持续发展的社团活动载体和基地；⑤不断提高社团建设水平，培育一批有特色、有水平、有内涵的品牌性示范社团；⑥为学生社团的发展、建设出谋划策，提出意见与建议；⑦关心社团干部的成长，协助做好社团考核及各种评优评先工作；⑧协助做好社团团建、党建工作和安全稳定工作；⑨完成其他相关工作。

表3.3为浙江科技学院高校学生社团指导教师考核表。

第三节　高校学生社团支撑体系

高校学生社团建设分为三个层面、四个维度，宏观层面为学校统筹，中观层面为部门挂靠，微观层面为教师指导与社团创新。其中，学校统筹维度包括顶层设计、统筹协调、加强引导、集中评价。部门挂靠维度包括上传下达、具体执行、因地制宜、特色发展。教师指导维度包括思想引领、专业指导、规范管理、培养骨干；社团创新维度包括积极能动、与时俱进、开拓创新、科学发展。本节将从以上四个维度探讨高校学生社团支撑体系。

表 3.3 高校学生社团指导教师考核表

姓名		性别	
指导社团		职称	
联系方式		所在单位	
指导社团学分数		工作量（课时）	
指导教师工作小结 （可附页）		指导教师签字：	
学生社团意见	非常满意（ ）满意（ ）一般（ ）不满意（ ） 社团负责人签字：		
挂靠单位意见	（盖章） 年 月 日		
社团管理中心意见	（盖章） 年 月 日		
校团委意见	（盖章） 年 月 日		
教务处意见	（盖章） 年 月 日		

一、学校统筹管理角色

学校成立由党委分管领导任主任的社团建设管理评议委员会，成员由组织部、宣传部、学工部、研工部、教务处、人事处、保卫处、校团委负责人和相关领域专家组成，负责对社团注册登记及年审进行评议审核，委员会下设办公室，挂靠在校团委。

随着高校学生社团的不断发展和壮大，校团委应该及时地为高校学生社团配备相应的管理人员定期进行督查和指导。高校团委不仅要注重拓展社团的育人功能，更要关注高校学生社团在思想政治教育中的重要作用。因此，学校可以从以下四个方面加强统筹管理，充分发挥社团的育人功能和思想政治教育功能。

（一）顶层设计

学校各级党组织要切实加强对学生社团工作的领导，把加强和改进学生社团工作纳入学生党建与思想政治教育工作体系之中，定期研究，为高校学生社团改革做出总体布署。具体可以加强以下方面的顶层设计：完善社团的管理体制和运行机制，使社团运行规范高效有序；丰富社团活动内容，使社团成为校园文化和第二课堂的引领者，成为学生主动学习、自我发展的重要阵地；加强社团的凝聚力和吸引力，扩大学生参与社团活动的覆盖面；加强社团的校内外实践平台建设，建设一批可持续发展的社团活动载体和基地；提高社团建设水平，培育一批有特色、有水平、有内涵的品牌性示范社团。

（二）统筹协调

学校需统筹协调社团建设管理评议委员会和组织部、宣传部、学工部、研工部、教务处、人事处、保卫处、校团委等多部门之间的角色关系，使各部门各司其职，互相学习。同时，学校应认真研究处理学生社团与社团之间、学生社团与学生会及其他学生组织之间的关系以及学生社团活动个性化和社会化程度等问题，不断创新工作内容和形式，适应学生需求，增强学生社团和社团活动的吸引力和凝聚力，努力形成新形势下通过学生社团开展思想政治教育的新手段、新方法，促进学校社团工作整体水平的提升。

（三）加强引导

党对高校学生社团的引导，主要体现在对高校学生社团建设的意识形态、思想道德、政治引领方面，这种领导是方向、原则、大局、宏观方面的领导，而不是具体事务的管理。高校党委通过组织部署、下发文件、召开会议、开展教育等形式对高校学生社团工作进行领导，切实使党的教育方针政策落实到高校学生社团建设当中，推动高校素质教育的高质量实施。[①] 高校各级团组织要肩负起高校学生社团的政治指导和方向把握等重要的日常管理工作，要对所在学校的社团进行类型规模调查，对社团举办的各项活动进行严格把关，使活动的内容始终有益于大学生的健康成长、有益于校园文化的繁荣、有益于和谐社会的建设，在社团管理中融入德育教育的内容，使得学生社团在高校立德树人中发挥最大的作用，在高校学生社团活动中做到治理有方、管理有序。

（四）集中评价

完善考核激励和年审评价机制，充分调动社团干部、指导教师等的主动性、积极性和创造性。社团建设管理评议委员每年会对全校学生社团组织一次考评，评选优秀社团指导教师、优秀社团干部等。通过评价，督促、帮助并指导社团管理中心明确管理职能，强化监督程序，健全组织机构，修订管理条例等各项基础工作。

◎ **参考案例**

浙江科技学院从 2016 年推进社团改革以来，努力把握新时代青年与高校共青团工作特性，不断开拓创新，与时俱进，适应时代发展，深化校园社团改革，为浙科新青年的成长提供了丰沃的土壤。建立健全学生社团工作体制，引导推动学生社团的健康有序发展，发挥其在校园文化建设、优良学风创建、创新创业教育和学生综合素质提升等方面的积极作用，贯彻落实《中共浙江科技学院委员会关于印发新时代加强和改进学生社团工作的指导意见的通知》（浙科院党发〔2020〕16 号）精神，按照《浙江科技学院学生手册》和《高校学生社团文件汇编》等相关规章制度，进一步加强和改进学生社团工作。

二、部门挂靠支持角色

学生社团本着有利于自身发展和有利于活动开展的原则向学校职能部门、直属单位或二级学院（部、中心）申请挂靠，并与挂靠单位协商社团的常规工作、活动组织、社团发展，以取得活动场地、专业技能设施设备、活动资金和师资力量等方面的支持。

（一）上传下达

各挂靠部门负责的学生社团，在学校党委的领导和团委的指导下开展工作，组织部、宣传部、学工部、研工部等党委部门共同推进党对社团工作领导的具体化，各级党、团组织要正确把握学生社团建设和发展的方向，努力扩大党、团组织在学生社团中

---

① 邱玥. 高等学校大学生社团建设研究[D]. 沈阳：辽宁大学，2019：91-93.

的覆盖面，加强政治指导，切实发挥学生社团凝聚青年的桥梁和纽带作用。

（二）具体执行

各挂靠部门在明确学校的整体社团建设管理方向后，积极落实实施《高校学生社团建设管理办法》等文件，规范社团审批、成立、活动开展、工作考核、评优奖先、财务管理和监督、队伍建设等重点环节，保证学生社团健康、持续、稳定发展。

（三）因地制宜

不同高校以及不同高校学生社团都应认真分析学校以及社团特色，结合挂靠单位的管理制度，进行个性化、规范化管理。坚持"一团一策"的原则，根据各学生社团的不同情况，有针对性地开展分类管理和引导，鼓励学生社团建立和完善内部规范制度，提高社团自我管理的能力和水平。[①]

（四）特色发展

学生社团涉及范围由单一型向多元型呈现，根据挂靠部门的不同，学生社团实现了特色多样化发展，加入社团的学生人数也因此增加。[②]以浙江科技学院为例，近年来，学生社团的种类由起初的文学、体育、艺术等兴趣爱好类，逐步辐射涵盖思想政治类、学术科技类、创新创业类、文化体育类、志愿公益类、自律互助类等各种类型，社团活动内容更为丰富，展示方式也更为灵活，学生参与社团活动的积极性也在逐步提高。

◎ **参考案例**

浙江科技学院五星级社团国旗班作为学分制社团，挂靠于校人武部。国旗班为学校带来了许多荣誉。其指导教师认为，大学生安全教育是国防教育的细化，国防教育是大学生安全教育的升华。目前多数高校在两种教育结合上的探索较少，人武部指导建设该社团并开设学分制社团课程，其任务在于结合当前教育教学形势并联系浙江科技学院实际，探索一套行之有效的国防与安全教育普及模式，使学生能够在轻松愉悦的教学环境下，培养强烈的国防观念、高度的爱国主义情怀、加强自我生存防范意识与技能。

三、教师指导培养角色

在高校学生社团管理规定中，规定了各社团成立时除了必须达到一定量的会员，制

---

① 孙晓雷. 高校学生社团融入"双一流"建设的若干思考[J]. 高校辅导员，2020（4）：62-65.
② 王晓慧. 新时代高校学生社团正向化发展探索与实践——以徐州高校为例[J]. 徐州工程学院学报（社会科学版），2019（3）：99-103.

定基本的规章制度，完善组织机构外，还要求必须有相应的指导教师，来为社团活动的开展和社团的发展进行专业指导。

（一）思想引领

习近平总书记指出，"高校教师要坚持教育者先受教育，努力成为先进思想文化的传播者、党执政的坚定支持者，更好担起学生健康成长指导者和引路人的责任。"高校学生社团指导教师要做主流意识形态的宣传大使，要保证方向的正确，其思想和行为一定要是立场坚定、身正为范。不能认为自己就只是教授专业课知识，而不注重学生的思想政治教育工作。教师在上课期间必须保持高度的自觉性，做社会主义思想的传播者、维护者，还必须要具有高度的政治觉悟和责任心，同时要具备驾驭思想政治教育工作的基本能力。

（二）专业指导

实践证明，指导教师对于一个优秀学生社团的成长与发展来说是弥足珍贵的。为了保障学生社团得以有序地运作，高校学生社团的管理部门必须要高度重视科学地配备指导教师。要鼓励政治素质过硬、专业知识储备较好、授课比较受学生欢迎的教师去社团进行指导，让他们真正为社团的建设做出应有的贡献。

（三）规范管理

高校学生社团指导教师需指导完善社团的管理体制和运行机制，使社团运行规范有序。定期对学生社团进行专业性指导或培训，帮助社团成员提高业务素质，习得必备能力。高校学生社团指导教师要负责对社团注册登记及年审进行初步评议审核，明确社团发展定位和建设重点，并依据社团表现进行一定的指导。

（四）培养骨干

高校学生社团指导教师要做好社团骨干的选配培养工作，规范干部培养机制，提升社团骨干的素质能力。坚持正面教育为主，把用习近平新时代中国特色社会主义思想武装团员队伍作为首要任务，努力输送新鲜血液、培养青年政治骨干。坚持理论学习与实践锻炼相结合、学校和社会相衔接，培养社团骨干的政治意识、大局意识、服务意识、创新意识、合作意识，使其具备学习能力、策划能力、组织能力、沟通能力、执行能力。

◎ **参考案例**

浙江科技学院主持队作为学分制社团，其指导教师为社团的发展做出了一定的指导与管理，他认为，"对于校园主持人来说，不仅要有足够的理论知识，其语言表达也要有技巧。主持人要能够坚持德智体全面发展，具有敬业精神、开拓精神、团队合作精神以及良好的综合素质；掌握本专业所必需的人文社会科学、艺术语言创作基本理论和知识；较系统地掌握本专业的基本理论；掌握主持人即兴口语表达等基本技巧和方法；具有本专业的语言应用技能。主持人应该以真实、流利、自然的声音向群众传递最新信息，主持人的语言规范应该做到：准确规范，清晰流畅；圆润集中，朴实明朗；刚柔并济，虚实结合；色彩丰富，变化自如。我们应该在自己发声条件的基础上扬长避短，逐步扩展自己的发声能力，找到自己最好的声音，用好自己的声音，这样播出来的声音是受到认可的，大家也更容易记住你语言的魅力。"

四、社团创新发展角色

社团自身是否良好运行决定着社团能否发展与创新，这其中社团负责人及骨干成员的素质非常重要。社团负责人有一定的领导和创新能力，与骨干成员紧密配合，能够开展优质的品牌创新性活动，充分体现社团的创新发展实力。学生参与度理论在社团的主观能动发展中有一定的应用。高校应该积极营造环境氛围，促进学生对社团活动的参与度。

（一）积极能动

社团建设管理应本着"规范管理、服务为本、优化品牌、团结共进"的宗旨，始终坚持"夯实基础、改革创新、助力圆梦"的社团工作目标，以服务学生为主，使社团健康、持续、稳定发展，实现社团成员的成长成才。高校学生社团的自主性应与当前我国社会文化和高等教育目标的多元化发展趋向相契合。社团应要坚持"以学生为本"，满足学生的个性化发展需求。强化社团成员的集体观教育，促使社团成员围绕集体目标和团队利益团结协作、共同努力，坚决反对社团组织中的个人主义。

（二）与时俱进

社团自我建设需要结合自身的实际情况，在实践中摸索，在实践中确定。社团提出的建设目标与发展计划不能脱离大的环境，不能太过于标新立异，剑走偏锋，时刻关注党和国家的发展动态，对社团制度、建设目标做相适应的修改与完善。[①]

（三）开拓创新

学生社团要积极加强自身建设，开拓创新，努力开展丰富多彩、形式多样的社团

---

① 魏家伟. 高校意识形态工作视域下大学生社团建设的研究[D]. 重庆：重庆师范大学，2018：21-25.

文化活动，更好地丰富同学们的课余生活，活跃校园文化，培育积极向上的实践育人环境。在社团发展方面，应放眼全局。高校可将社团与其他资源相结合，创新突破；在社团组织建设方面，应合理划分学生社团类型，提升社团组织管理能力，培养社团组织创新意识，制订合理发展计划；在社团管理建设方面，要加强学生社团的政治引导和有效监管，建立学生社团职责分明的科学管理机制，推广实施社团活动学分化管理模式；在社团活动建设方面，要突出高校学生社团的思想政治教育功能，将社团活动融入大学生专业课学习，增强大学生的创新创业能力，不断提升高校学生社团的活动质量。社团组织内部要营造出一种鼓励创新的浓厚氛围，培育以创新为主导的社团文化。社团组织要鼓励成员多想新点子、多出新观念、多找新视角，在具体的社团活动策划和执行过程中培养学生的创新思维，提升学生的创新能力。[①]

（四）科学发展

张瑞在论文《大学生社团的思想政治教育功能及其实现路径和措施探析》中指出，"要让社团不断良好科学发展，真正地体现出教育学生的作用，需要建立起时代发展意识、创新意识。"[②]制订科学实际且客观合理的发展计划是社团组织建设的重要环节。制订社团发展计划的重点之一在于对本社团进行科学准确的定位。高等学校学生社团建设普遍存在定位不明确，缺乏具体的方向和目标，为活动而开展活动，忽视活动的基本原则和要求，丧失自己的独立性和特色性等问题。因此，社团发展计划中要着力突出社团自身业务建设，并且要着力突出社团的品牌意识和品牌战略。一个社团的品牌是社团的标志，也是能够始终保持竞争力的核心力量。因此，在社团的发展中，建设品牌理念非常重要，打造社团品牌，不仅可以提升社团自身形象，扩大自身的知名度和影响力，也有助于带动高校其他社团活动质量的提升。

◎ **参考案例**

宁波大学的清源环境观察中心社团（简称"清源中心"）希望通过自身努力，让水环境得到改善，让更多的人重视环保、参与环保。社团成立7年来，召集环保志愿者累计5000余名，服务人群达60000人，为84所中小学带去258场生动有趣的环保精品课程，将环保教育带入中小学课堂。他们自主开发了一套完整的"水体污染源解析技术"，可应用于饮用水源保护、政府应急监测及治理工程绩效评估等多个领域。该社团被提

---

① 邱玥. 高等学校大学生社团建设研究[D]. 沈阳：辽宁大学，2019：103.

② 张瑞. 大学生社团的思想政治教育功能及其实现路径和措施探析[D]. 西安：西北农林科技大学，2010：18-19.

名为"最美浙江人·2018 年青春领袖",问鼎生态环境民间最高奖项——团中央"母亲河奖"。他们不怕脏、不怕苦、不怕累,助力完成宁波市范围内 800 多条河、1200 多个点位的地表水源解析工作,以切实行动守护绿水青山,成为描绘浙江色彩的一股青年力量,致力于让绿色成为浙江发展最动人的色彩。

"拆"除固有模式,创新思路投身水质调研。清源中心秉承"核心技术引领可持续发展"的自主创新思路,开发污染源解析技术,打造"污染源治理为中心点,年龄梯度化意识培养为包围圈"的清源模式,与宁波大学生态环境研究所合作完成宁波市范围内 800 多条河、1200 多个点位的地表水源解析工作,涵盖国家"水十条"中宁波市全部考核断面以及重要水体,覆盖流域面积 4700 平方千米,为宁波政府水污染防治工作的决策部署、落实工程措施提供参考和技术支撑。组织"清源行动社会实践小分队",对国家 5A 级生态旅游区滕头村、象山影视城、宁波市北仑区小港街道、慈城中心湖区等进行了排查、走访和调研。

紧跟"五水共治",主题活动推进环保宣传。清源中心发挥青春公益作用,致力于环保理念传递,以青春公益为主线,打造"清源行动"公益活动品牌。先后在宁波各地举办了清源行动系列之"我为五水共治代言""我们环保吧""环境观察大赛"等美化环境主题活动以及"环保绿巨人"等一系列环保宣传活动,引起了广泛的社会关注。

回"归"课程教育,走进校园打造环保课堂。清源中心始终坚持致力于向下一代传播环保理念,打造环保精品课程,将课程设置完善化、体系化。清源中心累计走进宁波市江东区幼儿园、荷花庄小学,鄞州区董山小学,江北区唐弢小学等宁波市地区 84 所中小学,将 258 场"水密码精品课程"带进校园,生动的讲课方式结合水处理互动试验在小学生们心中埋下了节水的种子,并给孩子们发放了节水手册,此品牌教育深受好评,被《中国青年报》《浙江日报》等多家媒体报道。

第四章

高校学生社团课程建设

———

为深入贯彻共青团工作的相关文件精神，各高校共青团工作要更好地适应时代发展的要求和高等教育改革的需要，积极发挥党联系青年的桥梁纽带作用，在全面推进素质教育、培养德智体美劳全面发展的社会主义事业建设者和接班人中担负起更艰巨更神圣的历史使命。深入实施"第二课堂成绩单"制度，切实发挥好共青团服务高校立德树人根本任务和人才培养中心工作的重要作用，第二课堂要凸显自身的特色，遵循第二课堂培养人才的规律，并有效借鉴第一课堂在管理、评价、考核等方面的有效方式方法。

高校学生社团课程是将社团活动与学分制建设相结合的新型的课程发展模式，并将对应开课社团称为学分制社团。高校学生社团课程学分制建设主要基于成果导向教育理论、混合式教学理论、活动课程理论、隐性课程理论、项目教学法理论五项理论。

浙江科技学院高度重视学分制社团建设，制定了相关政策与制度，支持学分制社团改革工作。以浙江科技学院学分制社团课程为例，Attacker 车队 / 汽车设计社团使用了成果导向教育理论，构建了制造、设计、研究汽车为主要内容的课程体系；和山心传媒社团将线上与线下相结合，使用混合式教学理论，构建了培养具备多媒体创意策划能力和新媒体运用、传播及技术应用能力的课程体系；KAB 创业俱乐部使用了活动课程理论，构建以理论讲授、大赛活动、企业直通车等为主要内容的课程体系；大学生艺术团使用了隐性课程理论，在课程中对学生进行潜移默化的艺术文化熏陶；校报记者团运用项目教学法理论，依托"项目为主线、教师为引导、学生为主体"的理念开设新闻实务课程，培养学生掌握新闻采访、写作、编辑、摄影等业务知识的能力。

综上所述，学分制社团建设是推进社团专业化育人的有效路径，也是本书所阐述的特色亮点。本章将从学分制社团课程建设与教学理论、课程设计开发、课程评价管理三个方面加以论述。

第一节   课程建设与教学理论

学分制社团课程建设需要不同教学理论的支撑，本节将通过介绍活动课程理论、隐性课程理论、混合式教学理论、项目教学法理论和成果导向教育理论，为学分制社团课程教学提供一定的依据与指导。

一、活动课程理论

活动课程亦称经验课程、儿童中心课程，是与学科课程对立的课程类型。它以儿童从事某种活动的兴趣和动机为中心组织课程。因此，活动课程理论也称动机论。活动课程的思想可以溯源到法国自然主义教育思想家卢梭。活动课程理论是以经验为中心的课程理论。奠定活动课程理论基础的是 19 世纪至 20 世纪初的美国实用主义教育家杜威。他认为："学校科目相互关系的真正中心，不是科学，不是文学，不是历史，不是地理，而是儿童本身的社会活动。"[1]

杜威主张编制课程应与学生的生活经验发展顺序相一致，使学生掌握解决实际问题的知识，提倡学生"在做中学"。他认为传统的学科课程论不能照顾学生的需要、兴趣和个性，提出在活动中学习，通过活动获得经验，培养兴趣，解决问题，培养科学的思想、态度和思维方法。

活动课程的主要观点有：课程设置应当以儿童的活动为中心[2]，而不是以学科为中心；应当以儿童的直接经验作为教材内容；教材编排应注意儿童的心理结构。杜威认为儿童有四种本能，并相应地表现为四种活动：语文和社交的本能和活动；制造的本能和活动；艺术的本能和活动；探究的本能和活动。课程设置就应当以这些本能为基础，并

---

① 约翰·杜威. 民主与教育[M]. 上海：华东师范大学出版社. 2015：280.
② 李臣之. 试论活动课程的本质[J]. 课程. 教材. 教法，1995（12）：9-16.

尽量满足这些本能的要求。他主张教材应当心理化，应当把各门学科的教材或知识恢复到原来的经验，通过教学把它变成儿童个人的直接经验。

活动课程的特点可以概括为：第一，经验性，注重通过经验的获得与重构来学习；第二，主体性，尊重学生的主动精神并以此作为教学的出发点与目标；第三，综合性，打破传统的学科框架，以生活题材为学习单元；第四，乡土性，可以结合不同地区的特点选择与开展活动。

相对于学科课程而言，活动课程具有以下优点：第一，重视学生的需要与兴趣，尊重学生的主体性，有利于学生学习的主动性、积极性的发挥；第二，强调教材的心理组织，有利于学生在与文化、科学知识的交互作用过程中，获得人格的不断发展；第三，强调实践活动，重视学生通过亲身体验获得直接经验，有利于培养学生解决实际问题的能力；第四，重视课程的综合性，主张以社会生活问题来统合各种知识，有利于学生获得对世界的完整认识。[①]

杜威认为，教师的使命就是要从儿童现有的生活经验出发，引导儿童的现有经验向着教材所含的逻辑经验不断前进和发展，这便是教学过程的实质之所在。可见，杜威并不否定学科课程或逻辑经验的教育价值，他所反对的只是以脱离儿童心理经验的方式去学习逻辑化的教材知识。因此，我们需要将学科课程和活动课程相结合，配合起来使用，打造学分制社团课程。

二、隐性课程理论

隐性课程亦称潜在课程，即给学生潜移默化的教学影响，是学校通过教育环境包括物质的、文化的和社会关系结构，有意或无意地传递给学生的非公开教育经验，包括学术的与非学术的。在课程方案和学校计划中没有明确规定的教育实践和结果，但属于学校教育经常而有效的组成部分，可以看成是隐含的、非计划的、不明确或未被认识到的课程。[②] 潜在课程包括学校文化方面的教育、学习和生活环境的建设、良好的人际关系的建立等，例如，学生在学校各种人际交往中在思维方式、价值观念和行为方式等方面受到的影响；学校、班级中长期形成的制度与非制度文化的影响，如学校与班级的传统、风气、舆论、仪式、规章制度等；学校物质环境所构成的物质文化的影响，如学校

---

① 邢铁志. 论隐性课程的育人功能[D]. 沈阳：沈阳师范大学，2014：17-22.

② 王道俊. 郭文安. 教育学[M]. 北京：人民教育出版社，2009：130-152.

建筑、校园环境、教室布置等。

与正规课程相比较，潜在课程具有整体性、非强制性、依附性、潜隐性、愉悦性、开发性、易接受性、持久性和结果难量化性等特点。例如，隐性课程缺少明确的计划性和公开性，以一种隐蔽的方式产生教育作用，学生在不知不觉中受到影响，可谓是寓教于无声无息之中。①

由于教育者不可能完全预测和控制教学过程中的每一个细节，另外学生都具有主体性和个性差异性，他们会根据自己的实际情况对隐性课程进行选择，但是隐性课程并非因此就不可预测，有些经验也是学生有意识地从学校环境中习得的。也正是因为隐性课程有可预期的特性，因此要充分利用其积极因素，尽量减少或避免消极因素的影响。隐性课程对学生的影响是潜移默化的，但并不是说影响是无迹可寻的。隐性课程在形成和释放其育人功能时，是需要具体的人、事、物等客观的物质载体的，只有依附于这些物质载体，隐性课程才有其存在的基础，而一旦失去了这些客观的物质载体，那么隐性课程也就失去了存在的意义。在如今信息飞速发展的时代，人们习得知识与技能的途径变得更为便捷，而需要人们吸收的经验也变得更为丰富。在这个科技不断发展、知识体系不断更新的年代，学生在学校教育中习得的知识和技能也会随着时间的推移而落伍，然而那些在潜移默化中所形成的世界观、人生观、价值观却显得更为重要了，它为一个人将来在社会上更好地学习奠定了基础。②

潜在课程作为一种课程形态，与正规课程之间共同成为一对具有并列、递进、互补和逆反等动态辩证关系的学术概念，两者相互认同、彼此支持，能更有效地促进学生学习和成长。追溯课程论研究的历史，英国课程论专家巴罗指出，隐性课程从柏拉图时期开始就有记载。杜威也深刻指出，学生学习的不只是正规课程，还学到了与正规课程不同的东西，他因此提出"附带学习"的概念。美国课外专家库司第一次提出"课外活动课程化"的概念，并科学地预见了社团活动课程化的漫长过程。随着教育理论的发展，学习过程越来越注重学生的主体参与、主动探究和自我建构，强调师生的平等合作，加上大学生认知发展水平和心理发展的需求，社团活动的育人作用愈加突显。美国著名教育家、心理学家布鲁姆正式使用了"显露课程"与"潜在课程"这一对概念。③ 随后，学

---

① 谭晓丽. 从教师的角度谈如何强化隐性课程[J]. 邵阳学院学报（社会科学版），2010（3）：131-132.
② 邢铁志. 论隐性课程的育人功能[D]. 沈阳：沈阳师范大学，2014：17-22.
③ 谭晓丽. 从教师的角度谈如何强化隐性课程[J]. 邵阳学院学报（社会科学版），2010（3）：133-134.

者们对潜在课程的研究已由注重不知不觉的潜移默化变为强调有意图的安排。这种理念的深入对社团课程化的研究和实践具有重大意义。潜在课程的概念拓展了原有的课程定义，打破了原来课程有计划、有目的的界限，有利于教育者利用经验对学生进行指导，同时为显性课程无法解释的部分提供了新思路，也为社团课程的开展和管理提供了新方法。[①]

潜在课程对学生发展的各个层面均有影响。首先，是精神层面的影响，积极向上的无形的潜在课程不仅激发了学生潜在的学习动机，也能使学生更加扎实地学习必需的知识；其次，潜在课程可以影响关系层面，包括师生关系和生生关系[②]，教师通过积极的引导，运用小组教学等教学手段，潜移默化地培养学生的团结协作能力，学生的学习热情也会因此高涨；再次，潜在课程也会影响育人层面，有隐性课程的参与，课程内容变得更加丰富多彩，更加重视德育、体育、美育、劳动教育在课程中的比重，使学生在各个方面都得到了一定的正向发展，课程的内容安排也更加科学化、合理化。

三、混合式教学理论

混合式教学，即将在线教学和传统教学的优势结合起来的一种"线上"+"线下"的教学。通过两种教学组织形式的有机结合，可以把学习者的学习由浅到深地引向深度学习。[③]

开展混合教学的最终目的不是去使用在线平台，不是去建设数字化的教学资源，也不是去开展花样翻新的教学活动，而是有效提升绝大部分学生学习的深度。如果我们承认学习心理学是一门科学的话，就应该可以认同在学习方面是有相对简洁的路径可走的，应该有相对稳定的规律的。我们不要被所谓的学科不同、教无定法等表面现象所迷惑。在学习心理学上对学习内容的分类是确定的，不像我们所想象的那样千变万化，而不同类型的学习是存在科学规律的，对这些类型内容的教学也是存在规律的，同样不像我们所想象的那样"教无定法"。所谓的"教无定法"只是表面形式上的问题，各种教学法在基本的逻辑上是非常确定的。当然，我们必须根据实际情况进行最优化的处理，因为我们可能不一定具备开展最佳教学所需要的前提条件。总之，我们应该努力依据学习和教学的规律去实现提升学生学习深度的目标。

---

① 张玉芳. 潜在课程对学生心理健康的影响[J]. 科学大众（科学教育），2015（2）：57.
② 邢铁志. 论隐性课程的育人功能[D]. 沈阳：沈阳师范大学，2014：29-30.
③ 张其亮，王爱春. 基于"翻转课堂"的新型混合式教学模式研究[J]. 现代教育技术，2014（4）：27-32.

学习和教学的基本规律中如下四条尤为关键。第一，学习是学习者主动参与的过程；第二，学习是循序渐进的经验积累过程；第三，不同类型的学习，其过程和条件是不同的；第四，对于学习而言，教学就是学习的外部条件，有效的教学一定是依据学习的规律对学习者给予及时、准确的外部支持的活动。

"混合式"教学，应该具有如下几方面的特征：一是这种教学从外在表现形式上是采用"线上"和"线下"两种途径开展教学的；二是"线上"的教学不是整个教学活动的辅助或者锦上添花，而是教学的必备活动；三是"线下"的教学不是传统课堂教学活动的照搬，而是基于"线上"的前期学习成果而开展的更加深入的教学活动；四是这种"混合"是狭义的混合，特指"线上"+"线下"，不涉及教学理论、教学策略、教学方法、教学组织形式等其他内容，因为教学本身都是具有广义的"混合"特征的，在广义的角度理解"混合"没有任何意义；五是混合式教学改革没有统一的模式，但是有统一的追求，那就是要充分发挥"线上"和"线下"两种教学的优势改造我们的传统教学，改变我们在课堂教学过程中过分使用讲授而导致学生学习主动性不高、认知参与度不足、不同学生的学习结果差异过大等问题；六是混合式教学改革一定会重构传统课堂教学，因为这种教学把传统教学的时间和空间都进行了扩展，"教"和"学"不一定都要在同一时间、同一地点发生，在线教学平台的核心价值就是拓展了教和学的时间和空间。

如同前面所述，混合式教学改革没有统一的模式。要依据上面四条学习和教学的基本规律，充分发挥线上和线下两种形式教学的优势，可以从如下三个方面去努力。

（一）线上资源的建设规格要能够实现对知识的讲解

线上资源的建设需要教师投入更多的时间，需要对以前的课件进行一些修改，对课程知识点进行分解，录制和编辑微视频，给知识点设定学习目标并开发一些配套的练习题目，等等。

线上的资源是开展混合式教学的前提，混合式教学就是把传统的课堂讲授通过微视频上线的形式进行前移，给予学生充分的学习时间，尽可能让每个学生都带着较好的知识基础走进教室，从而充分保障课堂教学的质量。课堂上讲授的仅仅针对重点、难点，或者同学们在线学习过程中反馈回来的共性问题。

（二）线下活动要能够检验、巩固、转化线上知识的学习

如前所述，通过在线学习让学生掌握基本知识，线下经过教师的查漏补缺、重点突破之后，剩下的就是通过精心设计的课堂教学活动，组织同学们把在线所学到的基础知识进行巩固与灵活应用。让师生之间的见面用来实现一些更加高级的教学目标，让学生有更多的机会在认知层面参与学习，而不是像以往一样特别关注学生是否坐在教室里。[①]

（三）线上与线下的过程和结果都需要开展评估

无论是线上还是线下都需要给予学生及时的学习反馈，基于在线教学平台或者其他小程序开展一些在线小测试等是学生反馈学习效果的重要手段。通过这些反馈，让教学活动更加具有针对性，不但让学生学得明明白白，也让教师教得明明白白。当然，如果我们把这些小测试的结果作为过程性评价的重要依据，这些测试活动还会具有学习激励的功能。学习这件事既要关注过程也要关注结果，甚至我们应该对过程给予更多的关注，毕竟扎扎实实的过程才是最可靠的评价依据。

总的来说，在现代教学中线上与线下教学的结合很好地利用了互联网技术，促进了教育与信息的融合。一是线上丰富的教学资源，扩大了学生的可接受知识面，提升了学生自主安排学习的能力；二是将学生位于教学过程的中心，教师起主导作用，充分发挥学生的积极主动性，有利于推进教育改革；三是线上和线下的教学融合突破了传统教学的边界，不仅学生要适应此种教学模式，教师也要习得新的教育理念，更新自己的教育知识体系，提升自己的教育能力，做到教学相长。[②]

四、项目教学法理论

项目（project）一词来源于拉丁语的"projicere"，其意为计划、设计、规划。而方法（method）一词则源自古希腊，意思是完成计划任务的路径。最早在教育学中按上述含义应用"项目教学法（project-method）"一词的，是20世纪初美国改革教育学派的学者。受杜威教育思想的影响，1918年，美国学者基尔帕特里克在他的一篇同名论文中提出了"项目教学法"。[③]

按照弗瑞的说法，1590年以后，在欧洲的建筑学校教学中出现了"项目作业（project work）"[④]；1765—1880年，"项目"作为常规的教学方法传到美国；1880—1915年，"项目"应用于美国普通公立学校的手工艺训练；1915—1965年，项目教学法经基尔帕特里

---

① 王珏辉，张向军. 线上线下混合式教学探析[J]. 河南教育（职成教），2019（10）：39-40.

② 刘长波. 混合式教学模式在实践中有效应用的思考[J]. 轻工科技，2021（2）：153-155.

③ Kilpatrick W H. The Project Method. In Petersen P. Der Projektplan Grundlage und Praxis[M]. Weimar, 1935: 161.

④ Frey K. Die Projektmethode[M]. Weinheim and Basel: Beltz Verlag, 2000: 156.

克等学者重新定义并从美国传回欧洲；1935 年，德国学者佩特森翻译了基尔帕特里克的"项目教学法"，并和杜威等人的论文以《项目计划——基础与实践》为题集结出版。1965 年以后，项目教学法在欧洲教育界重新获得重视。[①]

项目教学法萌芽于欧洲的劳动教育思想，最早的雏形是 18 世纪欧洲的工读教育和 19 世纪美国的合作教育，经过发展，到 20 世纪中后期逐渐趋于完善，并成为一种重要的理论思潮。项目教育模式是建立在工业社会、信息社会基础上的现代教育的一种形式，它以大生产和社会性的统一为内容，以将受教育者社会化，使受教育者适应现代生产力和生产关系相统一的社会现实与发展为目的，即为社会培养实用型人才为直接目的的一种人才培养模式。

项目教学法是在教师的指导下，将一个相对独立的项目交由学生自己处理，信息的收集、方案的设计、项目实施及最终评价，都由学生自己负责，学生通过该项目的进行，了解并把握整个过程及每一个环节中的基本要求。它是通过"项目"的形式进行教学。为了使学生在解决问题中习惯于一个完整的方式，所设置的"项目"包含多门课程的知识。[②]

在项目教学中，学习过程成为一个人人参与的创造实践活动，注重的不是最终的结果，而是完成项目的过程。学生在项目实践过程中，理解和把握课程要求的知识和技能，体验创新的艰辛与乐趣，培养分析问题和解决问题的思想和方法。以模具设计与制造课程教学为例，可以通过一定的项目让学生完成模具设计、加工生产、产品质量检验等生产流程，从中学习和掌握机械原理、材料处理、制造工艺以及各种机床的使用与操作。还可以进一步组织不同专业与工种，甚至不同职业领域的学生参加项目教学小组，通过实际操作，训练其在实际工作中与不同专业、不同部门的人的协调合作的能力。

"项目教学法"最显著的特点是"以项目为主线、教师为引导、学生为主体"，改变了以往"教师讲，学生听"被动的教学模式，创造了学生主动参与、自主协作、探索创新的新型教学模式。[③]其特点具体表现在以下四个方面：一是目标指向的多重性。对学生，通过转变学习方式，在主动积极的学习环境中，激发好奇心和创造力，培养分析和解决实际问题的能力；对教师，通过对学生的指导，转变教育观念和教学方式，从单

---

① 徐朔. 项目教学法的内涵、教育追求和教学特征[J]. 职业技术教育，2008（28）：5-7.
② 郑金洲. 教学方法应用指导[M]. 上海：华东师范大学出版社，2006：20.
③ 胡庆芳. 优化课堂教学：方法与实践[M]. 北京：中国人民大学出版社，2014：15.

纯的知识传递者变为学生学习的促进者、组织者和指导者；对学校，建立全新的课程理念，提升学校的办学思想和办学目标，通过项目教学法的实施，探索组织形式、活动内容、管理特点、考核评价、支撑条件等的革新，逐步完善和重新整合学校课程体系。二是培训周期短，见效快。项目教学法通常是在一个短时期内、较有限的空间范围内进行的，并且教学效果可测评性好。三是可控性好。项目教学法由学生与教师共同参与，学生的活动由教师全程指导，有利于学生集中精力练习技能。四是注重理论与实践相结合。要完成一个项目，必然涉及如何做的问题。这就要求学生从原理开始入手，结合原理分析项目、定制工艺。不同于传统的课堂教学方式，项目教学法运用其特征指导学分制社团课程实践活动。

在教学形式上，通常在 45 分钟时间里，教师讲课仅占 30% 左右的时间，剩下的时间，全部由学生在教师的指导下完成某项任务。如按照"咨询—计划—决策—实施—检查—评估"这个项目实施过程，整个教学过程围绕着学生展开，教师的大部分时间是站在学生中间，学生通过独立活动，其创造性可以得到较充分的发挥。

在学习内容上，学生获取理论知识是在教师的帮助和指导下通过自己的探索活动获得的，这样更能激发学生的学习动机。因为在学习过程中，如果学生对所学的内容不感兴趣，就难以取得好的结果。所以学生通过记忆方式把握理论知识，又通过手和脑的实践，大大提高了学习效率。

在教育目标上，认知目标的实现固然是十分重要的，但已不是唯一的目标。因为认知目标、情感目标、行为操作目标都是重要的学习目标，它们之间既是互相独立的，又保持着重要的联系，它们是一个有机的整体。

在参与程度上，学生的参与程度大大提高，这不仅表现在教师的授课过程中，还表现在学生必须独立地完成一项又一项的工作任务。如果让学生自行设计一个其感兴趣的项目，更能调动学生的积极性。在项目实施过程中，学生时常感受到成功的喜悦，进一步强化了学习的积极性。

五、成果导向教育理论

成果导向教育理论（outcome based education，OBE）是一种以学生的学习成果（learning outcomes）为导向的教育理念，认为教学设计和教学实施的目标是学生通过教育过程最后所取得的学习成果。[①] 成果导向教育理论与传统教育教学理论有以下七点不同：

第一，成果决定而不是进程决定。传统的教育教学有统一的教学内容、方式，而成果导向教育理论更加注重以成果为中心而展开适合的教育，强调学生从学习的一开始就有明确目标和预期表现，学生清楚学习内容，教师更清楚如何协助学生学习，以达到教学目标。

第二，扩大机会而不是限制机会。传统教学中，教师在课堂教学中基于一定的教学设计，严格执行规定程序，但限制所有学生必须按照所定计划和程序进行，而成果导向教育更强调扩大机会，以学习成果为导向，以评价结果为依据，适时修改、调整和弹性回应学生的学习要求。

第三，强调知识整合而不是知识分裂。传统教学模式只强调知识体系，实际上将所学知识分割成一个个课程单元，每门课相对独立、结构清晰，但是各个单元知识的联系被弱化，成果导向教育强调知识的整合，从学生所需学习的知识或能力结构出发设计课程。

第四，教师主导而不是教师主宰。传统教学以教师为教学的中心，教学内容、教学方法都由老师决定，学生处于被动者状态；成果导向教育中，教学以学生为中心，教师用示范、演示、诊断、评价、反馈等策略，来引导、协助学生达到预期效果。

第五，包容性成功而不是分等成功教学。传统教学模式将评价分等级，最终成果也被划分成不同等级，从而将学生分成了不同等级的成功者，成果导向教育秉持包容的成功评价原则，认为所有学生都是成功的学习者。

第六，合作学习而不是竞争学习。传统教学模式注重竞争学习，目的是将学生区别开，激发学生的学习动机，成果导向教学模式强调合作式学习，将学生之间的竞争转变为自我竞争，即让学生持续地挑战自己，为达成学习结果而合作学习。通过团队合作、协同学习等方式，使学习能力较强者变得更强，使学习能力较弱者得到提升。

第七，达成性评价而不是比较性评价。传统教学模式教育强调比较性评价，在学生之间区别出优、良、中、差等不同等级。成果导向教育强调自我比较，而不是学生之间的比较，强调是否已经达到了自我参照标准。由于采用学生各自的参照标准，而不是学

[①] 杨志宏. 浅谈成果导向教育（OBE）理念的起源、发展及理论基础[J]. 学周刊，2019（29）：5-6.

生之间的共同标准，故评价结果没有可比性，不能用于比较。[①]

因此，实施成果导向教育需运用以下四项原则：

一是清楚聚焦。课程设计与教学要清楚地聚焦学生完成学习过程后能达成的最终学习成果，并让学生将他们的学习目标聚焦在这些学习成果上。教师必须清楚地阐述并致力于帮助学生理解知识、提高能力、提升境界，使他们能够取得预期成果。清楚聚焦可以使教师更好地在课程的开始制订一个合适的课程计划。

二是扩大机会。课程设计与教学要充分考虑每个学生的个体差异，要在时间和资源上保障每个学生都有达成学习成果的机会，并且以更加弹性的方式来配合学生的个性化要求，让学生有机会证明自己所学，展示学习成果。

三是提高期待。教师应该提高对学生学习的期望，制定具有挑战性的执行标准，以鼓励学生深度学习，促进更成功的学习，提高学生最后所要达到的目标设置，引导他们往更高的目标要求去努力，但不可超过学生可能的发展水平，即通过教学所获得的潜力。

四是反向设计。以最终目标（最终学习成果）为起点，反向进行课程设计，开展教学活动。课程与教学设计从最终学习成果反向设计，以确定所有迈向高峰成果的教学的适切性，更能符合教学内容大纲设计与学生学习成果的适配性。

学分制社团课程建设应综合运用以上五点理论，坚持发挥社团课程内容丰富、形式灵活的优势，依托线上、线下资源，将其设计成鼓励学生政治锤炼、知识实践、技能拓展、素质养成的载体平台。

第二节　社团课程设计开发

学分制社团课程的设计与开发，需依托分析、设计、发展、执行、评估五步模型，且针对不同类型的社团类型，需设置不同的学习目标、教学活动安排、反馈评估等。本节将从社团课程申报管理、社团课程大纲设计、社团课程教学实施三个方面介绍如何开设学分制社团课程。

---

① 刘峰，石永军. OBE理念下机械创新设计实践课程教学研究与实践[J]. 实验室研究与探索，2018（10）：196-200.

一、社团课程申报管理

社团课程化的研究离不开现代课程理论的构建和现代教育的发展。目前，学者们在课程概念和内涵上基本达成共识，即课程是指学生通过学校教育环境获得的旨在促进身心全面发展的教育经验。专业社团的课程化既是学分制背景下高校教育教学改革的重要尝试，也是推动学生社团创新发展的有益探索。近年来，先后有多所大学引入学分制和课程化的理念，努力实现社团活动的科学化、系统化和制度化，在专业型社团建设方面积累了大量的实践经验。其中，浙江科技学院以创造性思维和前瞻性眼光大力推动社团建设，较早使高校学生社团课程建设学分制化。学分制下的社团课程旨在让学生在学习上有更多的自主权，强调学生个性差异，尊重学生个性发展，符合人的全面发展的教育规律。其课程贯彻因材施教的教学原则，提倡竞争，引领学生健康发展，帮助学生在社团活动中找回自信、健全人格、提升综合素质。[①]

社团课程设计依托分析（analysis）、设计（design）、发展（develop）、执行（implement）和评估（evaluate）五步模型，见图 4.1。

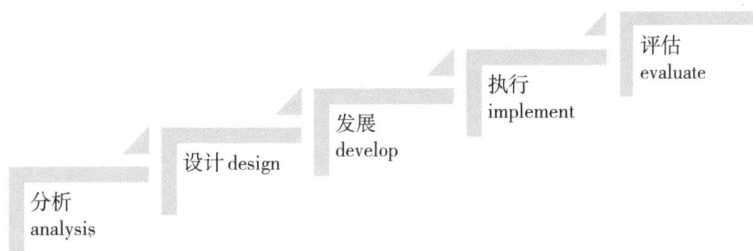

图 4.1　社团课程设计五步模型

根据社团分类指导体系，浙江科技学院对思想政治类、学术科技类、创新创业类、文化体育类、志愿公益类、自律互助类六个社团类型课程进行针对性的设计。在分析和设计阶段，即学分制社团申请环节，指导教师带领社团负责人，共同分析和设计社团的发展目标、自身优势和未来发展导向等。在发展阶段，需要根据社团学生的动态发展情况，对社团的整体走向进行动态评估，并定期向挂靠的二级单位和校团委汇报情况。各社团将根据自身设定的发展目标，执行学分制社团的各项活动和课程计划，并由指导教师和各二级单位、校团委进行最终的评估环节，进行成绩录入和工作量结算。

高校学生社团活动课程的实施涉及学校各级管理部门、团学组织和指导教师，建立

---

① 周小骥，侯盛炜，秦晶. 高校学生社团课程化建设探究[J]. 学校党建与思想教育，2014（8）：87-89.

一套科学合理的组织管理运行机制是基础。为完善学分制社团选修课管理，构建社团选修课运作流程，浙江科技学院将整个学分制社团开课流程分为四个阶段，分别是学分制社团申请阶段、开课申请阶段、成绩录入阶段和工作量核算阶段。在学分制社团申请阶段，社团负责人以及指导教师根据学校和学生的需要及自身专业特长，签字后由社团挂靠的二级单位签署意见，申请学分制社团将以下书面材料于每年3月或10月递交校社团管理中心。材料包含以下内容：①高校学分制社团申请表（见表4.1）；②通识教育选修课（全校性公共拓展复合课）开课申报表（见表4.2）；③课程教学大纲（见附件一）；④社团章程与相关制度文件；⑤社团工作总结。由社团管理中心对申请的社团进行综合审查，将初步审查后的社团材料递交至校团委，由校团委确定候选学分制社团，并进行公示。最后由教务处根据申请材料审核开课可行性、课程标准、教学方案及指导教师是否能够胜任等情况，审核并确定学分制社团课程及学分性质（见图4.2），原则上认定为公选课。最终由学分制社团工作委员会审定批准学分制社团资格。

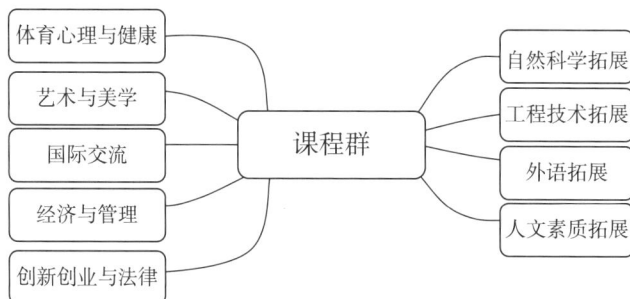

图 4.2　学分制社团课程

在开课申请阶段和成绩录入阶段，教务处将审核确定意见告知学院或指导教师。由教师在每年3月或10月提交《全校性公共拓展复合课开课申请表》（即课程教学大纲），经团委审核后递交至教务处生成课程代码。课程结束后，教师根据课程代码在系统中提交学生名单和学生成绩，并将学生名单、学生成绩、试卷分析提交至学院或团委，最后由教务处进行汇总。

在工作量核算阶段，教务处根据教师所递交材料，提供当量本科生数（学分与学生数乘积）至人事处，人事处根据相关材料将绩效划拨至各二级学院。

学分制社团开课流程见图4.3。

表 4.1 高校学分制社团申请表

社团名称 （中文名 / 英文名）			成立时间 （社团最早成立时间）	
负责人 学院班级	姓名		邮箱	
		手机		
申请课程名称 （中文名 / 英文名）			申请课程学时	
导师情况	姓名	所在单位	职称	研究方向

申请原因（含课程意义、目标、创新性等，可另附页）

已具备的条件（含社团基本情况、导师情况、教学管理条件等，可另附页）

社团导师 意见	（社团导师即开课教师） 导师签名： 年　　月　　日
挂靠学院 意见	（需盖学院章） 盖章： 年　　月　　日
社团管理 中心意见	盖章： 年　　月　　日
团委 意见	盖章： 年　　月　　日
教务处 意见	盖章： 年　　月　　日

表 4.2　通识教育选修课（全校性公共拓展复合课）开课申报表

教师姓名		职称			学历		
毕业学校及专业				现任教科目			
拟开设课程名称 （中文 / 英文）				课程群 （注 1 中选一）			
开课学院及专业 （全称）				拟开设学期			
联系电话				E-mail			
开课要求	讲课学时			实验 / 实践学时			
	习题学时			研讨学时			
	课外学时			开课地点（小和山 校区 / 安吉校区）			
	限选人数			限选对象			
教材选用	教材名称			教材类别			
	出版社			出版时间			

申请开设该课程理由（简述与该课程教学内容相关的学习、工作经历）：

课程 内容 简介	

教师试讲情况（从教师学科背景、课程教学大纲、教案及课堂讲授情况进行评价）：

二级学院教学督导组负责人（签字）_____

年　　月　　日

二级学院（部）审核意见：

负责人（签字）_____部门（签章）

年　　月　　日

教务处审批意见：

负责人（签字）_____教务处（签章）

年　　月　　日

注 1：课程群有九类，分别为：自然科学拓展、工程技术拓展、外语拓展、人文素质拓展、创新创业与法律、经济与管理、国际交流、艺术与美学、体育与心理健康。

注 2：讲课学时与实践学时尽量 1 ∶ 1，且两者之和为 32。

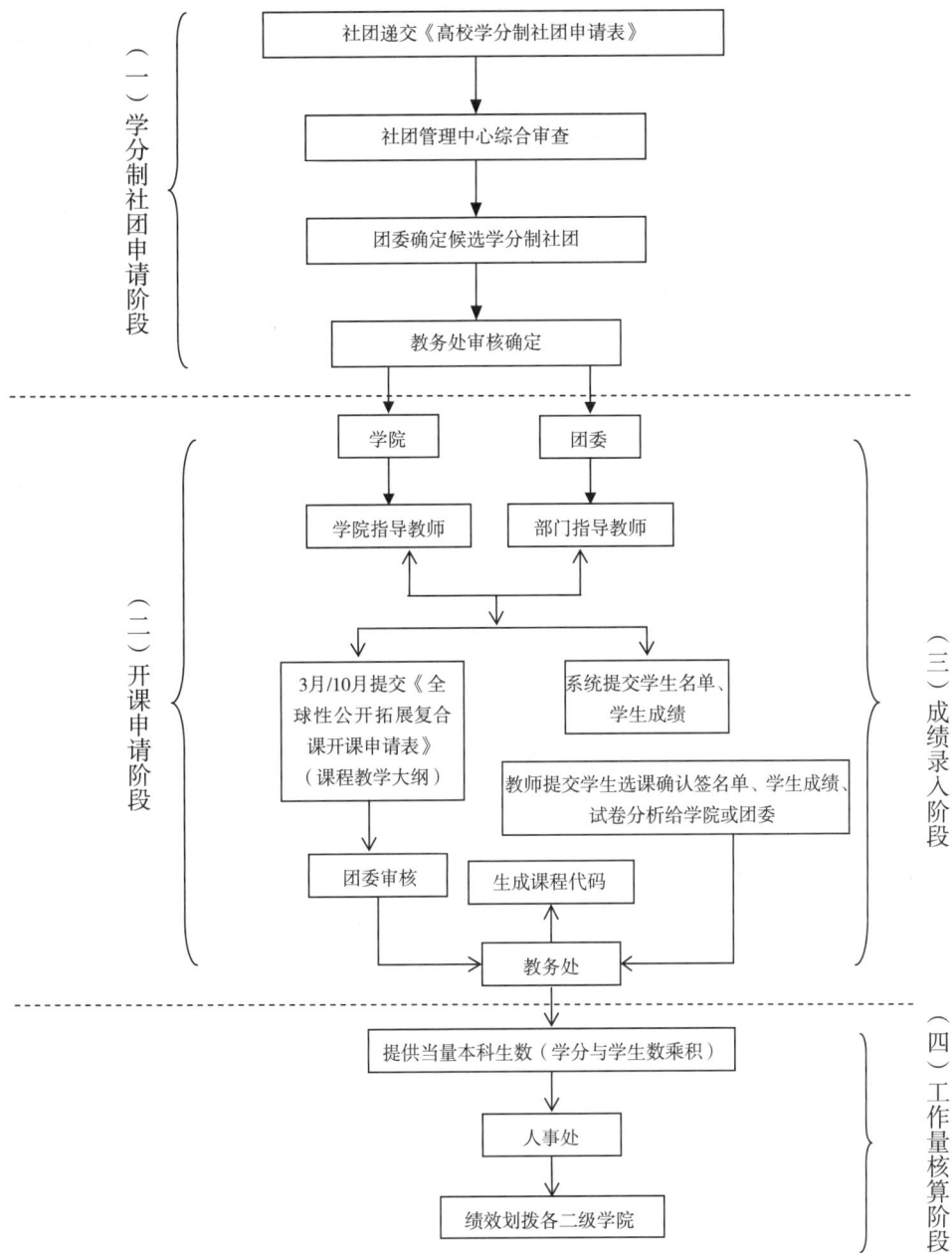

图 4.3　学分制社团开课流程

二、社团课程大纲设计

根据 OBE 成果教育理念，课程大纲应是教师与学生之间的一种契约，是对课程内容和课程实施的概述，可以采用纸面形式，也可以采用电子版的形式在线提供给学生。

课程大纲非常重要，是学生完成课程学习、获得学习成果以及教师检测学生是否达到课程目标的重要依据。通常情况下，教师应该在第一次课时就向学生公布课程大纲，让学生知道课程内容、教学进程、课程实施、课程要求、课程考核等信息，同时应针对学生产生的疑惑问题进行解释，引导学生有的放矢地去学习，达到课程的学习目标，获得学习成果。教学大纲是一个不断修改完善的文件，教师可以在学期中对其进行修改，但是要及时通知学生。此外，课程大纲可以根据学期的不同而进行修改，及时更新，去除不适用的内容，增加新内容。

课程开发应先根据专业的核心能力指标确定本门课程的教学目标，选择课程的开发模式，选取、整合、序化课程内容，形成教学模块或单元，选取恰当的教学方法和学习方法，采用恰当的考核方式。没有哪一种课程开发模式是最好的，教师应该尝试不同的模式并找出最适合自己所教授课程的开发模式。[①]

社团课程大纲设计需依据课程具体培养目标，贯彻马克思主义关于人的全面发展理论以及接班人理论，并将教学管理与德育活动有机融合，保证社团活动开展的连续性。学分制是一种教学管理制度，而社团则是学校德育活动的范畴。将学分制与社团结合在一起，就是将教学管理与德育活动进行有机融合，完善校园文化。社团活动课程由于其所特有的开放性，不受形式、时空等因素的限制，是一个将理论应用于实践、将知识转化为能力的最佳载体，因此课堂教学与社团活动课程相辅相成。课程的模块化设计，课程内容多学科、多元文化的设置，案例分析教学法等，有效提升了学生的理论联系实际能力，培养了学生的审辩性思维。课堂教学无法提供的实践场所社团活动课程可以提供，而社团活动课程所需的知识可由课堂教学来实现，两者互相促进、共同发展，贯彻终身学习的教育观、多元智能的学生观、建构主义的知识观、设计导向的职教观、过程导向的课程观和行动导向的教学观。[②]

社团课程大纲包括课程简介、教学内容、基本要求及学时分配、教学方法、课内外教学环节、教学安排及基本要求、课外学习要求、考核内容及方式、持续改进等内容，以求落实立德树人的根本任务，遵循教育规律，培养终身教育理念。让学生做主体，教师做主导，从理论知识到模拟实践，层层递进，方便不同学习水平的学习者学习，也更有利于学习者的个性化学习。

---

① 姜波. OBE：以结果为基础的教育[J]. 外国教育研究，2003（3）：35-37.
② 周小骥，侯盛炜，秦晶. 高校学生社团课程化建设探究[J]. 学校党建与思想教育，2014（8）：87-89.

思想政治类、学术科技类、创新创业类、文化体育类、志愿公益类、自律互助类等社团课程按照学习目标引领，教学活动安排，反馈评估作为主要模型（见图4.4），并根据不同的社团课程，搭配不同的发展要素。这不仅基于整合型的课程体系对于学生综合能力培养目标的需要，也为学生特定能力的发展提供了较好的培养平台。

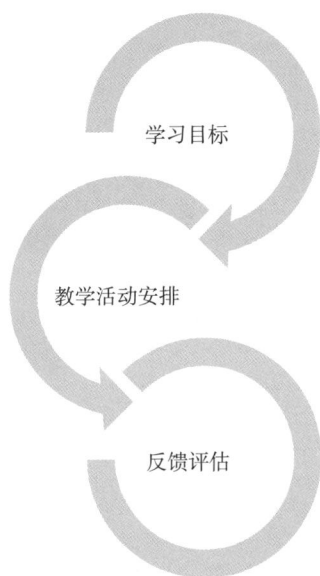

图 4.4　社团课程学习模型

课程设计始终坚持以学生成长成才为根本目标，并着重以下几个方面：

宏观层面上，从国家和社会对于青年大学生思想政治教育的需要，以培养学生积极向上的良好品德作为总体引领，整合课程开设所需要的宏观资源，如各院系的课程基础、职能部门的政策支持等。

微观层面上，以学生的具体能力发展，如团队协作、领导力、责任感等符合青年创新创业的需求为导向，加强指导教师的引领，落实学生活动的物质资源保障等。

在对学习目标、教学活动安排、反馈评估环节的设计中，需根据不同的阶段，为每一类社团设计指导意见。如教学目标中，需要针对学生发展和校园文化两个子目标设计，鼓励学生根据社团的导向发展自身能力，同时社团的活动能够促进校园整体文化的提升。在教学活动安排中，以授课形式和校园活动为两个子目标进行设计，鼓励教师和社团负责人共同拓展适宜的授课形式，并根据社团特征和优势开展有特色的校园活动。在反馈评估环节中，将通过教师考核和校级考核两个层面进行。教师考核主要考察社团学生的参与情况，校级考核则根据二级单位和校团委对社团的总体情况进行评估。

（一）思想政治类社团

思想政治类社团的核心在于培养马克思主义接班人，是培养未来青年政治领袖的摇篮。其校园活动的开展也是以引领校园正能量为主要目标，整体教学安排和考核围绕思想引领环节。思想政治类社团需合理利用隐性课程理论，正确引领学生的思想方向。思想政治类社团的课程设计教学目标、教学活动安排与反馈评估见图4.5。

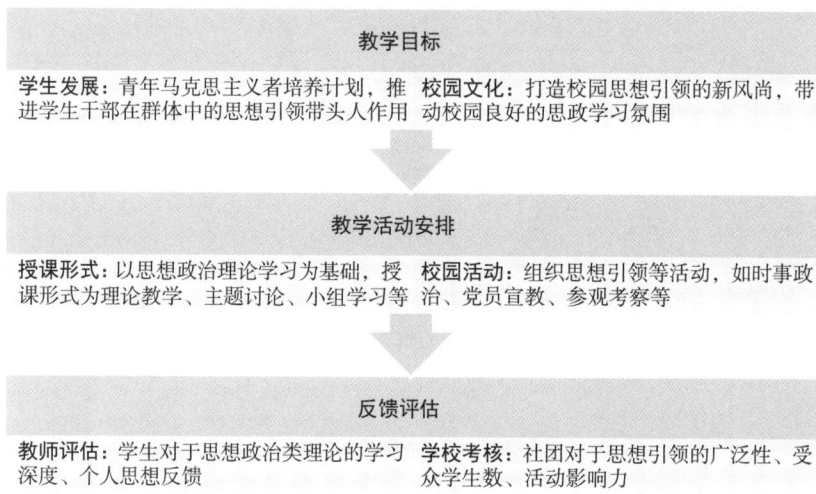

教学目标

学生发展：青年马克思主义者培养计划，推进学生干部在群体中的思想引领带头人作用　**校园文化**：打造校园思想引领的新风尚，带动校园良好的思政学习氛围

教学活动安排

授课形式：以思想政治理论学习为基础，授课形式为理论教学、主题讨论、小组学习等　**校园活动**：组织思想引领等活动，如时事政治、党员宣教、参观考察等

反馈评估

教师评估：学生对于思想政治类理论的学习深度、个人思想反馈　**学校考核**：社团对于思想引领的广泛性、受众学生数、活动影响力

图 4.5　思想政治类社团课程设计

（二）学术科技类社团

学术科技类社团鼓励学生创新和科研意识的培养，社团整体发展目标更倾向于学生的学术能力和研究能力，鼓励学生多参与竞赛和活动，并引领校园的学术氛围，整体教学安排和考核更倾向于学术发展和学术文化。学术科技类社团利用项目教学法理论和成果导向理论，注重学术科技类社团的成果产出，同时大力倡导项目化教学，使学生自己主导一个项目，充分发挥学生的学习积极性。学术科技类社团的课程设计教学目标、教学活动安排与反馈评估见图4.6。

（三）创新创业类社团

创新创业类社团的核心在于激发学生的创新创业意识，并投身到"大众创业、万众创新"的时代背景中，发挥青年人敢于拼搏、勇于探索的精神。该类社团引领校园文化和新时代创新创业精神并轨，成为未来企业家们的培养摇篮。创新创业类社团运用混合

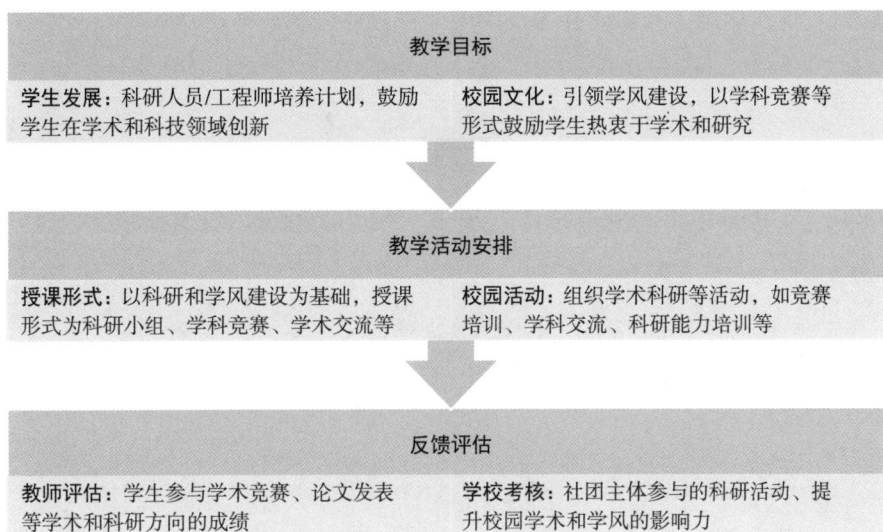

图 4.6　学术科技类社团课程设计

式教学理论、线上和线下一同开展教学活动，扩大了学生的知识面，做到了学习资源的融合。创新创业类社团的课程设计教学目标、教学活动安排与反馈评估见图 4.7。

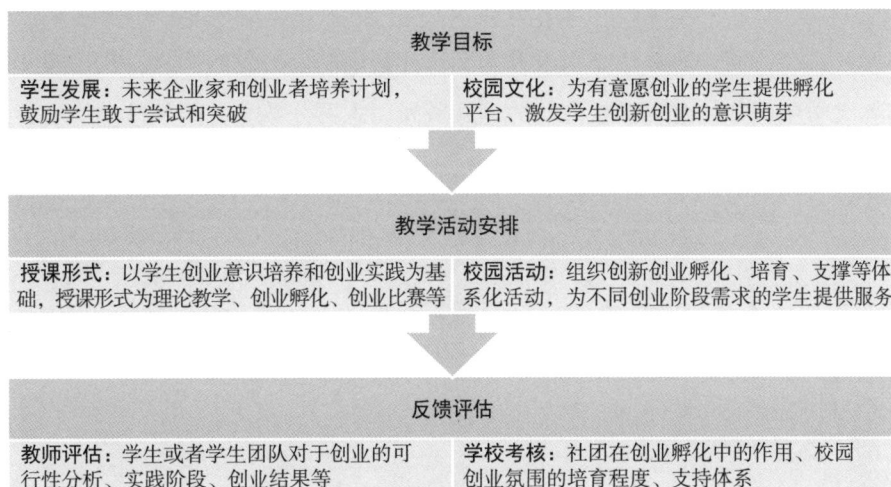

图 4.7　创新创业类社团课程设计

（四）文化体育类社团

文化体育类社团是学生在课余活动中美育培养和体质锻炼的重要载体。文化体育类社团丰富学生的课余文化生活，也为学校的文化增光添彩，形成积极向上的校园文化氛围。文化体育类社团运用隐性课程理论，其所形成的校园文化、价值观念、行为方式，对学生成长有很大意义。文化体育类社团的课程设计教学目标、教学活动安排与反馈评估见图4.8。

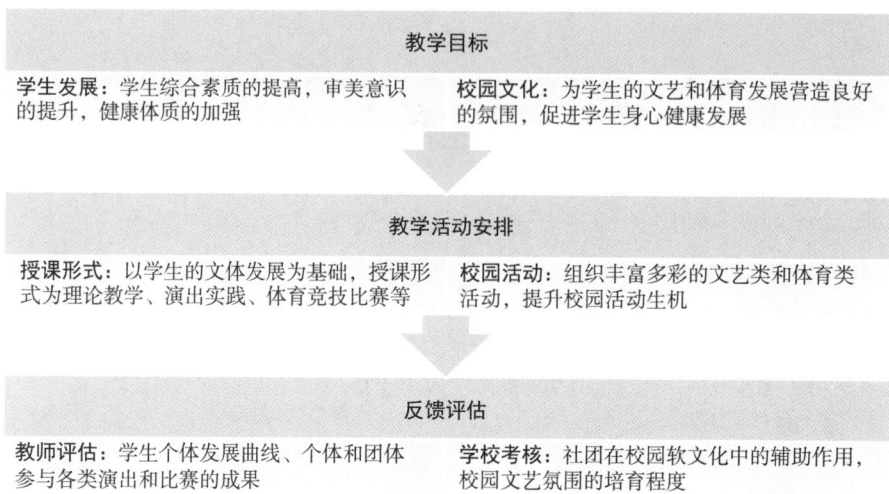

教学目标	
学生发展：学生综合素质的提高，审美意识的提升，健康体质的加强	**校园文化**：为学生的文艺和体育发展营造良好的氛围，促进学生身心健康发展

教学活动安排	
授课形式：以学生的文体发展为基础，授课形式为理论教学、演出实践、体育竞技比赛等	**校园活动**：组织丰富多彩的文艺类和体育类活动，提升校园活动生机

反馈评估	
教师评估：学生个体发展曲线、个体和团体参与各类演出和比赛的成果	**学校考核**：社团在校园软文化中的辅助作用，校园文艺氛围的培育程度

图 4.8　文化体育类社团课程设计

（五）志愿公益类社团

志愿公益类社团，是培养学生参与社会活动、提升社会服务意识的重要平台。校内外的志愿公益类活动，能够让学生服务和支持社会中需要关爱的群体，在校园文化氛围中，培养大学生服务社会、奉献公益的良好风尚。志愿公益类社团通过参加或举办大量活动，充分运用活动课程理论指导课程建设，发挥学生的主动性。志愿公益类社团的课程设计教学目标、教学活动安排与反馈评估见图4.9。

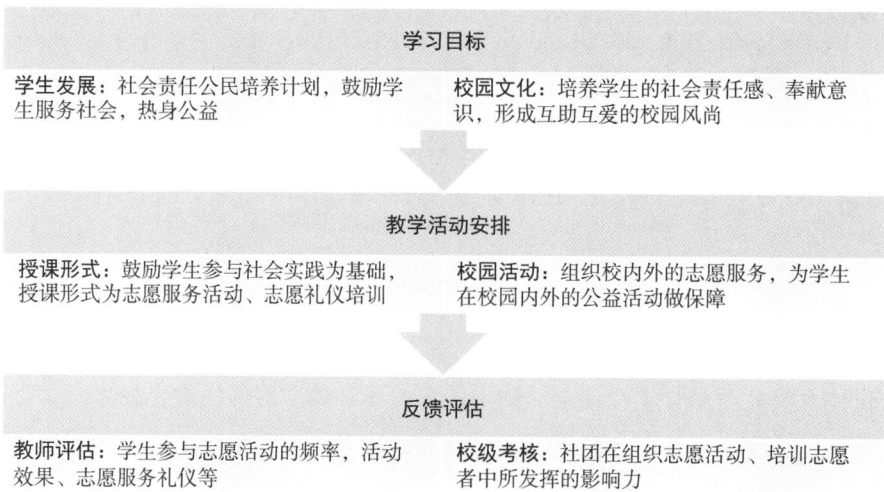

学习目标	
学生发展：社会责任公民培养计划，鼓励学生服务社会，热身公益	**校园文化**：培养学生的社会责任感、奉献意识，形成互助互爱的校园风尚

教学活动安排	
授课形式：鼓励学生参与社会实践为基础，授课形式为志愿服务活动、志愿礼仪培训	**校园活动**：组织校内外的志愿服务，为学生在校园内外的公益活动做保障

反馈评估	
教师评估：学生参与志愿活动的频率，活动效果、志愿服务礼仪等	**校级考核**：社团在组织志愿活动、培训志愿者中所发挥的影响力

图 4.9　志愿公益类社团课程设计

（六）自律互助类社团

自律互助类社团在学生个人发展中起着非常重要的作用，是学生大学生活的权益保障，为学生的校园生活保驾护航。自律互助类社团为每名在校学生提供畅通的诉求机制，特别是针对特殊群体的需求。自律互助类社团通过项目教学法理论和隐性课程理论，让学生发现问题、解决问题，并且通过校园风气建设潜移默化地改变学生的文化素质。自律互助类社团的课程设计教学目标、教学活动安排与反馈评估见图4.10。

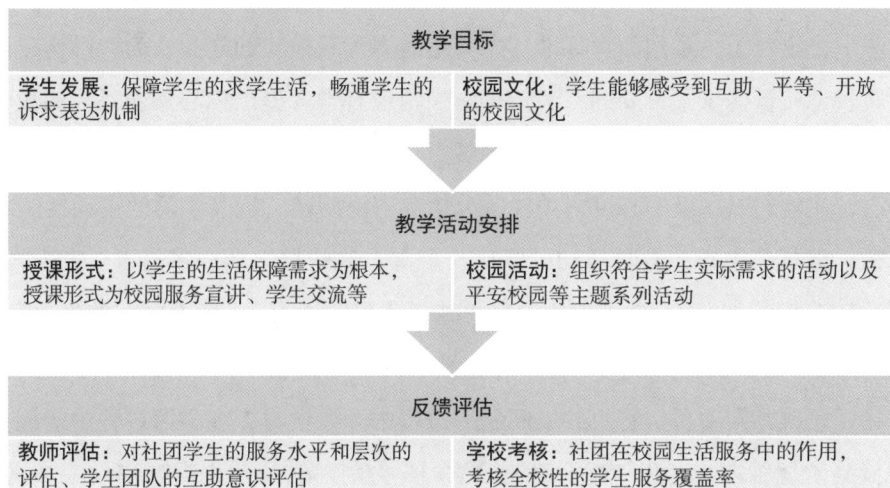

图 4.10　自律互助类社团课程设计

三、社团课程教学实施

传统的教学活动是由教师围绕特定的学科内容或间接经验开展的一种认识活动，它常常围绕教师的教而设计，由教师向学生传递，输送知识是其主要形式，学生彼此之间相互独立，主要靠自己的努力完成与他人关系不大的学习任务与目标。[1]这种教学活动往往忽视、弱化学生的主动性、自主性，常常难以促进学生批判、探究、创造等思维能力的发展，也不利于团队合作能力、公民责任感和参与意识的养成。尽管核心素养是可教可学的，但核心素养的培养与发展绝不单单依靠教师的教授与学生的学习，而主要是通过学生解决源自真实情境的问题来实现的，即学生在核心素养的发展过程中居于主体地位。

---

[1]　董黎明，焦宝聪. 基于翻转课堂理念的教学应用模型研究[J]. 电化教育研究，2014（7）：108-113.

因此，在以教为中心的教学活动受到抨击的同时，以学为中心的教学活动由于更关注学生的素养品质的发展而得到教育界的推崇。[①] 以学为中心的教学活动是美国进步主义教育时期所宣扬的主要观点，它主张将学生视作教学过程的本体，教学过程要反映学生的真实世界，教师的"教"是围绕学生的"学"而进行的。时至今日，它依然有其不可磨灭的价值，尤其是在培养学生的核心素养大背景下，以学为中心的教学活动更是得到广泛的认可。例如，英国在"核心素养"的改革中，强调学生的能力产出，将专业素养和跨专业素养融合在一起，重视提升学生运用所学知识解决实际问题的能力。德国在教育改革中，出台了一系列教育标准，尤其是能力等级模式的建立，为教师构建课堂教学、检验教学质量提供了重要的参考依据。中国也有学者提出核心素养时代的教学要以学为本，少教多学，以学定教，做中学等观点，通过把学生置于问题情境的中心，以学生为中心，让他们以积极的态度去关注、分析和解决问题，提高学习的主动性。

当前，以学为中心的教学活动已经比较丰富，这些教学活动多冠以"某某学习"的名称，比较典型的如"基于问题的学习""基于项目的学习""基于探究的学习""基于设计的学习""基于协作的学习"等。这些教学活动存在一个共同之处，即学生在达成共同目标、完成共同项目、解决共同问题的过程中开展学习，在学习过程中掌握核心技能，发展高阶思维能力。以"基于问题的学习"为例，教师首先需要创设一个真实的、复杂的问题情境，问题往往没有唯一的正确答案；然后组织学生以小组形式开展学习活动，让他们共同确定为解决问题而需要学习的新知识，并引导学生应用所学知识来解决问题；最后安排学生对所学知识及问题解决策略的有效性进行反思。在上述过程中，教师并非直接向学生传递与输送知识，而是引导、支持学生通过自主、协作、探究等方式建构与强化知识。

学分制社团课程建设也包含以上教学活动。从教学内容上看，学分制社团开设的课程在保证社团本身特色的前提下，大多以学生的爱好和兴趣为出发点，坚持"以人为本"，落实立德树人的根本任务。以学生的直接经验为依托，以与学生学习生活和社会生活密切相关的各种现实性、实践性问题为内容，注重理论性与实践性的协调和统一，目的在于培养学生的创新精神和实践能力，培养学生对所学知识的综合运用，以确立学生的自我认同感，提高学生的发展能力。[②]

---

① 闫志明等. 面向核心素养的教学设计反思与进路[J]. 中国电化教育，2020（12）：108.

② 郑志湖. 构建学为中心的物理课堂培育学生核心素养[J]. 物理教学，2018（3）：11-14.

学分制社团课程教学内容设置中，会有不止一门学科的知识内容。学科之间相互交叉、渗透和融合，是人类知识发展本身的内在要求和客观趋势。自20世纪中叶以来，人类知识的发展呈现出两种相辅相成的趋势。一方面，随着人类认识世界的程度不断加深，各门学科不断分化，分支学科不断涌现；另一方面，学科的综合趋势也相当明显，新兴的交叉学科、横断学科、边缘学科的诞生层出不穷。事实上，学科之间相互隔绝与封闭，不利于学科自身的生长与发展，这一点同样适用于学生认知的生长与发展。综合课程的学习，有利于消除学生孤立地看待各门学科知识的现象，帮助他们形成完整的世界观；有助于学生探寻各门学科知识之间的内在联系，以发现新的知识；有助于培养学生广阔的认知视野，提升学生的知识整合能力，使学生学会综合性地解决问题等。

学分制社团课程教学方式的设置，离不开混合式教学。混合式教学自20世纪90年代末发展至今，其概念经历了一个越来越清晰化的演变过程。随着互联网与移动技术的迅猛发展，特别是"互联网+"时代的到来，混合式教学的概念由"在线教学与面试教学的混合"演变为"基于移动通信设备、网络学习环境与课堂讨论相结合的教学情境"。因此教师可以利用互联网，为学生创造一种真正高度参与性的、个性化的学习体验。[①]

融合线上线下学习方式，同时结合社团实践活动，基于学分制社团的混合式教学模式具体包括以下三个板块：线上课程可以依托中国大学MOOC等平台，由教师团队进行学习资源的整合和建设，学生自主学习所要求的知识；线下课堂实现师生间和学生间的有效交流，学生在教师指导下采用合作式学习，内化知识，并建构学生自己的知识框架；社团实践则通过丰富多样的形式开展，参与式举办各类活动、提供实习机会等。

学分制社团课程作为一种教学管理制度是在"学生主体"和"学习自由"的思想基础上提出的，目的就是培养学生的综合素质和创新能力，有利于学生实现高度个性化学习和持续性自主学习，从而有效提高学习效果。

---

① 丁妍等. 混合式课程教学设计质量与倾向的研究——以全国30门获奖混合式课程为例[J]. 电化教育研究，2021（1）：107-114.

第三节　社团课程评价管理

学分制社团课程是校园文化和第二课堂的引领者，是学生主动学习、自我发展的重要阵地，学分制社团课程不仅可以在学习上给予学生一定的指导，也能在学生感兴趣的专业实践上提供必要的帮助，提高学生学习的兴趣和积极性，促使学生形成良好的学习习惯和行为习惯，通过教学模式的调整，激励学生努力学习，提高学生的学习有效性和实效性。[①] 同时，社团课程拓展了学生的知识面，陶冶了学生的情操，从德育、智育、体育、美育、劳动教育方面"五育"并举，全面发展素质教育，开启社团教育改革发展的新局面。[②]

课程是一个不断发展的动态过程，需要完整的课程评价体系对其进行评估，并对当前的课程及学生学习成效进行价值判断。现有的研究成果中对课程评价的界定各有侧重，但它始终是依据一定的评价标准，通过有效的方式进行系统的数据收集后，对课程的相关问题和过程做出判断并改进课程的活动。随着新课改的推进，如何在教学过程中培养学生的核心素养逐渐成为研究的热点，课程标准也深受其影响，呈现出"从关注课程到重视人、从关注学业成就到重视学生素养"的特征。因此，有必要理清核心素养要求下的课程评价基本内涵，思考课程评价模型的理论建构，审视当前课程评价中存在的问题，思考核心素养要求下的课程评价策略。[③]

通过对社团课程进行正确评价，形成课程教学管理闭环，并进行更有效的监督。正确的社团课程评价管理将有利于为学生提供更好的服务，推动社团建设向更高层次发展。

一、社团课程评价概念

课程评价是指根据一定的标准和课程系统信息，以科学的方法检查课程的目标、课程的设计和实施、课程的组织和开展是否实现了教育目的，实现的程度如何，以判定课程设计的效果，并据此做出改进课程的决策。作为教育的核心要素，课程是联系生

[①] 田伟力. 课程视野下高校学生社团建设创新[J]. 世纪桥，2011（7）：84-85.
[②] 曹娟. 高校大学生社团课程化建设问题与思考[J]. 中国教育学刊，2013（10）：30-31.
[③] 王世忠. 社团活动课程化要解决好几个问题[J]. 教书育人，2017（14）：30.

活、知识与教育的中心枢纽，其中课程评价又是教育评价的重要组成部分。良好的课程评价系统不仅能够促进受教者和施教者的个人成长，而且对整个社会发展起着风向标的作用。2001年，教育部颁布的《基础教育课程改革纲要（试行）》中明确指出，课程改革的目标之一，就是"改变课程评价过分强调甄别与选拔的功能，发挥评价促进学生发展、教师提高和改进教学实践的功能"。由此明确了课程评价是基础教育课程改革的重要组成部分。[①]

社团课程评价是课程实施的重要组成部分，其目的是找出社团活动课程实施结果与预定目标之间的差距，调整课程结构，完善活动课程，培养高质量人才。人的"全面发展"培养目标和人才规格是课程评价的依据。评价目标立足于学生的个性差异，以学生"全面发展和全体发展"为目的，着重以学生的社会适应性、社会认可度、创新精神、创新能力为指标。其内容不仅要针对课程本身，而且要针对课程实施、学生素质发展状况、课程组织实施载体等进行全方位评价。制定科学的、严格的、客观的评价指标体系是课程评价的核心。根据社团活动课程的特点和内涵，一个多元的评价体系应该是目标指标、条件指标、过程评价、效果评价四位一体。目标指标是对课程教学大纲的评价，主要围绕课程教学内容的范围、深度及结构体系进行，明确质量要求，进而确定课程需要完成的任务。课程教学大纲的评价依据是专业培养目标，即这门课程是否提供了必要的知识，是否有助于学生特殊能力的发展。[②]

关于评价，必须明确评价的对象和所需要的评价资料。传统课程评价的内容主要指向学生的学业成就，而对课程实施过程和主体需求并不关注，这就是所谓的"黑箱评价"。也就是说，课程评价已经超越了对评价结果数据的关注，将评价内容扩大到影响结果数据的先决条件和课堂交流过程。[③]

需要指出的是，课程评价是一个动态变化的过程，课程目标、课程实施、学习过程、课程资源等均不能用具体或者确定的量化指标来表述，而是假定这些内容均随着课程的展开而变化。在这种情况下，课程评价只能对"教师和学生应该学会什么""教师和学生该如何发展"以及"教师和学生能够做什么"等做一般性的陈述和价值判断。[④] 课

① 刘仁植. 大数据背景下基础教育课程评价的ICOP模式[J]. 基础教育研究，2020（15）：30-32.
② 彭巧胤，张科. 高校学生社团活动课程化探析[J]. 教育与职业，2014（6）：179-181.
③ 杨建军. 学分制下社团选修课"224"运行机制研究与实践[J]. 交通职业教育，2016（4）：9-13.
④ 雷浩. 基于核心素养的课程评价：理论基础、内涵与研究方法[J]. 上海师范大学学报（哲学社会科学版），2020（5）：78-85.

程评价不是简单的关注预期的结果是否实现了，而是判断学生学会了什么、学会或者未学会的内容是否符合预期、学生学会的内容对学生和相关利益者而言价值有多大。更重要的是，关于学习目标和学习过程的判断是伴随着课程的发展而展开的，因此，社团课程评价的重点应该多聚焦于影响这些目标的过程、环境、原因和人员，而不是仅仅关注目标的实现与否。因此，目标及其影响因素都应该是课程评价的重要内容。

学习过程也是课程评价的内容之一。在学习过程中，有时候有些内容并不是学生主动要学的，有时候学生不能学习他们想学的内容。这表明学生不能学到他们想学的和有价值的内容，但这并不代表学习本身存在问题。在传统的课程评价中，由于没有提前设计这些未预料到的或者未被定义的目标，在评价的时候这些非预设性过程往往被忽视。在传统的评价过程中还会出现这样的情况：教师或者学生根据课程的不同顺序来处理学习内容。这在传统课程评价中被认为是一种失败的实践。然而，在课程评价中，会把选择好的学习顺序看作是促进进一步探究的动力，并将其作为今后讨论、决策和行动的依据。

课程情境也是课程评价的题中之意。在核心素养背景下，课程评价与其说是"谁能做什么"（教师是否能按照计划实施课程，学生是否能达到预期表现），倒不如说是在学习情境中有哪些是"可以做的""可以选择做什么"以及"什么条件下才能够做到"等问题。因此，基于核心素养的课程评价并不是围绕课程有没有实施展开，也不是评判课程实施的好坏或者对错，真正需要关注的是伴随着学习和发展而产生的环境。如果课程是一个演进的过程，评价最关注的是：课程焦点是什么？如何确定、解释和应用这些课程焦点？为什么课程会以这种方式演进？[①] 当然，评价也会考察课程实施的效果是否是学生和教师所期望的、感兴趣的或者能够实现的，还要回答这些效果是如何实现的。只有了解课程情境以及参与者的建构过程，才能对课程做出有效的解释。也就是说，课程评价不仅关注目标和学习过程，课程情境也是评价的重要内容。[②]

二、社团课程评价原则

课程评价所承载的主要使命在于判断通过什么样的课程把学生培养成什么样的人，其本质在于探寻课程与人之间的交互关系。因此，课程评价因倾向于关注课程还是人的

① 吴少伟. 基于核心素养理念的学校课程评价的深刻转变[J]. 教学与管理，2020（6）：40-43.
② 彭巧胤，张科. 高校学生社团活动课程化探析[J]. 教育与职业，2014（6）：179-181.

不同而形成了指向知识和指向学生的两种评价体系，不同指向的课程评价蕴含不同的评价理念。指向知识的课程评价主要是对课程是否满足学生知识获得和成绩分数需要的价值判断，是一种以分数为纲、以获得知识数量为理念的评价；指向学生的课程评价是对课程是否满足学生发展需要的价值判断，是一种以促进学生全面发展为理念的发展性评价。虽然发展性评价在理念上从注重课程转向注重学生的全面发展，不仅关注学生的知识获得，还强调学生的道德品质、审美修养、生活态度等方面的发展，但发展性课程评价在实施过程中常常因为多数评价者传统评价观念固化、教师发展性评价素养不足、缺乏明确的可操作标准等原因，而不得不陷入指向知识的课程评价的泥潭。总之，无论是在指向知识的课程评价，抑或是在指向学生的课程评价，课程与人的交互关系始终处于表层互动的状态。①

课程评价运作过程涉及各个层面，评价原则应对评价活动涉及的各层面做出总体要求。因此，概括教育评价的基本原则如下：一是方向性与发展性原则。方向性与发展性原则主要是针对评价与目的之间的关系提出的。这一原则要求在课程与教学评价中，坚持正确的导向，有利于课程实施与教学质量的提高，通过评价活动，有利于学生的身心全面发展，促进学校把各项工作引导到正确的轨道上，避免误导教师工作和学生学习的情况。同时，要坚持不是为了评价而评价，把评价和指导实际工作结合起来，不仅要让被评价者了解自己的优缺点，而且要为其以后的发展指明方向。二是科学性与客观性原则。科学性与客观性原则主要针对课程与教学评价中的盲目性、随意性、经验主义、科学水平不高等问题而提出。这一原则要求在课程与教学评价中，科学地安排和设计评价的标准与方法，根据被评价对象的真实状况，做出正确的价值判断；评价的过程和结果都应符合客观实际，尊重客观事实，评价过程的各个环节都应符合科学要求并遵循评价活动的客观规律。三是全面性与一致性原则。全面性与一致性原则是指评价工作应基于被评对象的真实状况，做出完整的、连贯的价值判断。这一原则要求在课程与教学评价中，不宜过分突出某一项评价，而忽视其他方面，不应出现前后不衔接甚至相悖的评价现象。②

① 徐彬，刘志军. 指向核心素养的课程评价探析[J]. 课程. 教材. 教法，2019（7）：21-26.
② 邓斯怡. 课程评价与课程评价原则的探索[J]. 家教世界，2013（12）：265-266.

三、社团课程评价方法

课程评价方式是教学的指挥棒，出台有效的课程评价制度，不仅能调动教师开展研究性教学的积极性，而且也能调动学生参与研究性学习的积极性。[①] 其中，教师水平在条件评价中尤为重要，根据社团活动的特点以及人才培养规格，应把侧重点放在教师实践能力上。教学条件是课程实施的保证，这一评价指标对课程目标实现具有决定性的作用。过程评价的目的是考核课程管理水平（如教学文件、教学制度、教学研究、教学改革）和教师教学水平（如教学态度、教学内容、教学方法）。在这一评价中既要加强教学文件、教学制度的建设，又要符合教改形势要求，而且主要看其实施状况。教师的教学水平是影响活动课程质量的直接因素，在指标中应占较大的份量。过程评价中要侧重教师是否能够不断发现问题、改进教学等。效果评价是活动课程的总结性评价，它对课程质量做出全面的检查，主要从学校、社会、学生以及社团等几个维度来评价。以上维度的选取侧重课程之间的共性，这些因素基本可以反映课程教学质量的特征。在具体评价某一活动课程时，应根据课程的特点，将上述因素具体化，且合理取舍，从而建立该课程合理的评价指标体系。

社团课程在设计和实施评价的过程中，教师应根据各阶段教学的特点与评价目的，充分考虑学生的年龄、心理特征及认知水平，选用合理、多样的评价方式，增强其科学性、先进性与可信度。在对学生进行定量测评时，成绩相关要素的选取及权重的确定需要有科学依据，测评教师平衡学生智育的发展与动手实践能力的鼓励和引导。遵循针对性原则，对于不同类型的社团，在测评要素具有实用性及适用性的前提下，在赋权重时突出测评目标的针对性；遵循适度性原则，在对确定的测评要素进行赋值时，权重之间不能有太大的跳跃，必要时可进行适度的调整；遵循规整性原则，各测评要素之和规整为一个常用的整数，使测评结果之间具有可比性和直观可读性。为更好地实施课程评价，可采用以下四种方法对社团课程进行评价：

第一，采用终结性评价。终结性评价，即对课堂教学的达成结果进行恰当的评价，指的是在教学活动结束后，如一个单元、一个模块或一个学期的教学结束后对最终结果所进行的评价。它是检测学生综合能力发展程度的重要途径，也是反映教学效果、学校办学质量的重要指标之一，其目的是对学生阶段性学习的质量做出结论性评价。

---

① 王秀华. 研究性教学课程评价调查研究[J]. 中国大学教学，2015（8）：69-72.

第二，采用诊断性评价。诊断性评价，是指在教学活动开始之前对学生的知识、技能以及情感等状况进行的预测。通过这种预测可以了解学生的知识基础和准备状况，以判断他们是否具备实现当前教学目标所要求的条件，为实现因材施教提供依据。诊断性评价的实施，一般在课程、学期、学年开始或教学过程中需要的时候开展。其作用不仅可以确定学生的学习准备程度，还可以适当安置学生。

第三，采用形成性评价。所谓形成性评价，是指对学生日常学习过程中的表现、所取得的成绩以及所反映出的情感、态度、策略等方面的发展做出的评价，是基于对学生学习全过程的持续观察、记录、反思而做出的发展性评价。其目的是激励学生学习，帮助学生有效调控自己的学习过程，使学生获得成就感，增强自信心，培养合作精神。形成性评价使学生"从被动接受评价转变成为评价的主体和积极参与者"。形成性评价通常在教学过程中实施，常采用非正式考试或单元测验的形式进行，测验的编制必须考虑单元教学中所有的重要目标，也可以让学生对自己的学习状况进行自我评估，或者依据教师的日常观察记录和与学生的面谈，一般在教学初始或教学期间使用。对学生的评价要从学习态度、学习积极性、创造性、习惯、兴趣和方法等方面进行综合等级评价，不以分数高低来评价优劣。

第四，采用组合式评价。组合式评价，即诊断性评价、形成性评价与终结性评价等多种评价方法相结合，既关注过程，又关注结果，使对学生学习过程和学习结果的评价达到和谐统一。无论从评价主体的需要，还是从对客体价值完整认知的角度，评价的过程都是建构客体价值的过程。一个完整的评价过程，由主体决定评价客体价值开始，确立评价目的，根据自身知识水平与实践需要，选择合适的评价参照体系作为评价标准，了解其特征、性质，抽取评价所需的客体信息，并做出适当解释，与评价标准相比较，发现客体价值，把握客体和判断客体价值。因此，对学习的评价是一个内隐的思维过程。评价是多元的、反复的，是对一个价值的认识渐趋深刻的过程。对同一客体，由于评价标准或评价者的心理背景系统的变化，要使得评价尽可能接近客体事实真相，需借助反复评价才能完成对客体的趋于真实的价值的建构。

同时，应做到评价主体多元化，评价方式多样化，评价目标多维化。评价应反映以人为本的教育理念，突出学生的主体地位，发挥学生在评价过程中的积极作用。学生是学习的主体，也是评价的主体。社团课程评价标准的确定、评价内容和方式的选择以及评价的实施等均应以促进学生的发展为目标。在各类评价活动中，学生都应该是积极的参与者和主动的合作者，学生应当在教师的指导下，学习使用适当的评价方法和可行的评价工具，了解评价标准和学习进程。

学分制社团成员参加所要求的教学及其他活动，并通过考核即可认定相应学分。其考核内容包括参加选修社团课程、社团活动、相关课外竞赛等，其考核成绩统一使用五级记分制。学分制社团成员的成绩由社团指导教师进行评定，指导教师需提供评分依据，填写成绩单和录入成绩。学分制社团成员可同时参与多个学分制社团，但获得的学分最多认定为公选课不超过 3 分，其他可作为任务学分，并按照学校相关规定收取学分学费。

附件一

浙江科技学院 ×××× 课程教学大纲

课程代码：_____

课程名称：_____

开课学期：2017—2018 学年第一学期

学分 / 学时：2.0/32（理论：____，实验或实践：____，研讨：____，习题：____）（与申请表上一致，体育俱乐部课程为 1.0/36，其他均是 2.0/32）

课程类别：选修课 / 通识教育类、选修课 / 专业拓展课、选修课 / 专业复合

适用专业 / 开课对象：_____ / _____

先修课程 / 后修课程_____ / _____

开课单位：_____

团队负责人：_____ 审核人：_____（教务员签字）

执笔人：_____（开课教师签字）

审批人：_____（开课学院分管教务负责人签字）

一、课程简介（包含课程性质、目的、任务和内容）（500 字左右）

本课程是_____，通过该课程学习可_____。本课程通过_____，使学生掌握_____。通过本课程教学，学生应达到_____教学目标。

本课程主要介绍_____。

本课程重点支持以下毕业要求指标点（针对公共课，所写指标点不需要针对具体专业，根据人才培养的基本要求，参照工程教育专业认证标准，概括描述指标点）：

_____。

体现在通过_____。

二、教学内容、基本要求及学时分配

（需要包含理论学时、活动学时、课外学时，且每种课时类型均不少于 8 课时）

1._____。（____学时）

了解_____；理解_____；掌握_____。

（重点支持毕业要求指标点 8.2，即人才培养方案中的第八条第二点，下同）。

2._____。（____学时）

了解_____；理解_____；掌握_____。

重点支持毕业要求指标点 3.2。

3.＿＿＿＿＿＿＿＿＿＿＿＿＿＿＿＿＿＿＿＿＿＿＿＿＿＿＿＿＿＿。（＿＿＿学时）

三、教学方法

＿＿＿＿＿＿＿＿＿＿＿＿＿＿＿＿＿＿＿＿＿＿＿＿＿＿＿＿＿＿＿＿＿＿＿＿＿＿＿

＿＿＿＿＿＿＿＿＿＿＿＿＿＿＿＿＿＿＿＿＿＿＿＿＿＿＿＿＿＿＿＿＿＿＿＿＿＿＿

（根据授课对象的特点和课程类型，说明对本课程进行的何种教学方法改革）

重点支持毕业要求指标点＿＿＿＿＿＿。

四、课内外教学环节、教学安排及基本要求

课内外教学环节及学时分配见附表 1，课内实践环节教学安排及要求见附表 2。

附表 1　课内外教学环节及学时分配

序号	课程内容	课内学时					课外学时
		理论学时	实验、实践、上机学时	习题学时	研讨学时	合计	
1							
2							
合计							

附表 2　课内实践环节教学安排及要求

序号	教学内容	教学基本要求	重点支持毕业要求指标点	实践类别	课内学时	课外学时	备注
1							
2							
小计							

（实验类别是指验证性、综合性、设计性、研究性等。）

五、课外学习要求

＿＿＿＿＿＿＿＿＿＿＿＿＿＿＿＿＿＿＿＿＿＿＿＿＿＿＿＿＿＿＿＿＿＿＿＿＿＿＿

＿＿＿＿＿＿＿＿＿＿＿＿＿＿＿＿＿＿＿＿＿＿＿＿＿＿＿＿＿＿＿＿＿＿＿＿＿＿＿

（重点支持毕业要求指标点 8.2。要明确本课程教学内容中学生课外自主学习的内容及要求，以及学生课外阅读的参考资料及数量，明确对学生作业的要求）

六、考核内容及方式

计分制：百分制（　　　）；五级分制（　　　）；两级分制（　　　）

考核方式：考试（　　　）；考查（　　　）

本课程成绩由_____、_____和_____成绩组合而成。各部分所占比例如下：

平时成绩占____%，主要考查_____等。重点支持毕业要求指标点_____。

期末考试成绩占____%，考试课采用开（闭）卷形式。题型_____。

考查课，采用_____。考核内容主要包括，重点支持毕业要求指标点_____。

（原则上必修课程采用考试方式）

实践成绩占_____%，主要考查_____。（重点支持毕业要求指标点 8.2。）

七、持续改进

本课程根据_____，及时对教学中的不足之处进行改进，并在下一轮课程教学中改进提高，确保相应毕业要求指标点达成。

（建立持续有效的质量改进机制，确保相应毕业要求指标点达成）

八、教材及参考资料

（略）

附件二

浙江科技学院大学生 KAB 创业基础课程教学大纲

课程代码：＿＿＿＿＿＿＿＿

课程名称：大学生 KAB 创业基础（know about business）

开课学期：＿＿＿＿＿＿＿＿

学分 / 学时：2.0/32

课程类别：选修课 / 拓展复合

适用专业 / 开课对象：经济与管理学院所有专业

先修 / 后修课程：无

开课单位：校团委

一、课程简介（包含课程性质、目的、任务和内容）

"大学生 KAB 创业基础"是面向学校所有专业开设的一门创业基础课，是顺应新时代发展的要求，以市场变化及其发展趋势为背景，从企业微观角度出发，运用企业管理新观念，培养学生创业意识和创业能力，让学生掌握小企业开办与管理全过程的理论和实务相结合的一门创业课程。目的在于培养学生的创业精神和创业意识，培养学生积极进取、勇于挑战、勇于创新的能力，为其就业开拓广阔的空间。

二、教学内容、基本要求及教学重点与难点

1. 创业相关文化知识（课内 4 个学时）

了解创业信息；理解创业精髓；掌握创业精神和创业者的内涵。

教学重点与难点：从身边的企业家出发，让学生了解到真正的创业精神，学会抓住创业机遇。

2. "挑战杯"大赛（课内 8 个学时，课外 4 个学时）

了解"挑战杯"大赛的举办过程及意义；理解参赛规则；掌握做一个项目的核心内容、团队工作的技巧、答辩的技巧等。

教学重点与难点：由社团成员组织举办启动仪式，在启动之后开展 4 次"挑战杯"培训。

3. 培训大会（课外 6 个学时）

了解一些简单的办公制度；理解其运用的条件；掌握运用过程中的一些方法。

教学重点与难点：由社团内部成员组织进行培训，内容包括 SOP（标准作业程序）、礼仪、财务、摄影等，培训结束对学生进行当堂检测。

4.沙盘模拟实验（课内 4 个学时）

了解企业发展历程；理解企业发展所需的条件；掌握企业运营过程中的一些技巧。

教学重点与难点：由学生自己组织，模拟企业成立、经营等过程。

5.企业直通车（课外 6 个学时）

了解一些知名企业的发展历史；理解企业团队质量对企业运营的重要性。

教学重点与难点：由学生自由分组，走访当地企业；要让学生本着去了解、熟悉企业的心态去实践。

三、课内实验或实践环节教学安排及要求（见附表 3）

附表 3　课内实验或实践环节教学安排及要求

序号	教学内容	教学基本要求	实验类别	课内学时	课外学时	备注
1	"挑战杯"大赛	了解"挑战杯"大赛的举办过程及意义；理解参赛的规则；掌握做一个项目的核心内容、团队工作的技巧、答辩的技巧等	综合性	4		必做
2	培训大会	了解一些简单的办公制度；理解其运用的条件；掌握运用过程中的一些方法	综合性	6		必做
3	企业直通车	了解一些知名企业的发展历史；理解企业团队质量对企业运营的重要性	综合性	6		必做
小计				16		

四、学时分配表（见附表 4）

附表 4　学时分配表

序号	课程内容	课内学时						课外学时
		讲课学时	上机学时	实验学时	实践学时	小计	其中课内研讨学时	
1	创业相关文化知识	4				4		
2	"挑战杯"大赛	8			4	12		
3	培训大会				6	6		
4	沙盘模拟实验	4				4	4	
5	企业直通车				6	6		
合计		16			16	32	4	

五、课外学习要求

1.首次课内学习结束后，学生需自主对相关文化知识进行巩固。

2."挑战杯"启动仪式及赛程培训，其中启动仪式计入课外学时。启动仪式的开展由社团成员负责进行，社团外学生参与，且进行签到，若缺勤，则记旷课一次。鼓励社团成员参与大赛，赛程培训由"挑战杯"指导教师和历届获奖选手进行，由社团成员负责组织，所有"挑战杯"大赛参赛选手都参与培训。

3. 培训大会由社团内部成员进行组织和培训，主要讲解财务制度、SOP、绩效考核、礼仪、摄影等方面，对学生进行一些创业所能用到的知识及技能的拓展。在培训结束后，进行当堂测验，计入平时成绩。

4. 沙盘模拟实验，课内进行，由学生自由分组，模拟企业成立、经营等过程，让学生更深入地了解企业。

5. 企业直通车由学生自由组队，提前准备好问卷，在教师的带领下，走访当地企业并收集问卷。

6. 所有课程结束后，以小组为单位，完成企业计划书。

六、教学方法及教学内容（见附表5）

附表5　教学方法及教学内容

教学方法	教学内容
案例教学	创业相关文化知识
研讨教学	"挑战杯"培训课程、沙盘模拟实验
实践教学	"挑战杯"大赛、培训大会、企业直通车

注：以上是各个课程内容的主要教学方法，实施过程中可结合其他方式进行教学。

七、课程考核方法及要求

1. 考核方式：考试（　　　）；考查（ √ ）

2. 成绩评定：

计分制：百分制（　　　）；五级分制（ √ ）；两级分制（　　　）

总评成绩构成：平时考核（20）%；中期考核（30）%；期末考核（50）%。

平时考核包括：考勤考纪、课堂讨论、平时测验、作业、读书报告、研讨报告、课外实践活动、竞赛活动等。

八、建议教材及参考资料

建议教材：

1. 李俊 . 创业基础与实践 [M]. 北京：北京师范大学出版社，2021.

2. George Manu. 大学生 KAB 创业基础 [M]. 北京：高等教育出版社，2007.

参考资料：

1. 王海波，李俊，杨雪雁 . 初创业者能力提升全攻略 [M]. 大连：东北财经大学出版社，2013.

2. 尚阳，李俊. 闪亮的新星——大学生创业背后的商数 [M]. 杭州：浙江大学出版社，2010.

九、大纲说明

本课程学习资源设计主要分理论知识学习和模拟实践两个部分，模拟实践不但是理论知识的运用，更是深度的拓展，方便不同学习水平的学习者学习，也更有利于学习者个性化学习。从理论知识到模拟实践，层层递进，模拟大学生创业过程中需要经历的各个环节；走访知名企业，激发大学生对创业的思考和兴趣，使大学生对创业基础知识有较深刻的了解。

在课堂学习中，本课程采取"以人为本"的教学方法，在课程中，教师不再扮演主动的角色，而是在于引导和启发，更多的运用行动导向、头脑风暴、实训实验、角色扮演等方法，注重学生对课程的理解、运用和创新，KAB 注重的是培养学生的创业精神，让学生体验企业中的不同角色，从而体会创业过程中的精髓。

此外，本课程的教学内容是理论与实践相结合。理论方面，主要让学生了解什么是企业、什么是创业，了解创业所需的能力及创业所要经历的步骤等；在实践方面，带领学生在运用所学知识的基础上去开展社团活动，在模拟实验、走访企业的过程中寻找创业机会，使学生不但理解了理论知识，而且还学会了运用和创新。

第五章

高校学生社团干部培养

————

　　《高校共青团改革实施方案》指出，要完善团干部培养培训使用制度。加强作风建设，持续深入开展团干部健康成长教育，按照"三严三实"的要求，教育引导高校共青团干部筑牢理想根基、强化宗旨意识、践行群众路线、勇于开拓创新。建立完善全国、省、高校分级培训体系，建设以理想信念、党性作风、团的业务能力、新知识新观点新技能等为重点的核心课程和线上资源共享平台；团中央举办针对重点高校团委负责人的示范培训，省级团委培训本地区校级团委负责人，高校团委培训本校院系及基层团干部。建立健全对学生骨干的选拔考核、培养使用、淘汰退出等机制，努力打造信念坚定、品学兼优、朝气蓬勃、心系同学的学生骨干队伍。

　　高校学生社团干部是学生社团群体中的核心人物，是学生社团管理、教育、服务的中坚力量。他们一方面是学校教育管理的具体参与者和实施者，另一方面代表学生反映学生的需求。高校学生社团干部作为一个特殊的群体，在思想政治教育和管理工作中发挥着特殊的作用，产生着特殊的影响。一个好的社团干部需要具备较高的政治意识、大局意识、服务意识、创新意识、合作意识；具有较强的学习能力、策划能力、组织能力、沟通能力、执行能力。

　　高校学生社团干部的本质是学生干部，培养优秀的社团干部是高校教育和管理的重要组成部分。社团干部履行一定的义务，享有一定的权利，社团干部在学校党委领导、团委指导下，配合学校工作的顺利进行和学校教育目标的最终落实。社团干部由社团成员中的先进分子和骨干组成，负责社团的领导和管理工作。本章着重分析高校学生社团干部的角色定位，必须具备的五种意识、五种能力及高校学生社团干部的选用与培养。

第一节　社团干部角色定位

个人对自己以及自己与周围世界关系的认识、体验和调控对其自身的定位和发展有着极其重要的影响。苏格拉底将太阳神庙中的圣谕"认识你自己"奉为其哲学观的圭臬。他认为，人的一切行为是依理性的决定来确定的，他要求人们自我认识、自我深造。苏联著名教育家苏霍姆林斯基指出：最大的胜利——就是自己征服自己的胜利。因此，社团干部作为本校学生群体中的佼佼者，应该做到在认知、情感和意志上率先认识自我、悦纳自我，做好自我角色的正确定位和发展，超越自我，从而在生活、学习和工作中起模范带头作用，成为高校共青团工作的推进器和领航人。①

准确的角色定位是建立在完善的自我意识基础上的。研究者普遍认为，在人的自我意识发展过程中，儿童和老年时期的自我意识基本是稳定的，青少年时期是自我意识的分化阶段，大学时期是人的发展过程中的关键阶段，也是自我意识分化的重要阶段。

一、自我意识概述

自我意识又称自我，是指个体对各种身心状态的理解、体验和渴望，具有目的性和主动性的特点，它对人格的形成和发展起着调节、监控和矫正的作用。

（一）自我意识的概念

自我意识是意识的一种形式，是指主体对自身的意识。它包括对自身机体及其状态的意识，对自己肢体活动状态的意识，对自己的思维、情感、意志等心理活动的意识。自我观念、自我知觉、自我评价、自我体验、自我监督和自我调节控制等是其重要的内容。

自我意识的发展过程是个体不断社会化的过程，是个性特征形成的过程。自我意识是人的个性结构的重要组成部分，是个性结构中的自我调节系统，因此，良好的自我意

---

① 杜兰晓. 迈向成功：高校学生干部培养[M]. 北京：科学出版社，2007：79.

识对人的良好个性的形成起着至关重要的作用。在儿童的自我意识各要素中，自我评价能力起着至为关键的作用。儿童的自我评价能力是自我意识发展水平的主要标志。[①] 到了青少年中晚期，个体在自我观察、自我评价、自我体验、自我监督、自我控制等自我意识的诸成分上都获得了高度的发展，并趋于成熟稳定。

（二）自我意识的特点

自我意识是人对自己身心状态及对自己同客观世界的关系的意识。自我意识包括三个层次，分别是对自己及其状态的认识、对自己肢体活动状态的认识和对自己思维、情感、意志等心理活动的认识。自我意识不仅是人脑对主体自身的意识与反映，而且人的发展离不开周围环境，特别是人与人之间关系的制约和影响，所以自我意识也反映人与周围现实之间的关系。自我意识具有意识性、社会性、能动性、同一性等特点。

1. 意识性

意识性是指个体对自己以及自己与周围世界的关系有着清晰、明确的理解和自觉的态度，而不是无意识或潜意识。从马克思主义哲学的角度来看，这种自我意识是主体我对客体我的一切主观能动的反映。

2. 社会性

自我意识是个体长期社会化的产物，这不仅因为它是在社会实践中产生的，而且因为它的主要内容是个体社会属性的反映。对自我本质的意识，不是意识到个体的生理特性，而是意识到个体的社会特性，意识到个体的社会角色，意识到个体在一定的社会关系和人际关系中的地位和作用，这是自我意识发展到成熟的重要标志。

3. 能动性

自我意识的能动性不仅表现在个体能根据社会或他人的评价、态度和自己的实践所反馈的信息来形成自我意识，而且还能根据自我意识调控自己的心理和行为。

4. 同一性

心理学研究表明，自我意识一般需要经过20多年的发展，直到青年中后期才能形成比较稳定、成熟的自我意识。虽然这种自我意识有可能因个体实践的成败和他人评价的改变而发生变化，但到青年期以后，个体会对自己的基本认识和态度保持同一性。正因为自我意识的同一性，才会使个体表现出前后一致的心理面貌，从而使自己与其他人

---

① 车文博. 心理咨询大百科全书[M]. 杭州：浙江科学技术出版社，2001：12.

的个性区别开来。①

（三）自我意识的结构

自我意识的结构是指自我意识包含哪些成分，它是一个多维度、多层次的复杂的心理系统或心理结构。按照不同的标准，可以将其分为以下三类。

1. 从形式上分类

从形式上分类，自我意识分为认知的、情感的和意志的三种形式，分别称为自我认识、自我体验和自我调控。

（1）自我认识。自我认识是指一个人对自己各种身心状况的认识，是自我意识的认知成分，指个体对生理自我、心理自我和社会自我的认识。它包括自我感觉、自我观察、自我观念、自我分析和自我评价等层次。自我概念和自我评价是自我认识中最主要的方面，集中反映了个体自我认识乃至自我意识的发展水平，也是自我体验和自我调控的前提。自我认识主要解决"我是一个什么样的人"的问题，就个体对自我的认知来看，主要包括对生理自我、社会自我和心理自我的认知，从而构成一个统一的整体的自我认知，并在此基础上进行自我评价。如我是一个相貌平平的人，我是一个善于交际的人，我是一个心理素质很好的人，我是一个幽默的人；等等。

（2）自我体验。自我体验是自我意识的情感成分，在自我认识的基础上产生，反映个体对自己所持的态度。它包括自我感受、自爱、自尊、自信、自卑、内疚、自豪感、成就感、自我效能感等层次。其中，自尊是自我体验中最主要的方面。

（3）自我调控。自我调控是自我意识的意志成分，是指个体对自己心理活动和行为的调节与控制，包括自我理想、自我监督、自我塑造、自我控制、自我教育等层次。其中，自我控制和自我教育是自我调控中最主要的方面，自我教育则是自我调节的最高级形式，这是因为，教育的最高境界就是自我教育能力的形成。自我控制是个体意志品质的集中体现，我们常说的自制力，就是自我控制能力。从某种意义上来说，自制力的强弱决定着学习、工作、生活的成败。自制力强的人，在控制方面就会表现出自觉、自立、自主、自制、自强、自信、自律，在任何阶段都有明确的追求目标，能够很好地克制自己的情绪，行为主动而有节制，有责任感，遇事沉着冷静，果断而坚毅，绝不半途而废；自制力弱的人，往往目标不清，易受暗示，缺乏主见，优柔寡断，对自己的情感

---

① 刘文敏，高燕，赵丹. 大学生心理健康教育[M]. 南京：东南大学出版社，2015：60-69.

和行为都缺乏控制能力，凡事都难以坚持到底。

总之，自我认识、自我体验和自我调控之间相互联系、相互制约，统一于个体的自我意识之中。自我认识是其中最基础的部分，决定着自我体验的主导心境以及自我调控的主要内容；自我体验又强化着自我认识，决定了自我调控的行动力度；自我调控则是完善自我的实际途径，对自我认识、自我体验都有着调节作用。三个方面整合一致，便形成了完整的自我意识。

2. 从内容上分类

从内容上分类，自我意识分为生理自我、心理自我和社会自我三类。

（1）生理自我。生理自我是指个人对自己生理属性的意识，包括个体对自己的身高、体重、外貌、身材等方面的意识等。如果一个人对生理自我不能接纳，觉得自己个子矮、不漂亮、身材差等，就会讨厌自己，表现出自卑和缺乏信心。这是自我意识的最原始形态。

（2）心理自我。心理自我是个人对自己心理属性的意识，包括个人对自己的人格特征、心理状态、心理过程及其行为表现等方面的意识。

（3）社会自我。社会自我是指个人对自己的社会属性的意识，包括对自己在社会关系和人际关系中的角色、地位的意识，对自己所承担的社会义务和权利的意识等；也指对自己在群体中的地位、作用的意识以及对自己和他人相互关系的认识、评价和体验。如果一个人认为自己不善于交流或沟通，周围的人不喜欢自己、不接纳自己，没有知心朋友等，就会感到很孤独、很寂寞。

3. 从观念上分类

从观念上分类，自我意识可分为现实自我、投射自我和理想自我三个维度。现实自我是个体从自己的立场出发对现实的我的看法，即对现实中我的认识；投射自我是指个体想象中的他人对自己的看法，如想象自己在他人心目中的形象，想象他人对自己的评价，以及由此而产生的自我感。投射自我和现实自我之间往往有差距，差距越大，个体便越会感到自己不为别人所了解。理想自我是个体从自己的立场出发对将来的我的希望，即对想象中的我的认识。理想自我是个体想要的完善的形象，是个人追求的目标。理想自我与现实自我也不一定是一致的。[①]

---

① 苏京，詹泽群. 大学生心理健康教育[M]. 天津：天津科学技术出版社，2009：37-39.

二、社团干部角色定位

社团干部需要对自己有正确的角色定位。社团干部和普通学生并没有本质区别，管理关系上更多的应是服务与被服务的关系，因此，明确个人定位与调节自我心态在社团服务中尤为重要。社团干部在社团建设中扮演着十分重要的角色，社团干部的自我定位，就像探索者的指南针，决定着他们的工作方向，也决定着他们的价值取向。

2019 年，西安石油大学石油工程学院油气储运工程 1702 班的朱敏被评为"陕西省优秀共青团员"。在学校里，她品学兼优，曾获 2017—2018 学年"国家励志奖学金"、校级"三好学生"、2018—2019 学年校级"优秀共青团干部"等荣誉。除了认真学习专业知识外，她积极参与社团管理工作，是一名优秀的社团干部，参加了陕西省大学生骨干培训班、暑期大学生科技文化卫生"三下乡"社会实践等众多活动。朱敏对社团干部的角色有清晰的定位，通过不断学习提升自身能力。她在 2017 年 9 月参与学生社团管理工作，并于 2019 年 6 月成功竞选为校团委社团管理部部长。在近三年的团学工作中，她致力于加强各个学生社团之间的联系，组织策划了众多丰富多彩的学生社团活动，并协助各社团开展学术性、实践性、创造性，具有石油专业特色的活动，引导学生社团蓬勃发展。

作为一名大三学生，朱敏既要学习，又要策划开展一系列社团活动。在学习上，她专注细心，珍惜当下，发奋图强。在工作中，她不断增强本领，既读有字之书，亦读无字之书，注重学习积累人生经验和社会知识。[①]

由此可见，正确的角色定位可以帮助社团干部认识自己，规划前进的方向，并在学生工作方面有一定的收获。

错误的角色定位会在学生群体中会造成不良影响。社团干部必须清醒地认识到，社团干部身份是基于学校、老师和同学对自己的信任，重要的是自己多了一份责任，在承担这份责任的过程中，义务往往大于权利。大学时期是一个人成长过程中的一个快速社会化的阶段，社团干部在社团建设工作中对自身角色的定位直接影响了其功能的发挥。笔者认为学生社团干部应明确自身学生角色、服务角色、模范角色、领导角色和桥梁角色的定位。

[①] 陕西女学霸，担任社团干部，斩获多项荣誉，近日还荣获这项表彰！[EB/OL].（2020-04-20）[2021-08-11]. https://baijiahao.baidu.com/s?id=1664485115714602444&wfr=spider&for=pc.

（一）学生角色

身份既是主观的，也是客观的。身份的存在既可能是个人主观的判断和感受，也有可能是客观存在的事实。社团干部的本质是学生，学生是身份，干部是责任。作为社团干部首先要恪守学生的职责，以身作则，努力提高自我修养和整体素质，做到率先垂范。就"干部"这个词来说，其本质是群众工作，社团干部要从学生的角度出发，了解学生的问题，解决学生的问题，维护学生的权益，服务学生。

多所高校曾联合发起"自律公约"，表示"部分学校社团的工作和干部中存在的功利化、庸俗化问题受到社会广泛关注，我们不能漠视、容忍这些问题"。团中央相关负责人表示"更多的制度改革在路上"，不少高校学生社团干部表示"将响应倡议"，使社团更好地服务广大同学。对广大社团干部来说，为同学服务是职责，自己首先也是"同学"。社团干部首先是学生，不是"官"，更不是凌驾于学生之上的某种特权存在。牢记学生本色，真正做到从同学中来、到同学中去。

（二）服务角色

社团干部肩负着重大的责任，这种责任的实质对上是为学校和老师服务，对下是为和自己一样的学生服务。而这份服务既有知识上对其他同学的辅导，也有生活上对同学的帮扶。

做好服务工作，发扬奉献精神，是社团干部的首要责任。社团干部要增强服务宗旨意识，强化工作中的服务态度，始终牢记"同学选我当干部，我当干部为同学"的信条，树立学生公仆形象，责任心强，淡泊名利，全心全意为同学服务。在日常工作中，要从广大学生的利益出发，为他们办实事。诚心为同学服务能赢得学生的尊重，能产生思想共鸣，能促进情感和谐。通过开展各种有效的服务活动，在工作过程中提高成员的综合素质，以此凝聚、团结社团成员。

（三）模范角色

作为一名社团干部首先要具有一定的个人魅力，在周围学生中树立良好的形象。社团干部同样要具有较高的综合素质，才能在同学中获得广泛认同。模范效应是一个标杆，敢于展示自己的身份，敢于表达自己的思想，敢于展示自己的行为，这个模范作用才能显现出来。

模范效应能积极引导学生，使社团干部的先锋模范作用深入人心。现代大学生是朝气蓬勃的一代，是祖国和民族的未来，肩负着中国特色社会主义现代化建设、推动中国成为世界强国的历史重任。祖国的前途命运，取决于新一代大学生能否积极开拓进取，继承和发扬老一辈的光荣传统，并结合自身实际不断探索和创新。这对新一代大学生特别是社团干部提出了更高的要求，要求社团干部充分发挥先锋模范作用，带领新一代大学生为祖国的未来而努力奋斗。

（四）领导角色

社团干部要具有较强的领导力，领导力的培养是实现学生自我教育的重要途径，是形成良好校风的关键。加强高校学生社团干部领导力培养，是贯彻落实科学发展观，实现创新人才培养的需要。因此，高校要通过各种学生工作和社会实践，提高社团干部的领导力和影响力，提高社团干部的学习能力、策划能力、组织能力、沟通能力和执行能力等综合能力，发挥社团干部的带头作用。

社团干部是社团成员中的优秀分子，是社团学生工作的主心骨，是实现高校学生工作管理体制的有效载体和纽带，在高校学生中起着主导作用。社团干部既是团委的得力助手，又是学生组织的领导者、组织者和执行者。担任社团干部充分展现了大学生的聪明才智。社团干部要从广大青年学生的健康成长和全面发展出发，整合和利用各种资源，利用各种平台，广泛开展思想素质、教育素质、智力素质相结合的各项文化活动，引导学生创先争优，全面提高学生的思想政治素质、智力素质、专业文化素质、身体素质和心理素质。

（五）桥梁角色

社团干部是学生集体中的焦点和核心，是学生的代表，同时又是学校教育管理工作的协助者，教师的得力助手，所以他们能够起到下情上传，上情下达的桥梁沟通作用。一方面，社团干部将学校的教育理念、规章制度和教师的工作意图等认真领会并在同学中宣传落实、贯彻实施，将学校和教师的要求内化为学生的自觉行为，使学校的各项工作落到实处；另一方面，社团干部向学校和教师及时反馈同学们的意见、建议和实情，对学校的学生工作决策做出有益的补充，使之更加贴近学生学习和生活的实际情况，提高解决问题的针对性和效率，化解师生之间的隔阂、矛盾，使师生关系更加和谐，促使学生工作良性循环。①

高校学生社团干部的桥梁角色即为师生之间、同学之间的纽带。在了解党的路线、方针和政策基础上，熟悉学校的工作内容，掌握将任务分解的能力；同时通过调查研究

---

① 浩斯巴雅尔. 浅谈高校学生干部的作用及应具备的素质[J]. 高等教育，2011（10）：42.

掌握学生的思想、学习等各方面的情况，主动向相关教师形成书面或者口头的汇报，作为管理角色的依据。从这个层面上看，社团干部的主体作用大于教师。[①]

学生管理是高校管理工作的重要组成部分，而社团干部管理是学生管理工作的重要组成部分。社团干部在教师和学生之间起着桥梁的作用，是学校学生管理措施的执行者，在高校学生社团管理体系中扮演着重要的角色。在学校各职能部门的指导下，高校学生社团干部可以紧密联系学生，配合学校积极开展思想政治教育活动和其他丰富多彩的活动，使学校充满活力。培养和教育社团干部，既是现代化建设的需要，也是改进学校教育管理、促进高校健康发展的需要。

高校学生社团干部在高校教育工作中起着非常重要的作用，是各项教育工作的具体参与者和实施者，肩负着沟通师生、学校与社会的职责，是学校各级党、团、学组织和学校管理职能部门联系学生的桥梁和纽带。因此，如何培养高素质的社团干部队伍就成为高校学生教育工作的重任和挑战，这对维护校园稳定，培养良好学风、班风和校风，推进精神文明建设等方面具有重要作用。[②]

第二节　社团干部工作意识

面对国内外形势的深刻变化，高校学生工作既拥有有利条件，也面临诸多挑战。高等教育大众化和高校规模的扩大以及改革的深入，对教学、科研、管理、服务、党建和思想政治工作提出了新的更高的要求。世界上各种矛盾和思潮错综复杂，思想活动的多样性和差异性给大学生的人生观和价值观带来了巨大的冲击。随着信息技术的发展，网络文化对大学生的思想观念、价值观念、法律道德观念、生活方式和身心健康产生了强烈的影响。

高校是一个锻炼能力的平台，社团干部要树立正确的世界观和方法论，以更加科学的方法和饱满的热情致力于校园文化建设和为学生服务。其意义在于从学生个体角度来看，有利于发掘潜能，提高工作能力，培养优秀干部品质，为今后的工作打下坚实的

---

① 杨文凯，王智勇. 高校学生干部：定位及发展路径[J]. 民办教育研究，2008（3）：96.

② 吴瑜华. 浅谈高校学生干部的培养[J]. 科技信息（基础理论研讨），2010（14）：76.

基础；从学生组织角度来看，社团干部个人素质的全面提高能整合创造力，使整个团队的合作和执行力得到了提升，有助于在团队内部形成良好的氛围，使团队在更积极的状态下持续良好地发展，为上级团组织培养和输送更多的人才；从学生团体角度来看，社团干部素质的提高，有利于开展校园文化活动，有利于培养一大批优秀的模范形象，带动整个校园文化的向上发展，也有利于建立更加畅通的学生与教师、领导沟通交流的桥梁。一个优秀的社团干部工作意识的培养是一项十分复杂的工程，笔者认为，优秀的社团干部需具备以下五个工作意识。

一、政治意识

习近平总书记在全国高校思想政治工作会议上强调，我们的高校是党领导下的高校，是中国特色社会主义高校。办好我们的高校，必须坚持以马克思主义为指导，全面贯彻党的教育方针。要坚持不懈传播马克思主义科学理论，抓好马克思主义理论教育，为学生一生成长奠定科学的思想基础。要坚持不懈培育和弘扬社会主义核心价值观，引导广大师生做社会主义核心价值观的坚定信仰者、积极传播者、模范践行者。要坚持不懈促进高校和谐稳定，培育理性平和的健康心态，加强人文关怀和心理疏导，把高校建设成为安定团结的模范之地。要坚持不懈培育优良校风和学风，使高校发展做到治理有方、管理到位、风清气正。

社团干部思想政治觉悟要强，要讲学习、讲政治、讲正气。平时要注意利用各种机会加强政治理论学习，不断提高思想政治理论修养。关心时事，积极参加各种活动和社会实践，不断提高政治觉悟。只有具备一定的理论基础和思想政治意识，才能保持清醒的头脑，在纷繁复杂的社会环境中，能明辨是非，善于辨别真、善、美和假、恶、丑，积极追求进步，坚决抵制那些反动的、落后的、错误的、腐朽的、丑恶的东西。

二、大局意识

大局意识，是指能够从客观整体利益出发，站在全局的角度看问题、想办法，做出决策。全局是一个相对的概念，一个班级集体、一所学校、一个民族、一个国家，一个核心利益等，都可以看作是一个全局。

作为社团干部，要有一定的大局意识，社团干部在工作中要"统一思想，提高认识，听从指挥、服从安排"。在工作过程中，既有灵活的适应能力，又有大局意识。不冲动，不搞小团体，不搞小圈子内的斗争，认真执行集体决定；在工作中勇于承担责任，把艰巨的问责任务看作是对自身能力的认可和肯定；在工作中不生气，也不奉承别人，不拖延问题。此外，社团干部还应该用一种平和的心态来看待自己的得与失，始终牢记，作为社团干部，义务多于权利，不能因为个人利益而影响社团的集体工作。

大局意识的培养包括以下三个方面：一是各部门相互合作，相互配合，相互帮助，协调好彼此之间的关系。"一家独大不是美，百花齐放是春天"。部门之间应该合作共赢，努力建设一个更好的社团。一台机器，每一部分都起着重要的作用。只有这些部分协调配合，这台机器才能更快、更好地工作，社团才能有更大的凝聚力和战斗力。二是从学校发展和团委整体工作的角度看问题。例如，在活动申请被驳回时，抱怨不是社团干部的应有之举，而应把自己放在校园文化合理发展和团委有序工作的大局中来考虑。三是要有长远意识，站在更高的角度看问题。如一些社团干部努力完成了一项活动计划，希望按照自己的想法办成。但是，从社团发展转型的长远利益出发评估下来发现，举办这项活动是一种资源浪费。这个时候，要跟上发展的步伐，及时转变思路，站在长远的角度以及社团发展全局的高度来思考问题。

三、服务意识

社团干部要做的很多工作就是为同学服务，没有强烈的服务意识，就不能做好工作。为人民服务是我们党的根本宗旨，社团干部有更多的机会去实践"为人民服务"的理念，这种实践对社团干部来说也是幸运的。

社团干部不是学生中的特殊群体，他们处在这样一个位置，不是因为他们比其他学生优秀，而是因为社团干部比其他学生有更多的责任和义务。社团干部的宗旨是"全心全意为同学服务"。社团干部应该而且只能是为同学服务的学生公仆。无私奉献，不计报酬，不抱怨，不后悔，这才是社团干部应该具有的思想认识。不关心、不考虑、不维护同学利益，却在为自己打小算盘，把做社团干部当作谋取个人利益的阶梯，认为自己可以获得一些好处，这是非常危险的，这样的干部最终会被其他同学抛弃。只有自始至终，把全心全意为同学服务的理念付诸行动，把热心为同学服务的理念体现在自己的行动中，才能得到同学的支持和信任。"水能载舟，亦能覆舟"，做一名优秀的社团干部，必须树立"领导"就是"服务"的理念，始终把关心、服务、帮助同学放在首位。

当然，在工作中会遇到很多困难，承受很多压力，经历很多磨难和委屈，有时也会牺牲很多时间和精力，但这对社团干部来说是一种体验，有得有失，将全身心倾注于其中，最终收获将远大于失去。社团干部不仅能够获得个人成就感，更能感受到一起奋斗的友谊，以及为某件事情挥洒热血的激情，这将成为他们人生中极其宝贵的精神财富。

四、创新意识

创新意识，是指人们根据社会和个体生活发展的需要，在创造活动中表现出的意向、愿望和设想，是人类意识活动中的一种积极的、富有成果性的表现形式，是人们进行创造活动的出发点和内在动力。

创新意识是社会发展进步的主流意识，缺少它，就会被社会淘汰。社团干部在开展各种活动时，要充分发挥其影响力和凝聚力。创新能力和决策能力是社团干部的核心能力。开展活动时，确实有很多例子可效仿，但更多的时候社团干部要面对从未做过的工作，这个时候就需要一种创造性的思维，从无到有地把工作做好，这就要求社团干部要充分发挥其聪明才智和创造力，善于发现和解决问题，勇于提出自己的见解，勇于克服工作中遇到困难和障碍。另外，面对突发事件和困难，社团干部要发挥组织协调的作用，为活动准备应急预案，做到随机应变，沉着处事。

创新的力量来自于对实际工作内容的深刻理解和准确把握，这就要求我们对工作内容要有深刻思考，想到就做是鲁莽，三思而后行才是精准把握。在工作中，没有"金点子"，没有对实际情况的真正了解和把握，肯定做不好。培养社团干部的创新能力和素质是一件迫在眉睫的事情。因此，在今后的高校学生社团建设中，学校必须加强引导、监督和教育，引导社团干部认真学习各方面知识，真正实现创新精神、创新能力和创新动力的突破，从而使高校学生社团更加有活力。

五、合作意识

合作意识，是指个体对共同行动及其行为规则的认知与情感，是合作行为产生的一个基本前提和重要基础。善于合作，不仅能从工作中找到乐趣，而且也能从生活中找到乐趣。

团队合作是一种自愿合作的精神，是为实现既定目标而协同努力的精神。它能调动团队成员所有的资源和才能，自动消除不和谐和不公正，对那些真诚无私的奉献者予以肯定。当社团干部意识到团队合作的重要性，能够主动为团队努力时，会影响整个团队的效能，使团队充满正能量，实现优势互补。即使团队中的一些成员有一些自身的不足，他们也会在整个团队的影响下弥补不足，努力让团队拥有强大的力量。团队合作不仅能使整体取得突破飞跃，也能弥补个人短板。

社团干部应该把社团当作一个大家庭，把社团的工作当作"家务事"，将"家"文化传播到每一位社团成员的心中。如果每个社团干部都能有这样的团队意识，那么社团就会发展得更快、更健康。

合作意识的培养可以从以下几个方面入手：一是社团干部必须相信团队，认同团队，融入团队。必须相信，这是一个最好的社团和一个值得信任和努力的团队，这将能够有效地培养社团干部的团队意识。二是社团干部应该有合作意识。现代社会是一个合作的社会，需要我们集思广益，共同努力，最大限度地发挥团队的能量。一个具有团队精神的队伍，必然会在每个成员心中形成内在动力，并不断提升自己的诸多能力，以满足团队整体效率提高的需要。

上述五种意识是社团干部应该具备的，也是在工作中应该做到的。当然，要实现这些，还需要一些其他的力量，比如学习能力、策划能力、组织能力、沟通能力以及执行能力。社团活动和学生工作不是个别人能完成的，而是团结合作的力量。在一个团队里，很多时候不是"没有你不行"，而是"有你更好"。担任社团干部是高校师生间的一种信任，更是对学生本人的一种锻炼。从某种意义上说，社团干部应该是思想先进、学习和生活积极的群体，作为一名社团干部，应努力保持自己的先进性。在信息社会中，社团干部应该确立应有的责任：为学生的发展服务，创造和争取更多的机会和平台，助力成长成才。

第三节　社团干部工作能力

高校学生社团干部作为学生中的骨干，是高校思想政治教育和学生管理的核心力量，如何学好专业知识、提升个人修养、提高学生工作质量至关重要。目前，在错综复杂的社会环境下，高校学生社团干部队伍也存在一些问题，社团干部的培养工作也出现了新的挑战，认真探究社团干部队伍存在的问题，着力加强社团干部队伍建设，带领广大青年学生毫不动摇地坚持党的领导，坚定不移地走中国特色社会主义群团发展道路，对高校教育教学管理工作具有重要的意义，也是高校立德树人的根本任务所在。[①]

当前很多高校都缺乏完善的干部激励和培训机制，没有制定具体的社团干部奖惩措施，对工作突出或能力不足的干部，缺乏相应的激励及监督机制，导致一些社团干部工作效率较低，工作质量不高，缺乏动力及压力。因此，高校在社团干部队伍建设中，要加强顶层设计，细化各阶段的工作目标，提升社团干部队伍的专业水平。[②] 社团干部的培养是一个庞大的工程，一个人的学习成绩决定了他所上大学的层次，一个人的能力则决定了他在大学中的发展。担任社团干部给了学生一个发掘和锻炼自己能力的平台。合理提高社团干部能力可以提升社团干部的整体水平。

领导力是社团干部的必备品质，领导力理论是培养优秀高校学生社团干部能力的理论基础。高校学生社团干部作为青年领袖，领导力是不可缺少的能力，"领导力五力模型"为高校学生干部提供了一个较为科学的标准。社团干部在拥有工作热情的同时，也需要提升领导能力，但是由高校学生社团干部自我发展起来的领导能力参差不齐，需要一个共同的标准去衡量和评价其领导能力，"领导力五力模型"不仅是对高校学生干部传统培养模式的理论创新，而且对于指导提升高校学生干部的领导能力也具有非常重要的实践意义。[③] 高校是培养人才的主要场所，是培养社团干部的摇篮。社团干部只有具备领导力等基本素质后，才能够形成人格魅力，在高校大学生中建立较强的威信，能够带领社团成员群体素质的提高。

领导力是一系列行为的组合，而这些行为将会激励人们追随领导，而不是简单的服从。根据领导力的定义，我们发现它存在于我们周围，在管理层，在课堂，在政府，在军队，在上市公司，在小公司乃至在一个小家庭，我们可以在各个层次、各个领域看到领导力，它是我们做好每一件事的核心。

领导力心理学是以心理学为基础、以管理应用为实践、以组织实验为依托，塑造管理者领导魅力的学科。它能重新审视管理者的误区，突破管理瓶颈，改善管理氛围；能培养管理工作中让别人说"是"的能力——让否定、拒绝、抵抗、放弃变成认同、接纳、支持、执行；能应用于领导、管理、沟通、团队、策划、营销等诸多领域。

领导力包含前瞻力、感召力、影响力、控制力和决断力。前瞻力是领导者对未来的

---

① 王德佳. 浅谈高校学生干部的能力培养与素质提升[J]. 当代教育实践与教学研究，2020（8）：132.
② 牛奔. 高校学生干部队伍建设现状及机制创新构建[J]. 产业与科技论坛，2020（19）：274.
③ 任白剑，张海蓉，郑秀详. 高校学生干部培养现状研究——基于"领导力五力模型"理论[J]. 科技经济导刊，2019（1）：157.

预测和把握的能力，以下因素形成了领导者的前瞻力：领导者对行业发展规律的认识，对组织所处宏观环境的判断；领导者对组织利益相关者的期望；领导者立足于环境，对组织的核心能力进行塑造。感召力是领导者最本色的领导力，是吸引被领导者的能力。而在领导力理论中，感召力研究是最经典的特质论研究的核心主题。以下因素构成了领导者的感召力：坚定的信念和崇高的理想；高尚的人格和高度的自信；具有代表一个群体的修养，具有超越常人的大智慧和丰富曲折的阅历；不满足于现状，乐于挑战，对所从事的事业充满激情。影响力是领导者感召力的延伸，是领导者积极主动地对被领导者施加影响的能力。以下因素构成了领导者的影响力：领导者与被领导者进行沟通的方式；领导者对被领导者需求和动机的洞察与把握，并以此对被领导者进行激励；领导者与被领导者之间建立的各种正式与非正式的关系。控制力是领导者有效控制组织的发展方向、战略实施过程和战略成效的能力。以下因素构成了领导者的控制力：确立组织的价值观并使组织的所有成员接受这些价值观；制定组织的规章制度，并通过法定力量保证组织成员遵守这些规范任命；建立强大的信息力量以求了解和驾驭局势，有效解决各种现实的和潜在的冲突以控制战略实施过程。决断力是针对领导过程中的各种问题和突发事件而进行快速和有效决策的能力。以下因素构成了领导者的决断力：对决策资源的把握和利用能力；对决策方法和决策工具的运用能力；对决策时机的把控能力；对决策收益和决策风险的评估和防范能力。[①]

学生社团干部领导力教育的关键与核心是培育大学生的社会责任感，使其具有能够影响他人的领导能力，培养能够主动担当历史使命的青年一代。这与高校培育具有政治意识、大局意识、服务意识、创新意识、合作意识和具备学习能力、策划能力、组织能力、沟通能力、执行能力的社团干部是一脉相承的。

一、学习能力

学习，是指通过阅读、听讲、思考、研究、实践等途径获得知识和技能的过程。学习分为狭义与广义两种。从狭义上讲，是通过观察、理解、探索、实验、实践等手段获得知识或技能的过程，是一种使个体可以得到持续变化（知识和技能，方法与过程，情感与价值的改善和升华）的行为方式，例如通过学校教育获得知识的过程；从广义上

---

① 关加安. NBA主教练史蒂夫·科尔的领导力研究——基于领导力五力模型的分析[D]. 北京：北京体育大学，2019：16-17.

讲，是人在生活中，通过获得经验而产生的行为或行为潜能的相对持久的方式。

学生最重要的任务是学习。作为社团干部，要发挥模范作用，就要树立远大理想，热爱科学，刻苦学习，参与实践，克服困难，全力以赴，取得优异成绩，圆满完成学业。学生不仅要学习专业知识和基本技能，还要积极学习其他课外知识，丰富学识。这就要求大学生们规划好自己的时间，保持旺盛的精力，养成自主学习的习惯，掌握正确的学习方法和技巧，提高学习效率，科学处理学习与学生工作之间的矛盾，具有吃苦耐劳、勇于拼搏的精神。

学习是学生的天职，学习好是优秀社团干部的基本条件之一。社团干部的身份，决定了社团干部一方面在学习内容的广度上，不能满足于专业课的学习，文学、史学、哲学、经济学、法学、管理学、心理学等方面的知识都要涉猎，都要有所了解。另一方面，在学习的深度上，不能满足于对知识的记忆，而应学会掌握分析问题的方法，以培养解决问题的能力。在知识经济时代，知识更新速度日益加快，信息流量越来越大，如何筛选信息、获取知识，取决于持续学习的能力。由于要做学生工作，用于学习的时间可能少于普通同学，因此要提高学习的效率，利用零星时间和别人休息的时间学习。

社团干部在成长中要勇于实践，在实践中增强能力。一个人的能力不是与生俱来的，而是靠后天努力获得的。作为社团干部，在工作中要锐意进取，勇于开拓，要发挥出青年人的昂扬锐气、蓬勃朝气、勇于实践新的想法，在实践过程中，不断学习，不断总结，以提升自己，完善自我，提高自身的综合素质。[①]

二、策划能力

策划，是指积极主动地想办法，定计划。它是一种策略、筹划、谋划或者计划、打算，它是个人、企业、组织为了达到一定的目的，在充分调查市场环境及相关联的环境的基础上，遵循一定的方法或者规则，对未来即将发生的事情进行系统、周密、科学的预测并制订科学的可行性方案。在现代生活中，常用于形容做一件事的计划，或是一种职位的名称。

作为一名社团干部，需要有较好的策划能力。如果没有计划，社团整体的发展可能会不稳定。计划任务决定做什么，为什么，怎么做，何时做，何地做，何人做或哪个部门去做。对活动举行前的前瞻、活动进行中的布置、活动中产生的问题的应急、活动结

---

① 娄延吉等. 高校学生干部应具备的五种能力[J]. 科技创新导报，2009（23）：168.

束的收尾都要有策划和预判，小到一周的计划，大到学校层面的大型活动，都需要完整的计划方案来支撑。

高校校园文化建设的水平取决于社团干部的策划能力。策划能力，是指社团干部根据活动的目标和要求，分析现有条件，整合各种资源，规划设计最佳活动方案的能力，包括思考能力、学习调研能力、创新能力、预见把控能力、书写策划能力等。一个优秀的社团干部应该具有良好的策划活动的能力。

培养策划能力主要表现在两个方面：一是社团干部要具有独特的视角。对于同一件事，每个人都会从不同的角度去看待。社团干部要经常锻炼自己，从独特的角度去发现问题，任何细节都可以成为创意点。不是所有的社团干部一开始就具备这样的素质，而是需要经常在实践中锻炼。二是社团干部要具有开拓性思维。在创造性活动的过程中，思维方式是非常重要的。要破除刻板印象和旧的思维定式，转变思维方式。将封闭思维变为开放思维、将单向思维变为多元思维、将保守思维变为创造性思维。

三、组织能力

组织，从广义上说，是指由诸多要素按照一定方式相互联系起来的系统。从狭义上说，是指人们为实现一定的目标，互相协作结合而成的集体或团体，如党团组织、工会组织、企业、军事组织等。在现代社会生活中，组织是人们按照一定的目的、任务和形式集合起来的社会集团，组织不仅是社会的细胞、社会的基本单元，而且可以说是社会的基础。

社团干部在社团内要把不同个性、不同素质的学生组织起来，合理安排，充分调动大家的积极性，协调大家的活动，团结互助，拧成一根绳，为实现共同目标而努力奋斗，确保决策的落实，这就需要很强的组织能力。事实上，每个人都有成为组织者的潜力，关键在于是否有强烈的责任感和自我意识。社团干部的职责是帮助组织克服工作中面临的困难，保证资源的正常供给，鼓励大家，接受大家真诚的反馈和建议。

做好组织协调工作是社团干部必须具备的一种能力。社团干部以学生为本，为广大学生服务，能否组织好、协调好工作，是获得工作效果的关键。作为高校学生社团干部，要把不同个性、不同素质水平的学生组织起来，充分调动大家的积极性，团结互助，努力实现集体目标，这就要求社团干部具有较强的组织能力。组织能力是各项工作顺利开展的前提，只有具备较强的组织能力，才能有效地安排各项工作，让大家承担相应的、适合自己的工作。在工作中，社团干部往往需要协调同学之间的关系，形成强大的凝聚力，顺利开展工作。同时，社团干部也要协调好自己与同学、教师之间的关系，协调好本部门与其他部门之间的关系，协调好这些关系，是工作顺利开展的必要条件。

社团干部的组织能力主要体现在三个方面：一是原则性，即在工作中坚持原则，按照一定的政治原则、组织原则、工作原则办事。二是不机械地套用原则，而是审时度势，灵活运用这些原则；分清轻重缓急，即在必须处理的各项任务中，有条不紊地逐一处理，避免混乱情况的发生。三是会换位思考，站在他人角度考虑问题，为他人着想能够有助于社团稳定发展。

四、沟通能力

沟通，是人与人之间、人与群体之间思想与感情的传递和反馈的过程，以求思想达成一致和情感畅通。

随着社会的不断发展，作为当代社团干部，除了具备较强的学习、策划、组织能力外，更重要的是具备良好的沟通能力。大量事实证明，一名优秀的社团干部，具有较强的沟通能力尤为重要。它是社团干部与社会各界沟通的重要桥梁，是团队合作的制胜法宝，是有效处理各类任务和突发事件的最佳途径，是工作顺利开展的有效保障。沟通能够避免很多不必要的误会的发生，也能及时地解决已经发生了的问题。良好的沟通技巧可以帮助我们拓宽生活圈子，减少彼此的误解，让我们的身心时时刻刻感到快乐，让学习和生活的氛围更加和谐。拥有良好的沟通技巧需要练习正确的沟通方式，这就需要掌握一定的口语技巧和正确的说话方式。决定一个人交际能力的因素有很多，其中最重要的是语言表达能力。

工作的过程就是人与人之间有效沟通的过程，也是心与心的碰撞过程。良好的沟通能力，犹如润滑剂，能使社团干部与同学之间建立密切关系，为开展工作创造宽松的外部环境，开阔视野，开拓思路，做好工作。

事实上，沟通和协调大多依赖于语言表达，语言表达的艺术会影响沟通效果。倾听时，要虚心、专心、专注，倾听对方讲话的重点，学会控制自己的情绪，耐心倾听对方的陈述，不要在不适当的时候打断对方的讲话。提问时，要选择合适的时间，如不要打断对方的思考或手头的急事；要明确内容，提前思考提问的方式和语气；要有足够的耐心。回答问题有两种策略：一是回答不全，缩小问题范围，或者只回答问题的一部分。

当你不知道答案时，模棱两可和灵活的答案有时是必要的。二是不要马上回答。当对方的问题很尖锐时，不要急于回答，用几声大笑或反问来赢得思考的时间，然后冷静而缓慢地陈述你的观点。

五、执行能力

一般来说，社团干部的执行能力是指社团干部实现预定目标的能力。具体来说，是要求社团干部在具体的学生事务管理过程中，深刻领会学校各项管理工作的思路、方法和程序，积极组织、协调全体学生以适当、有效、高效的方式完成学校布置的任务，达到预期目标，取得良好的预期效果。执行需要社团干部具有果敢的决心和缜密的思考。执行力直接决定着活动的成功与否，光有思想没有行动就如同纸上谈兵，是非常苍白而虚弱的，这不仅需要社团干部在活动中提升个人能力，积累实践经验，也需要学校和指导教师加强引导和传输个人经验。

社团干部队伍是高校学生管理的一支生力军，要充分发挥社团干部队伍的作用，必须提高社团干部的执行力。当前，全国高校正处于加速发展的黄金时期，高校之间的竞争日趋激烈，良好的执行力已成为现代社会衡量人才素质的重要参数之一。提高社团干部的执行力，既是我们学习实践科学发展观的必然要求，又是高校顺利完成各项工作目标的基本保证，更是全面推进大学生素质教育，提高大学生管理水平的必由之路。

培养高校学生社团干部的上述五种能力，既能保证学校、学院、社团建设工作的顺利开展，又能树立社团干部的良好形象，增加社团干部的人格魅力。要成为一名有社团成员支持的合格社团干部并不容易，但只要社团干部重视自己的言行，在学习和工作中不懈努力，提高自身素质和服务意识，掌握更加实用有效的学习和工作方法，必将成为社会和谐发展的重要力量。

第四节　社团干部选用与培养

近年来，随着高校学生社团的迅速发展，社团活动亦丰富多样，是促进大学生全面发展的重要载体之一。学生社团管理作为高校课堂教育的补充和延伸，直接影响着学校教育教学的质量，对塑造学生健康的心理和人格具有决定性的意义。

高校学生社团干部具有较高的思想素质、娴熟的业务素质和较强的能力素质。与其他成员相比，社团干部承担更多的社团日常管理责任。社团干部是管理中重要的决策者和实施者，是管理中学生与教师重要的沟通桥梁，是社团活动的重要组织者，是高校管理的主力军，是广大学生最现实的榜样。因此，在新时期，社团干部的选用和培养就显得尤为重要，要加强对社团干部的培养，使社团更好地发挥育人功能。

一、社团干部选拔聘用

社团干部是学生干部的组成部分，他们活跃在校园各级各类学生社团中，是高校学生社团的主要领导者和重要组织者。由于高校学生社团的非营利性、广泛参与性、群体规范性、教育引导性等特点，社团干部不同于学生会干部、班干部等学生干部，是高校学生干部中的一个特殊群体。基于高校学生社团数量众多的特点，社团干部比普通学生干部人数更多、影响更广，发挥着更为广泛的师生之间的桥梁和纽带作用。他们是学生实现管理、教育、约束、服务的示范者、领导者和实践者。加强社团干部领导能力的培养，使其成为德才兼备的高素质人才，具有十分重要的理论和现实意义。

社团干部的素质直接影响高校学生社团的健康发展。因此，在选拔过程中，考察社团干部候选人的潜力显得尤为重要。这就要求高校团委结合高校学生社团发展的实际，形成科学规范的社团干部选拔制度。同时，在选拔过程中，要充分发挥民主集中制的优势，注重选拔过程的透明度、程序的正规性和结果的公正性，形成良好的社团干部选拔机制，选拔更适合社团建设和发展、更值得培养的优秀社团干部。

◎ **参考案例**

浙江科技学院社团干部选拔聘任制度

第五十三条　社团会长、副会长（主管财务）选举产生程序：

（一）由社团内部讨论提出候选名单，名额至少3人，于换届前一周向挂靠单位提出书面报告，挂靠单位通过提名推荐名额的形式向社团管理中心报批，社团管理中心将对候选人进行资格审查，通过后候选人方可参加选举。

（二）召开有三分之二以上成员参加的成员大会，由成员投票选举，得票超过三分之二者方可获得当选资格，未超过三分之二或得票相同的，必须重新选举。

（三）社团将选举结果于成员大会后7个工作日内报挂靠单位批准，校学生社团管理中心在团委官网对负责人进行公示，7个工作日内无人提出意见后，最终由校团委正式审核批准。

（四）每届会长、副会长（主管财务）任期必须满一年，否则在最终干部考核评定时不予承认，不颁发任职聘用证书，收回所颁发荣誉。

（五）任期已满的会长、副会长（主管财务）须向社团管理中心提交工作总结、个人自评，作为校学生社团管理中心考核和颁发聘用证书的重要材料。做好移交工作（包括固定资产、档案文件、经费情况、支出存根等），并主动邀请校学生社团管理中心做好监督工作。若没在监督下做好移交工作的，校学生社团管理中心有权不予发放聘用证书。

二、社团干部培养使用

社团干部加入社团之初，雄心勃勃，热情高涨，但也存在韧性不足、受挫能力差、过于理想化等情况。这时候，除了提高实际工作能力外，社团干部更重要的是培养自身勤于思考、敢于负责、勇于接受挑战的综合素质，这也为自身提升创新创业能力打下了坚实的基础，有利于个人未来的长远发展。社团干部培养应从以下方面做起。

（一）健全社团干部规章制度

目前，高校在党委领导、团委指导下，都成立了学生社团管理中心。社团干部管理社团，既可以提高学生的积极性，按照学生的意愿发展社团，也不会完全脱离学校，使社团的发展陷入不可控的境地。只有完善高校学生社团各方面的规章制度，高校学生社团才能有序开展各项活动。这就要求高校学生社团管理中心严格按照社团发展的需要，制定或修改学生社团的各项规章制度，包括社团干部的选拔制度、奖惩制度等，以保证社团活动的顺利开展。

（二）完善社团干部评价制度

社团干部对于一个社团来说是极其重要的。社团干部的能力直接决定着社团的兴衰，因此，对社团干部要采取严格的考核机制。对不合格的社团干部进行教育培训甚至淘汰。如果不及时处理，就会有一些社团干部浑水摸鱼，在社团中造成不良影响。一旦蔓延，将影响其他社团干部和社团的发展。

除了培训和淘汰机制，激励机制也非常重要。优秀社团干部的贡献要有时间、事件记录，并纳入年终考核。适当的评价机制可以激发社团干部的工作积极性和责任感，促进社团的健康发展。

（三）加强导师对社团干部的引导培养

社团导师要引导社团干部学习理论知识，培养社团干部的思想素质、道德修养和业务水平，组织开展社团干部培训和群体素质培养，增强社团干部的责任感，提高社团干部的组织凝聚力；引导社团干部克服畏难心理，合理有效地安排时间，积极高效地完成学习任务和社团工作。此外，社团成员要树立合作互利的理念，加强相互学习、共同促进，从中找到社团发展的乐趣。

加强社团干部培养对于引导大学生树立正确的理想信念，激发创新意识，增强自主精神，全面提升综合素质，促进身心和谐发展具有重要意义。社团干部是学校思想教育和学生工作的重要参与者，要大力提高学生的思想素质、道德修养和职业精神，引导学生将理论知识内化为自身的价值观念。

◎　**参考案例**

星辰训练营助力学生社团干部完成角色塑造

2020年7月，疫情高峰后的第一个暑假。浙江省内不少高校刚刚完成了社团干部的新一轮换届。受疫情影响，多数高校未来得及进行新任社团干部的培训工作，新任社团干部对即将到来的迎新、纳新、管理工作既充满了期待，但也有着大量的困惑。此时，星辰训练营就适逢其时地显示出了社会力量协助教育工作的价值。星辰高校精英社长训练营，是一个为高校学生社团干部量身打造的实践训练项目。根据团中央、教育部政策文件，结合数千优秀案例分析，集高校、企业、前辈三大角色资源，借助平台优秀的资源整合和研发能力，星辰训练营形成了"教—学—做"合一的系统化培训体系。

星辰训练营以通识基础课和专业必修课为基础，以月度专业课和项目实践课为进阶，以素质拓展课为补充。通识基础课作为星辰训练营的基础课程，零基础帮助社团负责人认知社团管理的重要性，并逐步拆解社团运营中的制度规范建设、团队建设、日常运营管理、活动运营管理等基础环节，在提供方法论的同时，结合管理学理论学习和思政教育，最大限度地确保学员能在短期内完成合格社团负责人角色的转变。

专业必修课作为通识基础课的延伸，以方法论为核心，针对性地解决社团传承问题，让社团负责人不仅可以完成公有财物、数据材料、制度文件等显性资产的交接，还可以力争实现社会资源、社团文化的传承递延。部分通识基础课内容见表5.1。

表 5.1　部分通识基础课内容

课程主题	课程说明
让社团生活成为你的成长阶梯	从官方的角度，让学员了解到社团在学校中的地位和重要性。重点突出社团负责人的责任，强调其对于社团成员成长和大学生涯的影响。同时，从就业、升学等角度和社团负责人分析，运营好一个社团对其个人未来的帮助和收益，让组织利益和个人利益进行有机绑定。进而促发社团负责人及社团骨干的内驱力，从主观意识上愿意投身社团建设，并付出努力
《高校学生社团建设管理办法》解读	从官方的角度，让学员了解到国家对于社团的定位、规则。结合学校制度和案例，清楚社团运营中的底线，知道能够做什么，不能做什么。从思政角度，提升学员政治觉悟，强化社团属于高校思政建设重要载体的认知。增强学生在政策框架内的主观能动性和正确的是非观，降低学校后续社团运营管理成本
开启领导力之门，成为真正的一社之长	为新任领导者提供所应具备的实用知识和技巧，帮助新晋管理者快速胜任新角色，摆脱迷茫。同时学会选人、带人的正确打开方式。在介绍管理学理论的基础上，结合社团本身的特点，为社团负责人解决社团管理中凝聚力缺失，向心力不足，组织散漫的问题
社团日常运营管理的基础方式和人才培养	为社团管理者分解日常运营的所有环节，包括管理层会议（例会）、全员会议、团建、日常社团活跃度、官媒打造等。并在其中引入各项管理制度和流程，帮助社团规范化运营的同时，让社团负责人了解如何在日常运营中发现人才、培养人才
策划有显性成果的社团活动	项目执行过程中的"留痕"行为，是帮助项目复盘，重启二次项目时一个很重要的动作。素材内容可以作为后续产品宣传时的亮点，也是招新过程中获信的重要砝码。而没有接触过项目的新人，往往在这个环节比较薄弱，不懂也不会在策划项目的过程中考虑如何将项目内容"显性化"
社团文化建设与传承	重点剖析社团文化建设的重要性，通过国内外优秀长寿社团案例，让社团负责人进一步理解社团运营并非一朝一夕，同样可以基业长青。这一过程中，将建设一个具有影响力，可被传承的社团，对于社团负责人个人的价值和意义进一步具象化，放大其已经形成的主动性，在此基础上，提供具有可落地实操的方法论，指导社团负责人零基础落地

通过基础通识课的考核后，筛选出来的精英社团负责人，从社团日常管理的痛点出发进入月度专业课的培训，重点进行纳新、社团活动、沟通、宣传和假期活跃五个核心环节的深度学习，通过理论和实际案例结合的方式，旨在帮助社团负责人成为具备典型自身文化特征和强项目实践能力的优秀社团管理者。部分月度专业课内容见表 5.2。

表 5.2　部分月度专业课内容

课程主题	课程说明
社团纳新攻略	将纳新拆分成包装、宣传、路演、选人四大环节，零基础指导社团负责人学会从纳新准备到最终挑选真正合适的社团成员的方法。结合 HI 校友社团运营管理工具，创新线上纳新方式，解锁"独门"纳新技巧，并通过实际案例，启发学员制定"百团大战"中脱颖而出的路演模式
用 SOP 保障社团活动	帮助学员了解计划与执行的前置必要工作，收集完必要信息后再开始工作；识别任务规划和工作分配中的常见误区；掌握相应的工具和沟通方法，确保任务执行到位，保障任务的有效达成

课程主题	课程说明
高效沟通之术	好的沟通可以事半功倍，高效沟通课程为学员提供了一套有效、易学、易用的互动沟通技巧，帮助学员学会如何在两分钟内介绍自己及社团，如何应对关键对话，如何总结对话关键信息，如何快速和陌生人打交道，如何进行有效会议，如何提升社员和自己的沟通效率等
宣传，让你的社团万众瞩目	指导社团负责人科学建立社团宣传媒体矩阵，帮助社团负责人梳理社团宣传资源，从内外两个不同的角度，了解资源价值。在让社团负责人学习各个平台基础运营方法论和相应的变现方式以外，讲解国家媒体宣传政策，保证社团负责人清晰了解宣传红线和广告法。达成让社团负责人能够以短期宣传、长期积累为出发点，具备正确进行媒体和媒体赞助判断决策，精准指导媒体运营的能力
如何在假期中保持社团活跃度	以轻量、低成本、易操作为原则，从指导社团负责人建立系统性的假期运营规划切入，逐步引导社团负责人了解各类工具和活动结合的方式，配合各类成功案例，启发社团负责人独立思考。最终帮助社团负责人完成假期和学期之间的自然衔接，延续并进一步提升已形成的社团凝聚力和归属感，打破"假期一到，社团停掉"的魔咒

项目实践课作为月度专业课的配套课程，以项目实践为核心，以翻转课堂为教学形式，通过平台的资源和工具配给，帮助社团负责人快速将理论和实践相结合，并从中学习项目复盘的基本方式，增强其实践落地能力。部分项目实践课内容见表 5.3。

表 5.3　部分项目实践课内容

课程主题	课程说明
用专业的方式落地一场社团活动	作为"用 SOP 保障社团活动"的专业课实践延伸课程。平台方给出工具、资源、要求，由学员通过分组讨论、资源整合的方式，出具标准活动方案，并尝试以项目制的方式，按课程要求在各自的社团中进行落地。同时，通过在过程中进度同步、结束后优秀案例分享的方式，让社团负责人不断参与其中，培养分享意识
开启社团的宣传之路	作为"宣传，让你的社团万众瞩目"的专业课实践延伸课程。通过平台引导，协助社团负责人对现有媒体资源进行梳理，按照课程教学的内容，分组讨论，查漏补缺，形成各自社团的媒体建设方案，在平台的资源支持和小组成员的互助下，完成所有官媒平台的首次发声，并基于发声后的结果，进行优秀经验总结和分享
开展真正有序的社团内部沟通	作为"高效沟通之术"的专业课实践延伸课程。通过分组讨论，学员各自出具首次社团全体会议和社团骨干内部沟通会议的策划方案，在分别按计划落地后，进行会议效果总结，对于前方案进行优化改进。如实践过程中存在疑问，可统一提交后，由平台方组织统一答疑
让社团在假期保持活跃	作为"如何在假期中保持社团活跃度"的专业课实践延伸课程。学员在指导教师的引导下，进行头脑风暴，制订结合平台使用的系统化假期运营计划，并策划具有创意、可落地的假期活动方案。结合小组资源，实现活动规模扩大，趣味性提升，影响力增强的目的。平台根据活动方案质量提供资源支撑和宣传支持，协助社团完成最终落地
做好换届让社团传承	作为"如何做好社团换届"的专业课实践延伸课程。学员在指导教师的引导下，出具完整换届执行方案，设定换届执行计划。逐步完成新任社团负责人指定、资料交接、资产交接的全过程，并引导学员推荐新任社团负责人加入到星辰培训中
创造你的社团全新纳新记录	作为"社团纳新攻略"的专业课实践延伸课程。利用平台方的工具、资源，根据课程所学，完成符合自身社团特点的纳新计划设定，并通过过程中的分组讨论反馈，逐步完善后纳新计划，最终进行集体纳新成果盘点，总结经验和教训，形成各自可传承的"纳新指导手册"

素质拓展课以活动为主要教学形式，以星辰软件工具、企业资源为教学支撑，为社团搭建共享互助的大平台，结合学校、企业资源，帮助社团进行跨校活动，拓宽社团视野，进一步融入社会。

2020年暑期班，杭州介子网络科技公司举办星辰训练营，全程通过线上直播完成教学工作，浙江省内40所高校，100个优秀社团，超过150位新任社团干部参加培训。在高校团委书记、企业高管、全国百强社团负责人组成的强大讲师团队的共同努力下，新手干部们从《高校学生社团建设管理办法》的政策解读开始，逐步完成了社团基础管理机制设定、社团活动策划、社团资源获取、社团文化建设传承、领导力入门等在内的社团干部通识基础课的学习，及时弥补了校内教学的空缺，帮助社团干部快速完成管理角色的建立。

中国计量大学念初配音社社团负责人在课后表示："其实，当前社团负责人要把这个位置交给我的时候，我是十分迷茫的，此时得知介子网络组织这样的训练营活动，抱着听听看的心态来参加，但通过这六天的课程，我从各个方面了解了社团该如何发展，并决定在课程结束后开一个社团执委会讨论接下来的发展计划。我对课程中讲到的'一流社团做文化，三流社团做活动'这句话印象深刻，我觉得这句话要在我们今后的社团发展中贯彻下去，本次课程也给我解决了一个非常大的疑惑，就是社团如何争取资源。总而言之非常感谢杭州介子网络能组织这样的培训，给我这个新手社团负责人带来很大的帮助！"

中国美术学院艺术团负责人也说："很荣幸来参加这次训练营，五位嘉宾讲的内容让我受益匪浅，很有针对性，线上直播、互动评论分享有很多有价值的问题值得深思和参考。助教老师也会很贴心地划重点，总结提问，课后作业也是根据当天主题布置，总之，我觉得六天的学习是充实且高效的，很感谢星辰这个平台，让我有机会跟高校社团的优秀负责人交流宝贵的经验和想法，这些都将是我日后进步的推动力。"

三、社团干部考核评比

社团干部具有较强的工作能力和人格魅力，是社团的核心力量，影响着社团活动的开展，甚至直接关系到社团的生存。建设一支高素质的社团干部队伍，是确保社团发展思路清晰、人员构成稳定、凝聚力强的重要保证。选用优秀的社团干部，树立社团干部培训理念，建立社团干部培训工作长效机制，是促进学生成长成才的关键力量，对构建和谐校园具有重要意义。

社团干部考核评比制度有利于加强学校团委自身建设，完善各项管理机制，更有效地开展各项工作、更好地服务同学；有利于进一步增强社团成员的团队协作精神和自我管理意识，充分发挥社团干部的积极性、主动性和创造性，提高学生干部队伍的整体素质，促使社团工作朝着制度化、规范化、系统化的方向发展。

◎ 参考案例

浙江科技学院优秀社团干部考核制度

第九章 优秀学生社团干部的评比

第六十四条 目的：为鼓励和表彰对学校学生社团工作做出突出贡献的社团干部，进一步激发全体社团干部的工作热情，努力为学校社团文化的繁荣和发展发挥更大的作用。

第六十五条 评选条件

（一）坚决拥护党的领导，带头践行社会主义核心价值观，具有较高的政治思想素质，本学年内无违反校纪校规。

（二）担任社团干部至少一年以上（含一年），工作积极负责，在开展创建社团活动和团学工作中取得较大成绩。

（三）具有奉献精神，关心集体，团结同学，热心为同学服务，受到同学的信任和拥护，积极参与或组织校园文化活动，表现突出，能较好地完成上级指派的各项任务。

（四）学习勤奋，成绩优良，原则上本学年内无不合格课程，积极参加体育锻炼，达到学生体育锻炼合格标准。能够以身作则，严格要求自己，自觉遵守校纪校规，个人德智体综合测评分处于全班前列。

第六十六条 评选程序

（一）每年进行一次；

（二）名额由校团委分配给各挂靠单位；按照星级评定的等级向各个社团进行名额划分，五星级社团 3 名、四星级社团 2 名、三星级社团 1 名。

（三）各挂靠单位负责根据评选条件推荐优秀学生社团干部参评并填写浙江科技学院优秀学生社团干部推荐表（见表 5.4）。

（四）校学生社团管理中心审核，并进行公示。

（五）由校团委发文表彰。

第六十七条 每年 4-5 月开展评选工作。

表 5.4　浙江科技学院优秀学生社团干部推荐表

社团名称						
姓名		性别		学号		
专业班级		政治面貌		职务		
个人事迹 （可另附纸，1000 字左右）						
挂靠单位意见	挂靠单位（签名）　　　　　（盖章）　　　年　　月　　日					
社团管理中心意见	社团管理中心（签名）　　　（盖章）　　　年　　月　　日					
校团委意见	校团委（签名）　　　　　　（盖章）　　　年　　月　　日					

第六章

高校学生社团育人模式

————

中共中央、国务院印发的《关于加强和改进新形势下高校思想政治工作的意见》中指出，加强和改进高校思想政治工作的原则之一是坚持全员全过程全方位育人。把思想价值引领贯穿教育教学全过程和各环节，形成教书育人、科研育人、实践育人、管理育人、服务育人、文化育人、组织育人长效机制。全员是指高校教师、行政辅导员、班主任以及党务组织员、后勤服务人员等都在各自的工作中对学生产生影响，直接或者间接地发挥着思想引领的作用。全过程是指从学生入学到毕业的高校生活全时段，是长时间、宽领域的教育过程。全方位则可以理解为"大思政"格局，是涵盖线上线下、课内课外、校内校外的育人领域。教育者需要紧紧把握"三全育人"思想引领的准则，将其贯穿在育人的全过程中。

社团作为学生自发聚集的组织，是高校思想政治教育的重要阵地，其"育人"功能不言而喻。探索社团育人模式是高校学者共同关注的话题。《关于加强和改进大学生社团工作的意见》（中青联发〔2005〕5号）中指出，要把学生社团活动作为学校贯彻党的教育方针，推进素质教育的重要组成部分，以育人功能和活动效果为主要指标，以年度考核为主要方式，综合评价学生社团的活动和建设。探索社团育人功能需要有理论支撑，在育人理论上，学生参与理论和高影响力教育活动理论等都为"三全育人"理念在社团工作中的运用提供了理论支持。美国学者阿斯汀等都对学生参与理论进行了阐述。根据阿斯汀的 I-E-O 模型（input-environment-output，输入—环境—产出模型）以及后续提出的"学习投入"（learning involvement）理论，学生参与理论中输入是指学生在入学前的资质，比如知识储备和自身资源；环境是指大学提供的设备活动以及学生活动经历，这一部分与学生对他所参加的课程和活动等的精力投入有重要联系；产出则是学生受到环境影响后所表现出来的价值观和行为等。[①] 高影响力教育活动的类型是指活动的主题类别，包括本科生科研、社团活动、实习等；高影响力教育活动的内在特征是指学生参与活动的形式或感知到的活动的特点，如能够进行师生互动、合作学习、有学习自由度等。[②] 高校思政工作者要坚持"三全育人"导向，调动多方力量将社团活动打造为高影响力的教育活动。

2019年3月18日，习近平总书记在学校思想政治理论课教师座谈会上进一步强调，我们党立志于中华民族千秋伟业，必须培养一代又一代拥护中国共产党领导和我国社会主义制度、立志为中国特色社会主义事业奋斗终生的有用人才。高校系统作为育人的重要场所，我们需要考虑如何用好第一课堂和第二课堂的育人载体。社团组织作为第二课堂的重要组成部分，在参与主体和活动方式上有其特殊性，在育人上需要坚持"三全育人"的导向，把握"思想引领、能力导向、责任担当、人格健全"的十六字育人原则，通过组织育人、实践育人、文化育人、网络育人、服务育人的路径促进育人作用的发挥（见图6.1）。

图6.1 高校学生社团育人模式

---

① 谷贤林. 大学生发展理论[J]. 比较教育研究，2015（8）：28.
② 许丹东，吕林海，傅道麟. 中国研究型大学本科生高影响力教育活动特征探析[J]. 高等教育研究，2020（2）：60.

　　高校学生社团工作是思想政治教育工作中的重要组成部分，在如何育人上同样遵循"三全育人"的准则。结合社团的特点，社团育人又有着独特的育人空间和路径。2017年，共青团中央、教育部印发《关于加强和改进新形势下高校共青团思想政治工作的意见》（中青联发〔2017〕10号）的通知中指出，加强和改进高校共青团思想政治工作的基本原则应该坚持围绕高校中心工作，服务育人大局，立足工作基础和实际，发挥高校共青团在第二课堂中的独特作用，形成组织育人、实践育人、文化育人、网络育人、服务育人的工作合力。社团组织、实践活动、文化氛围、网络阵地和精准服务构成了社团对学生的"环境"影响。社团是学生因兴趣爱好而结合起来的组织，对学生有较强的吸引力，学生的投入是社团育人的关键因素。以上是本章撰写高校学生社团育人模式的基本逻辑。

　　在社团育人的研究上，一些学者对高校学生社团育人功能进行了研究。谭维智、赵瑞情在《学生社团生活：一种学习的新视野》一书中讲述了学生社团功能的历史性转变和学生社团的学习功能，其中包括自主性与责任感的增长；民主、合作与领导力的提升；个性与社团性的发展。[①] 韩煦在《高校学生社团育人效能的现状分析及其提升对策》中指出，现在高校学生社团建设面临价值引领有效性不足、社团行为与育人目标不匹配、全面育人意识不强、社团育人资源有待拓展等问题，并建议要从社团文化与青年特征出发，在强化价值引领，加强社团管理体系建设，推动社团内部管理制度规范性建设，加强资源供给上提升社团育人效能。[②] 郑爱华在讨论高校学生社团功能时认为，高校应从加强社团管理，繁荣社团文化等方面入手，充分发挥社团的育人功能。[③] 于立军等以天津大学的社团管理建设工作为例，探讨了如何积极发挥优质社团组织的育人功能。[④] 杨飞龙在《高校学生社团隐性育人功能刍议》中倡导，在发挥高校学生社团常规育人功能的同时，教育者要进一步挖掘隐性育人功能，构建高校学生社团隐性育人体系，这对促进高校学生社团的长远发展，培育社会化、高素质、有公民意识的复合型人才具有十分重要的意义。[⑤] 另外，博士学位论文《大学生社团的价值研究》、硕士学位论文《高校学生社团育人功能研究》和《论大学生社团活动育人功能的实现》等都对社团育

① 谭维智，赵瑞情. 学生社团生活：一种学习的新视野[M]. 济南：山东教育出版社，2017：135.
② 韩煦. 高校学生社团育人效能的现状分析及其提升对策[J]. 思想理论教育，2021（1）：108.
③ 郑爱华. 论高校社团育人功能[J]. 湘潭学院学报（社会科学版），2007（5）：170.
④ 于立军，宋雪峰，梁春早. 积极发挥优质学生社团组织的育人功能[J]. 中国高等教育，2005（22）：27.
⑤ 杨飞龙. 高校学生社团隐性育人功能刍议[J]. 东北师大学报（哲学社会科学版），2011（5）：182.

人功能进行了研究。在社团育人模式上，刘鑫渝、高伟在《高校学生社团育人机制对比研究》中认为，发挥高校社团的育人功能要在思想观念上提升对学生社团育人功能的认识，处理好学生社团规范管理与自主发展的关系，支持学生社团的建设与发展。[①] 邸卫敏等在《高校社团育人机制的跨文化研究——对中美高校社团的比较分析》中对比了中美学生社团工作的差异后，指出，要完善政策体系，构建高校社团育人机制政策平台；加强组织领导，健全高校学生社团管理制度；加大资金投入，保证高校社团育人机制良好运行；增强相互交流，强化高校社团育人功能。[②] 在高校学生社团育人不同路径的探讨上，陆凯、杨连生从社团文化育人的思维理性、机制、过程审视等三个方面进行了深入探讨，阐释了濡化、内化、外化——"三重递进循环结构"的社团文化育人路径，提出要辩证把握显与隐、教与学、知与行的内在逻辑关系。[③] 王碧、李素矿在《高校学生社团组织育人探究》中指出，社团组织育人的优化路径是强化党对社团的领导、强化学生社团自身建设和强化学生社团活动质量。[④] 严嘉荣从社团网络育人的角度出发，认为在当前互联网时代大背景下，依托学生社团开展高校大学生网络育人工作已成为一种重要的育人模式。他建议，从完善学生社团的网络功能、整合和优化网络平台资源、科学管理网络平台三方面进行改进，能充分发挥学生社团的优势，彰显网络育人成效。[⑤] 综上所述，研究学者们对社团育人功能和社团育人路径有一定探讨，对文化育人、实践育人、组织育人均有涉猎，总体研究文章不多。但是对网络育人还未有深入研究，对社团服务育人的路径还需要多加挖掘。

第一节　高校学生社团组织育人

高校学生社团是第二课堂中凝聚学生的群众性组织。在这个团体中，学生首先从对社团组织的归属感中获得了成长，社团组织也以其先进性引领着同学们前行，承担着思

---

① 刘鑫渝，高伟. 高校学生社团育人机制对比研究[J]. 中国青年政治学院学报，2011（2）：48.
② 邸卫敏，贾云秀，马沁芳. 高校社团育人机制的跨文化研究——对中美高校社团的比较分析[J]. 河北青年管理干部学院学报，2008（3）：33.
③ 陆凯，杨连生. 以文化人视域下高校学生社团文化育人机制研究[J]. 思想教育研究，2017（9）：101.
④ 王碧，李素矿. 高校学生社团组织育人探究[J]. 学校党建与思想教育，2020（11）：74.
⑤ 严嘉荣. 依托学生社团开展大学生网络育人工作的路径探索[J]. 山东商业职业技术学院学报，2020（2）：61.

想引领的重任。这就是社团育人模式中的思想引领。

一、社团组织育人内涵

组织育人是一个传统的概念。严帅、任雅才在其文章中对高校组织育人的功能、内涵与实施路径进行了分析。他们认为，高校组织育人是指将育人过程依托于组织进行，通过在学生党支部、团支部、班级、社团等形式的集体中，按照一定的目标和要求举办活动，将特定的价值观念、思想理论、道德规范潜移默化地融入其中，直接或间接地影响大学生的世界观、人生观和价值观，促使他们在群体中提升思想道德水平，达到育人目标。[①] 高校学生组织的存在和运行，从根本上说是校园文化的重要组成部分之一，是一种积极的文化现象。它创建并丰富着校园文化，是青年大学生展现精神面貌的载体，校园内的文化本身也引领着大学生成长。由此可见，社团首先是一个具有育人效果的组织，它吸引着志同道合的成员们为这个组织贡献力量。其次，社团运转需要成员们发挥主观能动性，以此对学生产生育人作用。在社团育人作用的发挥上，加强组织育人，强化思想引领是应有之义。目前高校学生社团组织中出现的一些不良风气，需要学校加强思想引导，保障、鼓励学生组织有序健康地发展，在场地、设备、经费等方面予以支持。

二、社团组织育人机制

高校学生社团作为群团组织的重要组成部分，有着鲜明的政治底色。社团作为思想政治教育的阵地之一，有重要的组织育人功能。

（一）社团组织本体育人

社团具备组织的凝聚力和引领力，能够传播正能量、坚定理想信念，在学生的思想政治教育中发挥着积极作用。它对大学生的组织吸纳、组织规范和组织提升有明显的作用。在历史上，学生社团在凝聚青年大学生、培育家国情怀和参与救国报国实践方面发挥了重要作用，奠定了学生社团育人育才的传统和基础。现阶段，学生社团组织是青年大学生在校学习生活的重要内容，是大学生活中富有青春朝气、受到学生认可的集体。高校团委针对社团的管理，设有专门的机构，即社团建设管理评议委员会。共青团中央、教育部印发的《关于加强和改进新形势下高校共青团思想政治工作的意见》中指出，持续深入开展高校共青团学习宣传贯彻习近平总书记系列重要讲话精神"四进四信"活

---

① 严帅，任雅才. 新时代高校学生组织育人的功能内涵与实施路径[J]. 学校党建与思想教育，2019（5）：32.

动，以"四进"为手段，以"四信"为目标，通过讲话精神和治国理政新理念新思想新战略"进支部、进社团、进网络、进团课"，引导帮助大学生坚定中国特色社会主义道路自信、理论自信、制度自信、文化自信，牢固树立对党的科学理论的信仰。其中将进社团单独列出，凸显了社团本体作为育人载体的功能。

高校学生社团形成的初衷和旨归都是育人，暗含着德育、智育、体育、美育、劳育的元素。高校要在学生社团中凸显育人的目标，加强思想政治引领。学生社团对社会发展有着敏锐的把握，能够快速反映时代变化和青年特点。高校要充分发挥这一有利因素，将学生社团作为组织育人的有效触角，积极探索、不断延伸、全面覆盖，提升思想政治教育的效果。现阶段，我国鼓励社团组织建团和创新团建模式，作为基层团组织加强对青年的思想引领的阵地和育人载体。在社团组织育人中的本体层面，浙江中医药大学杏廉社是一个较好的例子。思想政治类社团杏廉社成立于 2011 年，寓意"廉洁之花开杏林"，是面向学生宣传廉政文化的社团组织。杏廉社通过开展廉洁知识竞赛、漫画展、廉政文化节等活动，不断增强广大青年学生的遵纪守法意识，营造风清气正的校园文化环境。它曾连续两年获"全国学生最具影响力理论研究社团"称号，七位社团负责人被评为全国廉洁大使，连续九年获评校五星级社团。结合学校中医药文化特点和社团特色，探索中药方、名中医、名人名言中的廉洁内涵，推出廉心药语系列推文，为讲好中国廉洁故事贡献了一份力量。

（二）社团组织运转育人

在社团组织的运行中，社团干部和成员都需要开拓思维，共同促进社团的发展。社团干部通过组织活动、弹性合作、相互影响等促进了自身组织能力和沟通能力的培养。浙江科技学院对五星级社团干部以问卷形式进行了一次调查，主要是考察大学第二课堂的育人效果。其中，78.75% 的同学选择了增强了沟通能力，73.75% 的同学选择了加强了统筹规划能力。社团成员在自主管理的过程中获得了能力的提高，社团的经历提升了沟通能力和表达能力，发掘了一批有领导力潜质的社团干部，这是社团组织育人的路径之一。71.70% 的成员认为自己活泼开朗，乐于与人交往；55.10% 的成员能够在团队意见不一致时，努力寻求各方认可的方案；超过 40.00% 的同学擅长采用各种方法激励周围的人。其他选项较多的是乐于倾听别人的见解，善于通过沟通来协调人际关系，能够清晰地传达自己的意见和想法以及寻找具有挑战性的工作来检验自己的技能和才干。由此可见，同学们在保障社团正常运行中，初步具备了沟通和面对困难的能力。另有

8.00% 的同学有非常强烈的领导他人的欲望。表 6.1 是外语协会针对社团经历对成员的影响进行的一项调查。

表 6.1　外语协会社团经历对成员的影响

选项	小计 / 人	占比 /%
擅长采用各种方法激发鼓励周围的人	165	41.25
活泼开朗，乐于与人交往	285	71.25
当团队意见不一致时，能够努力寻求各方认可的方案	220	55.00
在同时接受处理多种任务时，能够很快整理出头绪并进行有效的处理	125	31.25
能够清晰地传达自己的意图和想法	150	37.50
有主见并善于做出决断	95	23.75
有强烈的领导他人的欲望	60	15.00
具有很强的说服他人的能力	45	11.25
善于通过沟通来建立人际关系	200	50.00
非常注重个人修养	165	41.25
能够对决策后果负责	115	28.75
乐于倾听不同的见解	255	63.75
寻找具有挑战性的工作来检验自己的技能和才干	130	32.50
本题有效填写人次	400	

社团运作带来的育人效果影响长远，学生社团是培养学生组织能力、锻炼才干、联系社会、走向社会的桥梁和纽带。2014 级浙江科技学院外语协会会长程同学表示："社团创立初期存在着社团建设经验不足的问题，在社团运作过程中，我们学习了管理社团及举办活动的体系和方法，将外语协会建设成了学校优秀社团之一，同时成员们也培养了组织能力和协调能力。目前，我也将社团建设的经验应用在管理班级的工作中，取得了良好的效果。社团中近 50.00% 的学生认为当前的工作和学习受益于在外语协会社团中培养的能力。"我们也可以从表 6.1 中的调查结果可知，在外语协会的经历较好地锻炼了学生的能力，有一定的育人效果。对社团干部的调查统计结果显示，沟通能力、责任心、解决问题的能力都对他们的成长产生了积极的影响。

◎ **参考案例**

中国人民大学青年马克思主义研究会 [①]

中国人民大学青年马克思主义研究会（RUC Youth Marxism Research Association，YMRA，简称"青马研"）是在共青团中国人民大学委员会注册，并受其管理、监督，有组织有纪律的、非营利性、学术性的学生社团，在马克思主义学院和中国人民大学学生社团联合会的指导下开展工作。社团的宗旨是加强对马克思主义的学习和宣传，特别是对马克思主义中国化最新成果的学习和宣传，使广大同学树立马克思主义信仰，特别是树立中国特色社会主义共同理想。青马研自2007年成立以来，对内立足于打造"学习型、服务型、创新型、务实型"组织，注重各职能部门分工负责、协同合作，充分发挥自主创新意识，努力提高自身思想政治素质、科学文化素养及综合能力；对外面向中国人民大学全体本科生、硕博研究生开展活动，积极向会员推出主题鲜明、内容丰富、形式多样、效果突出的各类马克思主义理论、实践或宣讲活动，坚持以"服务同学、推动马研、高效运作、展示形象"为工作目标，积极开展各项学生工作，打造品牌活动，推动校园和谐文化建设。

青马研宣讲团以中国人民大学所具有的马克思主义理论研究优势为基础，立足于理论宣讲，旨在打造有中国人民大学特色的理论宣讲活动，为同学们提供一个展示自我的平台。同时，深入到学校、社区或机关单位，紧密结合现实热点面向学生和社会大众传播正确、科学的马克思主义及其中国化最新理论成果，推动马克思主义中国化、时代化、大众化。青马研宣讲团曾赴海淀区教师进修学校附属实验学校和什刹海社区进行宣讲，并取得了良好的效果。

第二节　高校学生社团实践育人

高校学生社团通过丰富多彩的实践活动全方位培养学生的能力，即社团育人模式中的能力导向。学生在社团实践活动中的积极参与是"高影响力"教育活动的重要内容之

---

① 中国人民大学青年马克思主义研究会[EB/OL]（2019-03-31）[2021-08-17]. https://mp.weixin.qq.com/s/x83Kp8pV0Uer7xFu5cRt0w.

一，能够充分发挥学生的实践能力。

一、社团实践育人内涵

"实践育人"一词最早出现在 2004 年中共中央国务院印发的《关于进一步加强和改进大学生思想政治教育的意见》（简称《意见》）中，《意见》指出，要把理论武装与实践育人结合起来。高校学生社团活动是实施素质教育的重要途径和有效方式，在加强校园文化建设，提高学生综合素质，引导学生适应社会，促进学生成才就业等方面发挥着重要作用。2012 年，教育部等部委联合印发的《关于进一步加强高校实践育人工作的若干意见》中指出，要"加强实践育人工作总体规划""强化实践教学环节"等。可见高校实践育人对大学生思想政治教育、人才培养的重要性。认真组织大学生参加军体训练、社会调查、生产劳动、志愿服务、公益活动、科技发明和勤工助学等实践活动，使大学生在社会实践活动中受教育、长才干、做贡献，增强青年担当。教育者要创新育人方式，给学生以深刻的学习体验。给学生深刻的学习体验是以实践育人理念为本，以实践育人资源、环境和课程为辅，打造"实践感强"的育人模式，课堂由"教师独角戏"转变为"师生大配合"，真正引导学生在实践中得到真知。社团组织的实践活动正发挥了这样的育人作用。通过实践育人，帮助学生认识国情、了解社会、提升自我，让青年学生在了解国情，厚植爱国情怀的过程中提升才干。实践育人是学生将在学校里学到的知识进行能力转化的重要途径之一。通过社团的优质实践活动，能够更好地将学生的能力培养好，与工作后的要求接轨；实践育人要求指导教师队伍率先转型，不仅要能指导学生进行活动，也要能带出实践课堂，打造一支真正能够具有创新发展能力和思维才智的社团团队；实践育人是以实战为导向、以应用为前提，实现贴合社会需求、突出专业特点、适应学生个性发展的目标。

首先，社团的实践活动能够促进知识的转化。古语有云：纸上得来终觉浅，绝知此事要躬行。大学生在第一课堂上学到的知识大部分属于理论知识，通过一定的实践活动，可以更好地把理论知识巩固消化。学生们借助于一定的活动作为媒介，将所学的理论知识运用到生活和工作中，服务于他人和社会，真正发挥知识的价值。社团的实践活动在为成员或者参加活动的学生提供实践平台的过程中引导他们将所学的知识运用到解决实际问题中去。比如高校学生社团开展的支教活动、电器维修活动、大型赛事的服务活动等，都是将自己的专业知识和美好品质在社团活动中体现，实现了社团"实践育人"的作用。

其次，社团的实践活动能够给予同学们成就感和满足感。一项有关"参与社团活动给自身带来最大的满足情况"的调查问卷显示，按高低顺序依次为："自主，做自己喜欢的事情"（27.02%）、"可以全面锻炼自己"（22.69%），"自由，没有过多限制"（16.61%），"对社会现实有更深层次的思考"（16.96%），"对自己的人生有新认识和规划"（16.73%）。以上数据反映了大学生的需求和愿望在参加社团活动的过程中得到了一定程度的满足，并产生了积极影响。

二、社团实践育人机制

社团实践活动是社团成员发挥创造力，培养领导力，增强实践能力的重要育人路径。为了提升社团实践育人效果，笔者认为社团实践应当在活动的丰富性、活动的内容品质以及主体参与等方面谋求发展，形成育人机制。

（一）社团实践活动多样性显创新

一方面，不同类别的社团会举办丰富多样的活动，内容充实，可以满足大学生的需求，锻炼大学生的实践能力。国家倡导高校要开展广泛的社会实践活动，提升活动的覆盖面和专业性，比如依托社团进行社会实践活动，组织进行针对脱贫攻坚、革命老区教育、国防教育等活动，增加大学生们对社会的了解。另一方面，社团活动要把握中心思想，把德智体美劳教育融入活动中，充分挖掘各种有效措施鼓励和强化大学生们参加多样的社团实践文化活动，引导他们积极主动地体验集体文化，固化育人效果。学校应争取机关、企事业单位的实习资源，推荐优秀的社团骨干进行实训，更好地促进社团实践育人。

（二）社团实践内容品质性促提升

高校学生社团的目标应是促进先进文化的发展，社团相关管理者要以此为标准增强社团活动的丰富性，提升社团活动的内容品质。青年学生是国家的希望和民族的未来，在社团活动的内容选择上我们要严格甄选，力求活动精良，用先进文化武装青年学生的头脑，引导社团成员树立正确的人生观、价值观和世界观。要组织内容新颖、符合大学生特点的社团活动，吸引社团成员乐于参加。选择多样性融合的活动，比如融政治性、思想性、知识性、学术性、娱乐性于一体的社团活动内容。在社团活动形式上，我们可以根据活动效果的需要，开展群众性、分散性活动。学生在品质较高的社团活动中，不仅能够感受到集体的力量，也能够接受规范文化的熏陶，进行有深度的思考，脱离"快消费""娱乐化"的泛文化产品。比如各高校中的青年志愿者协会组织的西部支教活动，去福利院、体育赛事服务，关爱农民工子女、环境保护和社区服务等志愿活动，提高了同学们的社会服务意识和服务能力，从而达到实践育人的效果。

（三）社团实践主体参与性育人才

学生社团是学校开展思想政治教育的"中介组织"，是学生与学校之间的桥梁。每个学生社团都有着自己的定位和价值追求，健康、进步的社团目标和活动内容有益地充实了学校的德育工作。因此，教育者应该认识到学生社团在学校思想政治教育中的重要性，更多地发挥其导向功能和育人功能，加强学校教育的效果，拓宽第二课堂的广度。社团成员是社团实践的参与性主体。社团实践活动具有服务性，要有服务学生、服务学校、服务社会的价值目标。社团实践活动是连接学生和社会的平台，一是可以让学生在活动中学会服务，树立服务意识。二是学生能够在为他人、为社会的服务中树立起正确的人生观、价值观，认识到与人相处、与人合作、与人共同生活是学习和工作的重要内容，引导大学生转变以自我为中心的观念，学会与人相处，学会宽容和理解。上述不仅是高校思想政治教育工作的重点，更应当成为高校学生社团的发展目标和建设宗旨。大学生在这些丰富多彩的社团实践活动中提高了自己的做事能力。学生在组织开展和参加活动的过程中锻炼了交往能力、与他人共事的能力、管理和解决冲突的能力以及觉察力、判断力和领导力，这将有利于他们未来的人生发展。社团成员在社团活动中扮演了双重身份。学生社团是学生自己的组织，每位成员可集参与者和组织者于一身。作为社团活动的参与者，大学生在参与各种类型的社团活动中，锻炼了自身各方面能力；作为某一项社团活动的主要组织者，他们的高参与性等同于具有"领导者"的担当在里面，这使大学生在社团管理、社团活动的开展过程中，极大地提高了自身的综合能力，包括管理能力、组织能力、决策和协调能力。

金华职业技术学院提出了打造社团实践育人品牌：做活第二课堂、丰富社团内涵、拓展育人载体。学校支持学生社团建设，学生社团成为复合型人才培养的重要平台。学校现有涵盖思想政治、学术科技、创新创业、文化体育、志愿公益、自律互助六大类注册学生社团 119 个，形成了"大型活动机制化、规模化，中型活动品牌化、学院化，小型活动项目化、社团化"的工作特点。推行精品学生社团培育计划，实施社团学分制度，通过举办校园文化艺术节、社团巡礼月、社团达人秀等形式多样的活动，丰富校园文化生活，拓宽学生视野，促进知识向能力转化，为学生综合素养提升发挥了重要作用。

在对社团干部的访谈中，关于社团实践带来的收获，一位学生干部是这样表述的：一个社团一定是和管理部门、学生干部、普通学生相关联的。我们的社团需要指导教师的监督与指导，这样才能举办更多有意义的活动，更好地帮助同学提高能力，老师有号召力、组织力，在社团遇到问题时，可以及时地给予帮助和指导。社团也需要学生干部的支持，学生干部是学校选出来的相对优秀的同学，对于社团来说必不可少，他们会用更多有创意的、接地气的想法，使社团活动更加符合在校学生的口味。社团需要普通学生的参与，需要大家的支持，活动才会举办顺利，社团活动是为了让在校学生的能力得到提高。参与社团的经历让我认识到我可以更强大，因为它锻炼了我的组织能力和协调能力。

此外，在实践育人方面，部分高校通过实施学分制社团建设增强社团内部创造力。社团学生干部联系导师、商讨培养计划、创设好学分制社团课程课堂。借鉴第一课堂的模式机理，加强与学校相关部门、政府有关职能部门以及社会机构的合作，组织开展第二课堂活动并客观记录、科学认证大学生的参与经历和成果，推动大学生素质拓展工作的规范化、课程化、制度化，发挥高校共青团"第二课堂成绩单"对思想政治理论课第一课堂的积极支持作用，成为学校人才培养的重要内容和学生综合素质评价的重要依据。高校将先进的教学手段、教学方法运用到学分制社团课程教学中去，切实提高课堂教学效果和质量，增强课堂对学生的吸引力。这样的课程与第一课堂课程相比有较大不同。学分制社团课程"混合式"课堂教学模式不仅覆盖了课前、课堂、课后环节，而且融线上与线下教学为一体，真正实现了团学工作资源和专业教学资源的混合，书院制社团可通过品牌活动出色地完成学分制课堂的教学任务。星级制评定给予表现突出、运行出色的社团评奖评优名额，双重指导下的社团发展动力较强。

目前很多高校学生社团在开展实践活动上遇到了一些制约。首先，社团活动经费紧张是很多高校学生社团共同存在的问题，也是相对较为突出的问题，活动经费有限，一定程度上影响了社团发展。其次，社团成员在年级上分布不均，且流动性较大，归属感不强。再次，缺少专业指导教师和对社团干部的培训。这些因素一定程度上限制了社团实践育人作用的发挥。

◎ **参考案例**

"双能并重"促英才 科研竞赛助成长

某高校机械工程协会成立八年来，积极探索"专业＋实践""专业＋创新""专业＋

竞赛"的社团实践管理理念，成立导师团，明确"工程应用能力"与"创新能力""双能并重"的精英人才培养定位，重构基于"多重循环、纵向深化"的课程体系，围绕制造工艺、机械设计和电气控制三个专项能力的培养，以项目化教学形式，通过"课程能力小循环、专项技能中循环、综合技能大循环"的多重循环，从易到难、由点及面、循环往复、螺旋上升，夯实了协会成员的专业基础。导师鼓励协会成员人人参赛、申请专利、参与科研项目。协会成员奖学金获取率达 70% 以上、国家专利获取率达 90% 以上。

协会成员荣获第十四届"西门子杯"智能制造工程设计与应用赛项工业自动化方向全国一等奖；全国职业院校技能大赛高职组数控机床装调与技术改造赛项全国二等奖；《续航科技》作品获"建行杯"第六届国际"互联网＋"大学生创新创业大赛国赛银奖；《新"芯"科技》作品获浙江省第十二届"挑战杯·宁波江北"大学生创业计划竞赛一等奖；等等。累计在各类专业学科、创新技能竞赛共夺得国家级荣誉 5 项、省级荣誉 14 项。

第三节　高校学生社团文化育人

学生进入大学后根据自己的兴趣爱好加入社团组织，在社团中能够获得有益的影响。社团组织对学生产生吸引力的重要因素之一是社团文化。社团文化有助于引导大学生树立正确的世界观、人生观和价值观。

一、社团文化育人内涵

高校学生社团文化，是指在社团活动中所创造的精神财富、文化心理氛围以及承载这些精神财富、文化心理氛围的活动形式和物质形态，是社团物质财富和精神财富的总和。[①] 从实体层面上看，社团文化是通过社团章程、管理制度、队伍建设、社团活动、行为规范展现出来的；从虚拟层面上看，社团文化是通过社团的共同价值理念、成员的价值观、社员表现出来的精神状态等来展现的，这种精神和价值是社团文化的核心与灵魂。这两者相辅相成，互相促进。社团文化是社团的生命力所在，是一种无形的教育资源，随着时代的发展不断更新。优秀的社团文化是社团的高级管理工具，是社团的无形

---

① 何海兵. 论高校社团文化对大学生素质的影响[J]. 湖北社会科学，2002（4）：38.

资产和公信力的表现，会对大学生的思想政治素质、道德素质、专业素质、创新创业能力、实践能力和个体素质等产生影响。不同的社团类别会形成多样的文化。

（一）思想政治类社团打造正气引领的文化

思想政治类社团研究学习马克思列宁主义、毛泽东思想、邓小平理论、"三个代表"重要思想、科学发展观、习近平新时代中国特色社会主义思想以及党章党规等。发挥先进青年学生的榜样引领作用，用青年的语言叙述时代故事，宣讲党的方针政策，更有利于大学生们接受。思想政治类社团在确保高校思想政治教育工作的顺利开展上发挥着极为重要的作用，其文化是积极引领的。

（二）文化体育类社团打造活泼坚毅的文化

文化类社团成员的文学艺术修养普遍较高，例如影音爱好者协会、憩园文学社、舞蹈协会、书画协会、听潮诗社等；体育类社团能够增强身体素质，锻炼同学们的意志，如羽毛球社团、篮球社团以及足球社团等。文化体育类社团为在校学生创造充分展示自我舞台的同时，使在校学生的业余生活变得更加有滋有味、丰富多彩，进一步丰富了校园文化。

（三）志愿服务类社团打造爱心和奉献的文化

志愿服务类社团致力于搭建学生奉献爱心的平台。受精神文明建设步伐日益深入以及全民道德素质日益提高等因素的影响，此类社团呈现出迅猛发展的势头，其影响力也不断扩大，如长安大学希望阵营社团积极参与造血干细胞捐献活动，被评选为全国优秀社团。通过此类志愿服务、公益实践活动，提升了大学生的社会责任感。

（四）学术科技类社团打造严谨务实的文化

学术科技类社团在专业知识基础之上组织诸如科技竞赛、专业探讨、学术交流以及专业讲座等具有学术研究性质的活动，促进学生专业素质及实践能力的进一步提升，拓宽学生的视野及思路。专业性强是其突出特色，这决定了此类社团的文化是严谨务实的。

（五）创新创业类社团打造开拓进取的文化

随着高等教育大众化及教育教学改革的发展，加强学生的创新创业教育是当前高校重要而又紧迫的课题。创新创业类社团应运而生，在促进学生就业创业中发挥着积极的作用。创新创业类社团，是指以创新创业实践活动为目标，以服务学生、提高自己为宗旨，通过开展一系列活动以提高自身的创新创业能力和服务广大学生就业创业的学生社团。创新创业类社团兴起的时间不长，正处于发展的初期阶段，在功能定位上也有一定特点。创新创业类社团主要目标是锻炼学生的创新创业能力，提高学生的就业竞争力，促进和带动全校学生创新创业等。

（六）自律互助类社团打造协助进步的文化

自律互助类社团以"一对一帮扶，共同进步，共同提高"为宗旨，坚持实事求是的科学态度，发扬助人为乐的优良作风，担当畅通学生诉求的责任，搭建学校与学生之间沟通的桥梁。引导学生树立正确的学习观念，学习优秀的学习方法，增强学习力。通过"权益在线"等活动，维护学生的权益，协助创建和谐校园；通过"帮扶"活动加强同学之间的交流，进行思想碰撞，不断创新，提高思维的广度和深度。比如，心理协会通过"525"心理健康活动日、女生节等活动进行心理自助，帮助同学们了解自己，关爱自己。再比如，朗诵与演讲协会奔着提高自身能力的集体目标进行早晚诵读活动，这种文化氛围带动着成员们共同进步。

二、社团文化育人机制

人才培养是教育中的复杂命题，社团组织文化对学生的影响是潜移默化的。笔者团队在对高校学生社团发展的问卷调查中进行了有关社团文化对学生影响的命题设置。在参与问卷的学生中（见表6.2），有91.25%的同学表示社团文化对自己的在校期间的发展或者毕业之后的就业（参加过社团组织的毕业生）有一定的积极影响，8.75%的同学选择了无重大影响，无人选择有一定的消极影响。这证明了社团组织的文化对培育青年学生有一定的作用。

表6.2　社团文化对您的影响

选项	小计／人	比例／%
有一定的积极影响	365	91.25
无重大影响	35	8.75
有一定的消极影响	0	0.00
本题有效填写人次	400	

高校学生社团是社团文化的基本载体。社团文化育人的本质是在大学生与社团文化的互动、交融和影响中，将社团文化内涵逐步转化为自身理想信念、价值追求、道德品行和综合素质的过程。社团文化育人作用的发挥是作为接受主体的大学生与作为接受客体的社团文化相互作用、互相影响的结果，在本质上体现为一种"三重递进循环结

构——濡化、内化和外化"[1]。学生在社团中潜移默化地接受社团文化，对文化有一种初步认知，然后在思考和合作中慢慢认同社团文化，并将它内化在自己的认知中，形成自己价值观的一部分，最后将自己认可的社团文化理念再外化到自己的行动中。这一机制较好地总结了社团文化的育人过程。刘献君在《论文化育人》中写道，文化育人，最终要经过学生自己的选择，融入心理结构，形成自己的思想。学校要尊重学术自由，尊重学生，以一种开放的心态，让学生走入学校的方方面面，走入教师的心灵，走入同学的心灵。[2]总的来说，有扎实的文化基础和丰富的文化底蕴，鼓励学生的文化参与和选择，建立相应的制度促进文化融入，对文化进行心理转化是文化育人的应有之义。

（一）文化育人需要文化基础

社团的繁荣发展经历了种子似的发芽和生长。一个崭新的社团在建立之初必然会经历很多困难。社团管理者在这个过程中有重要的作用，领导一批具有同样志向和激情的人开展活动，积累活动经验，最终凝结成社团文化。社团文化创建之后，需要经过一届届的传承，学长们通过招募得力的后备军，对新会员进行培训，讲解社团章程、制度、组织规范等发扬社团文化。通过换届的仪式感、团队合作的精神和能量等潜移默化地将社团文化传递给成员们。

（二）文化育人需要文化选择

每个青年大学生都有自己的价值观体系。在选择加入社团的时刻，成员们进行了第一轮文化的选择，有加入该社团的意愿，是因为社团的气质与他相符。在与社团管理团队、社团成员的接触中，在参加或者参与举办活动的过程中，社团成员进行了第二轮文化的选择，将社团文化带给他们的自律或积极的影响存储起来。

（三）文化育人需要文化融入

社团成员一般可以加入两个社团，在社团的时间一般持续在一年到两年（也有退出社团的现象存在）。在长时间的社团活动中，成员们不断地在社团中进行文化选择，将社团的文化潜移默化地存储在自己的心理建构中，成为价值观的一部分。

（四）文化育人需要文化转化

这些被融入的社团文化特质已经或多或少地成为成员价值观的一部分。在遇到相同

---

[1] 陆凯，杨连生. 以文化人视域下高校学生社团文化育人机制研究[J. 思想教育研究，2017（9）：101.

[2] 刘献君. 论文化育人[J]. 高等教育研究，2013（2）：8.

的活动或者类似的人员时，心理建构会提取出融入的文化，最终社团文化会外化为成员的行为做法，从而完成转化。

社团的文化育人功能是通过实体层面的社团章程、制度等以及虚拟层面的价值观和共同理念等实现的。为了能够进一步加强社团的文化育人功能，从管理层面看，学生社团还有需要改进的地方。一是要规范社团登记程序。社团的成立必须服从校方管理，有明确的社团宗旨、章程，有一定的活动场地，有稳定的社团成员，有明确的活动计划等。这就保证了社团文化基础的正确性。二是要引导社团开展活动。一方面要支持社团自主开展适应本社团成员实际需要的活动，另一方面又要使社团文化同国家主流文化相适应。有益于学生的身心健康，有益于激发学生的学习热情，启迪智慧，培养创新能力，展现个性。要选聘优秀的师资队伍加强对学生社团的指导，不断推进社团文化创新；与主流文化相背离的要及时纠正和引导，尤其是对有害青年学生身心健康的社团文化要坚决取缔。三是要建立社团管理制度。针对学生社团的特点，高校要结合国家对于社团管理的文件内容，丰富学生社团管理办法，对学生社团的成立、活动方式等以制度的形式加以确定，促使社团文化规范化、制度化。需要强调的是加强对学生社团管理的目的是为了更好地发挥学生社团文化的育人功能。

要积极支持社团负责人开展社团活动，在加强管理和制度建设、规范社团运行的同时，充分发挥教师在社团文化建设中的指导作用，引导社团文化的价值取向。当前高校可以在以下两个方面进行加强：第一点是加强党委的领导，坚持社团文化的社会主义育人方向。高校学生社团文化作为高校校园文化中最具活力、最具影响力的组成部分，是高校青年文化的主要表现形式，是高校精神文明建设的重要组成部分，一定要坚持用先进文化占领社团文化的育人高地，坚持社会主义性质的社团主流文化，并通过各种方式将这种有益的文化传达给每位社团成员。第二点是加强社团工作中的思想政治教育，为高校学生社团文化建设提供有力的政治保障。学生社团在大学生思想政治教育中具有组织优势，能够进一步丰富高校思政教育的内涵，贴近大学生的生活，能够开展同学们喜闻乐见又有引领作用的活动。在这里，对蕴含思想政治教育功能的社团活动形式提出了高要求。社团成员们能够主动参与到社团活动中，这样的高参与度才能够让他们体会到社团文化的魅力，社团文化亦能对他们产生潜移默化的影响。文化的影响达到一定的积累后，社团成员才有可能完成社团文化的外化。

在文化育人上，以体育艺术为方向的社团是很好的例子。北京大学"十佳社团"之一街舞风雷社成立于 2002 年 4 月 26 日，是中国高校成立较早的街舞社团。[①] 经过多年的成长，它已经拥有数千名成员，连续主办多场专场演出，已成为北京大学最受学生欢迎的社团之一。每学期都会有大班、小班、舞队训练等日常活动，并承接校内各种演出，成为校内文艺演出的一个亮点。目前，风雷社拥有三支舞队和一支 breaking 队、一支机械舞队，他们定期进行排练，拥有自编舞蹈 20 多支，承担风雷社的日常表演工作。风雷社的目标是传播街舞文化，给更多同样热爱自由、青春活泼的年轻人提供一个在节奏中释放自我、认识新朋友的空间。成员们在青春激昂的社团文化中感受到的是向上生长、不断学习的力量。

◎ **参考案例**

弘扬传统文化　提升美育素养

某高校点墨书画社成立于 2013 年，社团以工作室为载体，以交流艺术，发展特长，弘扬传统文化为宗旨，以提高社员的书写能力、欣赏能力、艺术修养为目的，开展了各种书画交流、比赛活动以及社会志愿服务。

点墨书画社不仅注重传统书法和国画的教学，更注重全体社员学以致用。2019 年开始，社团参与学校校园文化纪念品的设计和制作工作，完成了一大批特色团扇的绘制。社团成员还走出校园，走进社区、敬老院等地，利用专业特长开展了迎春送福、文化艺术展等一系列艺术文化服务，广受好评。除此之外，社团还注重开展理想信念教育，强化成员们服务国家和社会的意识，在战"疫"期间借助专业优势发挥出了重要的艺术宣传力量。2019 年 1 月，社团获得共青团中央网络影视中心评选的"全国学生最具影响力传统文化社团"荣誉称号。

第四节　高校学生社团网络育人

网络是新时代青年学生们的聚集地，他们在其中获取信息，表达想法，接受着网络生态的影响。社团组织通过新媒体账号发布自己的活动，产生流量效应。社团的网络育

---

① 街舞风雷社[EB/OL].（2015-08-07）[2021-08-17]. https://youth.pku.edu.cn/xywh/hlst/232744.htm.

人效果需要我们加以重视，在引导的过程中培养大学生的责任担当意识。

一、社团网络育人内涵

随着时代的迅速发展，网络已经成为现代人工作生活的必需品，特别是现在的大学生，他们是成长在互联网的一代，学习和生活都离不开网络。所谓"网络育人"，就是通过网络平台来育人，使学生在网络生活中受到教育，即发挥网络在育人育德方面的积极作用。[①] 党和国家层面对网络空间非常重视，2015年，党的十八届五中全会通过的《中共中央关于制定国民经济和社会发展第十三个五年规划的建议》中明确提出实施网络强国战略以及与之密切相关的"互联网 +"行动计划。在这样的背景下，高校的育人工作方式和内容也随着时代的变化而变化。原本隐性存在于校园文化和网上课程中的网络育人，现在需要单独列出来，作为高校育人的重要方面。在笔者看来，网络育人是理论与实践相互影响、相互促进的共同平台，综合了课堂教育、日常管理、发展服务等。网络舆情的应急处置、学生网络舆论的引导、网络社区的建设和网络文化的创建等都是网络育人的内容。它是一个包含了网络技能培训、网络发展引导、网络价值观的树立等丰富内容的系统工程。网络时代的到来日益凸显了网络育人主阵地的重要性。这个阵地既引导受教育者更加辩证地看待网络与现实的世界观教育，也帮助受教育者在网络社会中实现更好地成长和发展。[②] 高校学生社团组织深受学生喜爱，是网络育人的一个重要抓手。很多社团的活动涵盖了线上和线下的宣传和活动媒介。在高校中，思想政治类社团中的新媒体引航社团和自律互助类社团等可以积极地运用好"网络育人"的空间，发挥好社团组织网络育人的功能。

二、社团网络育人机制

网络是一个高度开放的空间，所有人都可以在网上发表言论，需要青年大学生们擦亮眼睛，明辨是非。青年大学生们正是处于世界观、人生观、价值观成熟的时期，容易受到网络空间信息的侵扰，高校必须重视和占领网络高地。社团作为高校组织中的重要一部分，自媒体的运用覆盖面广，依托学生社团建立网络阵地，发挥学生社团的积极作用，能够让社团能量"为我所用"，最大限度地发挥其网络育人功效。一方面要通过

---

① 刘建军. 论高校思想政治工作的育人格局[J]. 思想理论教育，2017（3）：19.
② 蒋广学，张勇，徐鹏. 高校网络育人工作的系统思考与实践探索[J]. 思想政治工作研究，2014（3）：120.

各种有益的社团网络活动引领先进，树立榜样，另一方面社团要严格遵守学校网络平台发布规则，减少网络负面信息的出现，以网络中出现的问题为契机，有针对性地进行整改，发挥网络育人的作用。

（一）思想引领，带动网络正潮流

高校学生社团中多数都会建立自己的自媒体宣传公众号，比如社团微信公众号、微博账号、bilibili 账号等。学生社团组织发布的内容范围广、频率高、数量多，社团活动、成员风采、转载的一些在青年大学生中较为流行的文章都会在各类网络账号上发布。很多社团的公众号具有一定的影响力，有众多关注者。比如北京大学"山鹰社"登山社团、北京师范大学"农民之子"社团等都有一定的社会影响力。青年马克思主义研究会、红船精神研究会等思想政治类社团通过举办党建知识网络挑战赛、学习强国知识网络争霸赛、"我和我的祖国"线上送祝福等活动吸引青年学生们参加，调动大家学习党的理论知识的兴趣。学生社团通过承办网上思政微课和微团课，引导学生去感受中国特色社会主义制度的优越性，感受我们祖国和人民的强大力量，引领理论学习潮流，在网络空间中发出自己嘹亮的声音。

学生社团网络媒体平台应朝着"以全面功能促学生主动参与"的目标构建。高校应积极发挥社团的引领作用，可通过如公众号文章影响力排名的方式对社团的活动和发文进行正向引导。此外，为了更好地发挥社团网络育人的作用，我们需要对社团自媒体平台管理人员进行培训，加强管理人员的互联网理论学习，以免活动内容"鸡汤化"和"娱乐化"。社团新媒体运营人员在上岗前，要充分了解高校及青年当前所处的互联网环境，全面认知互联网管理和使用过程中的风险，认真了解大学生热衷通过社团网络平台开展的各类活动，认真学习社团网络平台管理制度，正确树立"网络育人"观念，用先进的互联网思维来武装头脑。社团负责人要有敏锐的政治意识，及时向老师请教，把握社团内容的正确性和导向性。

（二）严守规则，拒绝网络负能量

一个良好的学生社团网络新媒体平台，应当能满足学生的多种需求，并让他们在第一课堂以外仍能保持参与其中的热情度。为了更好地实现网络育人，规避风险，我们需要对社团网络平台上的负能量和舆论予以关注，可以通过以下措施进行：第一，完善制度，加强管理。针对目前网络空间里与大学生相关的舆论事件，各大高校都加强了对社团自媒体账号的管理，团委或者学生社团建设管理评议委员会建立了信息审核机制，明确了各个环节的负责人，避免学生因为偶有情绪或者追求个性而引发的随意发言或者恶意评论。第二，优化对社团的考核准则。社团自媒体账号的申请、注册和年审纳入学生社团建设管理评议委员会的管理以及对社团的考核之中。学生社团应该建立规范的社团舆论反馈机制，出现比较严重的负向舆情时，学生社团以及相关管理部门都可以及时应对。依托高校学生社团网络平台开展"网络育人"工作具有积极价值，理论上验证了社团网络育人的可操作性，实践中也证明了社团网络育人能够顺畅进行且有一定的作用。着力发挥学生社团的网络育人功能，则必须要从完善学生社团的网络功能、整合和优化网络平台资源、科学管理网络平台这三个方面进行改进。[①] 社团管理者或者学生社团建设管理评议委员会等部门需要对网络平台进行专项关注，通过开设专门的电子邮箱、开通网上匿名投票和留言通道等方式建立流畅的意见反馈通道，有利于社团管理部门及时掌握舆情信息。

网络育人阵地的重要性在抗击新冠肺炎疫情阶段得到凸显，因为不能进行现场活动，很多社团将活动放在了网上。一系列蕴含教育功能的优质活动在钉钉群、腾讯课堂中展开。比如"江苏省大学生职业生涯教育主题月暨南京大学生涯规划嘉年华"采用了大型线上路演，通过微博、bilibili、抖音、斗鱼、快手五大平台同期直播，以多元化的形式契合当代大学生的最新需求。其中，"职引未来"活动，邀请70余位优秀毕业生线上分享求职经验，累计观看逾万人次；"社彩华章"活动，邀请10个就业类学生社团开展线上介绍与展示，线上观看超过5000人次。在这些社团展示活动中，学生们纷纷表示有所裨益，学校里有这样的社团网络就业服务载体让毕业生们对母校有了更多的感恩之情。

◎ **参考案例**

北京大学创新校园 BBS 的网络思政和文化育人功能 [②]

未名 BBS 始建于 2000 年 5 月 4 日，是北京大学历史最久、规模最大的学生自主运行的校内信息交流平台，以其特有的历史传承和文化积淀，为青年成长和学校建设做出了积极贡献。北京大学不断加强对未名 BBS 的科学指导和建设投入，通过虚拟形式凝聚鲜活的文化和教育因素，使其成为育人工作的有效平台。

---

① 严嘉荣. 依托学生社团开展大学生网络育人工作的路径探索[J]. 山东商业职业技术学院学报，2020（4）：64.
② 弘扬十八大精神，唱响网上主旋律，北京大学创新校园BBS的网络思政和文化育人功能[EB/OL].（2013-01-23）[2021-08-17]. http://www.moe.gov.cn/jyb_xwfb/s6192/s133/s134/201301/t20130123_147112.html.

探索建立三级组织管理体系，确保网站政治方向。学校层面成立未名BBS发展委员会，由学校主管领导担任主任，发挥统筹协调作用。青年研究中心作为委员会秘书处，建立有效运行机制，负责具体指导和监管。网络维护和运营主要依靠学生站务组，充分发挥学生自我管理和教育能力。为更加适应当前青年特点，北京大学率先发起成立国内高校BBS类专门学生社团，以进一步加强引导和管理。

系统创新工作理念、思路和措施，提升发展建设水平。北京大学明确提出校园网络管理由"保稳定"向"保稳定、促发展"的思路转变。在日常工作中，化被动监管为主动建设，深入挖掘和积极培育优质资源，系统研究网络社会的理论和实践问题，逐步形成了内容管理育人、综合服务育人、文化环境育人、舆论引导育人的网络思政育人新模式。学生站务组实现"社团模式"转型，拓展网络服务功能和方式，不断加强组织建设、制度建设和文化建设，推进网络青年组织"主流化"进程，切实融入学校发展建设大局。

积极促进网络现实二元互动，凸显网络育人优势。针对育人环境的革命性变化，北京大学不断探索网络化时代的思想政治教育新路径。通过在全国范围调研汲取了丰富案例和一线经验；发挥北京大学多学科优势加强网络科学研究，形成一批丰硕成果，为网络育人创新提供理论先导和行动指南。北京大学将传统评优激励模式引入虚拟网络，积极培育校园网络文化环境、合理引导舆论风气。2012年12月31日，首届北京大学未名BBS风云ID获奖代表受到表彰，网络优秀人物典型首次从虚拟空间走上现实舞台，校园网民个体和集体首次被纳入学校权威评价体系，并得到充分肯定。

未名BBS发展建设取得显著成效，唱响网上主旋律。从网站生命力来看，在新媒体异军突起和高校BBS日渐式微的大环境中，未名BBS依然保持旺盛活力，成为北京大学校园文化传承和创新的重要阵地；从校园功能来看，未名BBS已经成为北京大学师生和校友日常交流的重要信息传播载体和服务形式，并逐步演变成为校园网络问政的有效平台；从舆论环境来看，未名BBS的讨论话题出现根本性转变，正面积极声音成为主流，网友多从建设性立场参与国际国内、社会民生和学校发展的理性探讨，网络环境不断净化；从现实成果来看，未名BBS涌现出大量在公益服务、生活咨询、学习帮扶、权益维护、校务建设、资源共享、文化传承、观念引导等多方面发挥榜样作用的优秀用户，弘扬了党的十八大精神，唱响了网上主旋律。

第五节　高校学生社团服务育人

社团服务育人不仅能够作用于社团成员，也能够通过参与到整个高校系统的服务体系中进行育人，这种潜移默化的影响亦是社团育人的重要方面。

一、社团服务育人内涵

在高校思想政治教育工作中，服务育人指的是在高校工作的各个环节中重视学生服务意识的培养，来达到育德育人的效果。"服务育人"常见于后勤工作的育人机制中，比如刘建军《论高校思想政治工作的育人格局》[1]、江波《对高校后勤服务育人实现路径的思考》[2]以及柯志贤《管理育人 服务育人 环境育人——新时期高校学生公寓工作模式探析》中都认为高校学生公寓应尽可能地为学生提供优质服务，一方面要提高宿舍管理人员的素质，完善宿舍管理员制度，增强服务意识，另一方面要提高社区服务水准，对学生进行贴心服务。[3]这也是"三全育人"中全员育人的具体体现。后勤在服务过程中做到热情周到，给学生以最大的关心和真切的爱护，尽可能多想一步，为学生解决生活中的困难，服务育人润化在生活中，达到育人效果。此外，完善公寓基础设施中的配套服务，如防火防窃安全系统，热水供应，网络设置，等等，无一不关系到给学生家一般的体验。

高校后勤服务是高等学校育人工作的一个重要组成部分。高校是培养人才的基地，高校的工作应该构建"大服务"的格局，一切工作都具有育人功能，各个工作环节都在服务学生、发展学生的能力。领导行政系统、教学管理系统、学生工作系统都应有服务学生的自觉意识，通过自己的工作为学生服务。高校所有工作环节都应该是服务育人体系中的一部分，这个体系中相互联系的各个组成部分进行着服务育人的整体规划和综合协调。

高校学生社团同样具有服务育人的功能，这体现在社团与学校党委、团委、学生社

---

① 刘建军. 论高校思想政治工作的育人格局[J]. 思想理论教育，2017（3）：15.

② 江波. 对高校后勤服务育人实现路径的思考[J]. 学校党建与思想教育，2005（9）：44.

③ 柯志贤. 管理育人 服务育人 环境育人——新时期高校学生公寓工作模式探析[J]. 广西教育学院学报，2009（5）：107.

团建设管理评议委员会、挂靠单位等的相互服务配合上。一是学校组织对社团的服务能够育人。学校党委、团委等管理部门对社团的服务和支持有育人作用。二是社团对成员及参与活动的人员的服务能够育人。社团通过组织活动来实践自己的社团文化，服务于大学生的课外活动，服务于广大参与社团活动的学生。社团组织通过优质的服务和精心的组织安排，让参与其中的学生有所收获，这也是服务育人的重要内涵。

二、社团服务育人机制

江洪明在其关于高校服务育人新体系的研究中认为，构建高校服务育人目标新体系应把大学生的积极性和主动性发挥到最大，把促进大学生的全面、自由发展定为追求的最终目标。充分发挥广大学生的主体性，实现全面自由发展，这是对传统教育目标的一个创新。服务育人必须大力倡导以人为本的现代教育理念。[①] 由此可见，社团服务育人的准则是"以生为本"，结合社团服务育人的内涵，笔者尝试阐述其育人机制。

（一）由上到下，社团管理服务育人

社团组织从注册申请到审核开展活动，是以学生为主体进行的。学生在这个过程中感受到作为负责人和主导者的成就感。在社团年度考核、活动审核、社团干部培训上，学校党委、团委以及相关职能部门、学生社团建设管理评议委员会等组织需要秉承"服务育人"的热情态度和"以生为本"的基本准则，对社团给予相应的关心关爱。高校学生社团在与上级管理部门"沟通"的过程中感受到尊重，从而鼓励发挥他们的积极性和创造性，达到"育人"的目的。学校大多为每个社团配备遴选优秀的指导教师，他们作为社团的参谋为社团的发展提供指导和建议，并以老师的身份积极去为社团争取到经费支持、展演机会、创建活动品牌。这种从上至下的支持制度促进了社团管理的服务育人。高校对学生社团的服务落脚点在"学生"上，对社团的注册手续、活动开展给予热情的服务，社团成员更能发挥其积极性，勇于担当责任。

（二）由点到面，社团组织服务育人

社团组织内部，成员通过交流和沟通，通过文化的聚合和衔接，将社团的能量发挥出来。不同类别的社团活动丰富多彩，一个点上的能量能够爆发出巨大的面上力量。有的承接职能部门的行政任务，进行专业化服务，以浙江科技学院为例，挂靠在人武部的"退伍大学生协会"，能够承担新生军训、日常巡逻工作，展现出积极向上的青年大学生

---

① 江洪明. 构建高效服务育人新体系的思考[J]. 经济与社会发展，2006（10）：206.

风貌；退伍大学生协会能够更好地协助校人武部开展国防教育相关活动以及每年的征兵工作，服务在校入伍和退伍大学生群体。退伍大学生协会延续军中优良传统，克服困难，将军队文化和校园文化相结合，开展丰富的日常活动，靠着社团的凝聚力量，他们获得了大学生军事训练营军事理论考核全国第一名，识图用图全国第一，射击考核二等奖，军事运动会二等奖，歌咏比赛三等奖，防生化考核三等奖，电磁频管控三等奖等重大奖项；通过担任学生教官，组织征兵宣传、参加汇报演出、担任"五四毅行尖刀"等，发挥服务育人的力量。

高校学生社团育人模式分为五个部分。组织育人中，组织本体和组织运转都可以带给学生吸引力和育人影响，兴趣爱好集结的团体对学生有着一定的吸引力，社团成员可以在组织中得到锻炼和能力提升。实践育人中，社团可以从活动的多样性、内容的品质性和主体的参与性上达到育人效果，鼓励学生多参与实践活动。实践出真知，在第二课堂的社团实践活动中，学生可以在规范化的指导下带队走出校园，走进社会，进行多种多样的服务和调研活动，加强学生和社会的连接。文化育人中，社团文化对学生们有潜移默化的影响，他们进行着社团文化的选择，社团文化的融入，并在接受后进行文化的转化。网络育人中，要强调抓住网络意识形态的主阵地，积极运用网络空间，用思想引领带动网络正潮流，守牢规则，拒绝网络负能量。新的形势下网络育人阵地的重要性日益凸显，社团组织的线上活动已经成为较为主流的活动形式。结合新时代高校学生的网络活动特点，高校应依托各类学生组织开展多样化、有意义的线上活动，抓牢网络思想政治工作的阵地。服务育人这一层面是由上到下的社团管理育人，集合学校党委、团委以及相关职能部门的力量。社团是点，由点及面能够发挥育人作用。社团的服务功能能够较好地彰显学生的能力和青春风貌，学生们在奉献中去体会服务的成就和快乐，以自己的力量去为学校、为社会发挥出一点光和热。学校各级部门、指导教师对社团的服务关爱也是提升学生对学校归属感的重要举措之一，能够培养社团学生们对母校的黏性。育人是一个复杂的命题，社团育人的模式仍需要进一步挖掘，我们需要继续深入研究，充分发挥社团育人中每一个要素的作用，将社团的力量蓬勃迸发，让社团的育人效果开花结果。

◎ **参考案例**

基层工作服务协会，发挥社团服务育人功能 ①

浙江大学学生基层工作服务协会，简称"浙大基协"，成立于 2017 年 6 月，是由浙江大学就业指导与服务中心指导的职业发展类、思想政治类学生社团，主要服务有志进入党政机关工作的浙江大学在校学生和在党政机关工作的浙江大学校友。

浙大基协以"秉持家国情怀、奉献服务基层、关注校友发展、搭建交流平台"为使命，深度融入国家选调生战略需求，紧密围绕浙江大学人才培养目标，充分结合选调生校友工作现状，着力推动浙江大学选调生建设事业高质量发展。2019 年，浙大基协联络选调生校友 1000 余名，承接全国各地区选调生宣讲会近 15 场，陪同校领导走访选调校友 3 次，调研各地选调生校友 4 次，多次参与起草领导重要讲话稿，编写学校重要文件，影响力较强。

浙大基协秉承"在服务中提高本领、在奉献中砥砺品质"的工作作风，举办国家公务员考试、事业单位招考等大型研修、培训活动近 15 场，持续联络全国选调生校友，对接清华大学、复旦大学等兄弟高校 20 余所，举办校内政策宣讲 19 场，形成内部调研课题成果，把握最前沿选调动态，"浙大基协"公众号已服务用户超过 11200 人。

服务国家战略，响应政策号召，发扬浙江大学精神，投身基层工作。浙江大学学生基层工作服务协会正在吸引更多同学关注并参与基层工作、正在为促进浙江大学毕业生服务国家战略贡献一份微小的力量、正在把顺应时代大需求的一份"小"工作做得更好。

---

① 根据浙大竟然出了个叫"基协"的组织[EB/OL].（2018-09-16）[2021-08-17]. https://www.sohu.com/a/151214952_201591及浙江大学社团指导中心网站相关内容整理编写。

第七章

高校学生社团评价体系

———

高校学生社团是具有明确发展目标和规范，符合所在学校社团管理条例的群众性组织，是高校校园文化建设的重要载体，是高校第二课堂的重要组成部分，是学生创新精神和实践能力培养和锻炼的重要途径。2020 年，中共教育部党组、共青团中央联合印发了《高校学生社团建设管理办法》，对新形势下高校学生社团的管理提出了新的要求。2020 年，中共中央、国务院印发的《深化新时代教育评价改革总体方案》中明确指出，要充分发挥教育评价的指挥棒作用，引导确立科学的育人目标，确保教育正确发展方向。对于高校育人第二课堂中的社团工作来说，建立一套全面科学、操作性强的社团考核评价体系，以此提高高校学生社团管理水平，已成为摆在高校学生社团工作者面前的重要任务。

当前，国内学生社团考核评价多采用汇报总结、会员满意度调查等主观性评价，定量评价应用较少。近年来，一些高校工作者开始尝试将管理学、统计学中的一些定量分析方法应用于学生社团评价中，研究高校学生社团工作评价的文献也开始逐渐出现，如郑庆秋、何健等建立了一个基于模糊综合评价法的高校学生社团管理系统；[1] 海莉花研究并设计了一个基于模糊评价体系的高校学生社团管理系统，通过自行定义评价对象、评价因素及评价权重，可以有效地对不同类型的高校学生社团进行综合评价；[2] 徐小洲

① 郑庆秋等. 基于模糊综合评价法的高校学生社团管理系统[J]. 电脑知识与技术. 2015（11）：5-7.
② 海莉花. 基于模糊评价体系的高校社团管理系统研究[J]. 电子设计工程. 2019（12）：30-33.

提出由 3 个一级维度、8 个二级维度和 29 个三级评价维度构成的 VPR 三维三级创新创业教育评价的理论结构模型；[1] 申桂芳运用德尔菲法对高校体育社团的组织效能评价进行了两轮专家调查，并采用数理统计法对调查结果进行了归纳处理，以此确定了 30 个评价指标；[2] 陈武强、杨欣等分析了高校学生社团评价体系研究进展及构建，并进行了实证研究；[3] 孙云龙、王海旭等利用 Excel 来解决层次分析法在学生社团评价中的算法过程；[4] 杨帆、李朝阳等通过编制高校学生社团评价问卷，进行编码和分析，最终发现并确定了高校学生社团评价的四因素结构。[5] 从一些学生社团的量化考核方法和指标构建的文献中可以看出，相关学者已经积累了一些方法和经验。但从具体操作层面上来看，这些方法和经验有一定的专业性要求，实操性相对较差，在服务大众群体方面存在劣势，特别是对于无数学或管理学背景的社团工作者来说，其相关的理论操作较难理解和领会。本章拟在相关理论研究基础上，针对社团工作给出一套科学且易操作的量化评价体系，并给予具体算法及实证分析。

第一节　高校学生社团评价理论基础

有效的高校学生社团评价可以提高高校学生社团的管理水平，形成高校学生社团管理闭环，有利于促进社团良性发展。本节将基于复杂系统理论与高等教育元评估理论两个理论角度，建立一套高校学生社团评价体系元评估模型，并提出高校学生社团的评价原则。

一、复杂系统理论

系统理论源于古代朴素的系统思想，经过唯心主义和唯物主义的整合和推进，慢慢演变。20 世纪 40 年代，贝塔朗菲认为系统是相互作用的若干要素的复合体，具备整体

---

① 徐小洲. 创新创业教育评价的VPR结构模型[J]. 教育研究. 2019（1）：83-90.
② 申桂芳. 应用德尔菲法建立高校体育社团的组织效能评价体系[J]. 商丘职业技术学院学报. 2015（5）：129-131.
③ 陈武强等. 高校学生社团评价体系研究[J]. 教育观察. 2020（7）：9-12.
④ 孙云龙等. 基于Excel的AHP层次分析法在学生社团评价中的应用[J]. 现代商贸工业. 2018（2）：104-106.
⑤ 杨帆等. 高校学生社团的学生评价与影响因素[J]. 教育研究. 2015（12）：43-51.

性、开放性、相关性、动态性、层次性、有序性和目的性等一般特征。[①] 维纳的控制论提出，在目的、行为、信息、输入、输出、反馈和控制等基本环节上，执行输入—输出反馈的控制模型。[②] 20世纪六七十年代"新三论"的系统理论开始发展，即超循环论、分形论和混沌理论，它们一起被统称为自组织理论，帮助人们解读组织演化的条件、动力机制、演化形式、演化途径、演化的时空特性以及自组织的结构方法。对于复杂系统理论的探索，使得人们对客观世界的复杂性认识经历了一个由浅入深的过程。比如，系统整体大于部分之和，系统具有一定的结构和功能，系统不断与外界进行物质、能量、信息的交换，系统处在动态发展之中并在平衡态的过程中实现稳定。

二、高等教育元评估理论

高等教育的评价模式主要分为决策中心模式、费用—效果模式、目标游离模式、反对者模式、应答模式以及元评估模式。[③]

决策中心模式：评价的基本目的是为决策服务；评价人员提供决策方案及相关信息；信息采集和信息分析必须服务于决策者的需要。

费用—效果模式：不仅要评价教育方案实施的效果，还要评判方案所需的费用，最大限度地发挥教育资源效益。

目标游离模式：把活动参与者的意图作为评价结论的依据，它被认为是一种更民主的评价模式。

反对者模式：采用准法律过程评审会审议形式，重在听取教育方案和教育活动的争议性意见，尤其是反对者的意见。

应答模式：强调从关心评价活动的所有人的需要出发，通过信息反馈，使活动结果能满足大多数人的需要。

元评估模式：对评价活动、评价系统和评估工具自身进行的评价，强调评估的标准化。

1969年，美国的迈克尔·斯克里文教授首先提出了元评估的概念，他认为元评估是对评估活动、评估系统或评估机制的评价。之后，丹尼尔·斯塔弗尔比姆教授认为元评估是针对评估的实用性、可行性、合理性和准确性，以及系统本质、行为能力、诚信

---

① 贝塔朗菲. 一般系统论[M]. 林康义，等译. 北京：清华大学出版社，1981：1-10.

② 维纳. 控制论[M]. 郝季仁，译. 北京：北京大学出版社，2007：1-20.

③ 陈玉琨. 中国高等教育评价论[M]. 广州：广东高等教育出版社，1993：1-50.

度、受尊重程度和社会责任感等方面的描述和评估信息，并评估整个价值的过程。[1]

元评估的标准分为实用性标准（确保评估为利益相关者服务）、可行性标准（确保评估的效果和效能）、合理性标准（确保评估合法和正确）、准确性标准（确保评估的可靠性和真实性）以及评价问责标准（确保评估有足够的文档记录）。[2]

元评估的方法注重数据的收集、分析以及与评估者的互动，元评估使用的方法主要为要素分析法、问卷调查法、经验总结法、信度鉴定法和效度鉴定法等。

元评估模式重视信息的反馈和控制，系统论在高等教育评估领域中也有广泛的实际应用。元评估模式在高校学科评估中的应用是对高校学科评估活动、学科评估制度、学科评估系统、学科评估机制等进行再评估的一种活动，即元评估是把原评估作为主要评估对象，对原评估活动本身的科学性及社会影响、评估主客体的行为表现等进行价值判断，以期提高原评估品质与效果的高等教育评估活动。《国家中长期教育改革和发展规划纲要（2010—2020年）》提出，鼓励专门机构和社会中介机构对高等学校学科、专业、课程等水平和质量进行评估。

元评估模式在高校学生社团评价体系中的研究和应用较少，因为社团评价体系是一个多因素的复杂系统，各主体均可以形成一个信息收集、发布和反馈系统。元评估模式可以从根本上保证整体评估的有效性、可靠性和准确性。基于元评估模式的高校学生社团评价模型，根据管理、监督指导、综合反馈几个因素，通过各项指标的指向作用，可以从学校层面、管理机构、指导教师、社团内部管理等多个维度进行多维化的互动评价。基于元评估模式，高校学生社团评价体系的设计理念和架构如图7.1所示。

三、高校学生社团评价原则

（一）指标明确，注重实效

社团考核评价体系应为社团规划明确的建设方向，应成为社团工作的行为规范和行动纲领。选取的考核指标应当科学合理，客观公正，指标概念清晰，数据获取容易，同时也要坚持年度考核与日常考核相结合，坚持定量考核与定性考核相结合。

---

[1] Daniel Stufflebeam. Metaevaluation: Concept, Standards and Uses[A]. In R.A.Berk (Eds.). Educational Evaluation Methodology: The State of the Art[M]. Baltimore, MD: Johns Hopkins University, 1969: 125.

[2] Program Evaluation Standards[EB/OL]. (2012-10-30)[2021-08-17]. http://www.jcsee.org/program-evaluation-standards/program-evaluation-standards-statements.

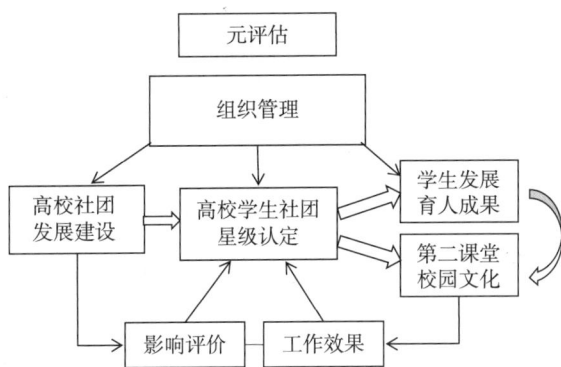

图 7.1　高校学生社团的元评估模式

（二）特色发展，分类引导

对于不同类型的社团，应当针对性地给予鼓励和指导，提倡社团发展自身特色。要大力支持思想政治类、学术科技类社团，积极鼓励创新创业类、志愿服务类社团，正确指导自律互助类、文化体育类社团，规范管理网络新媒体社团，高质量推行学分制社团。

（三）多措并举，实践育人

社团活动是理论学习的扩展，是书本知识的延伸。开展内容丰富的社团活动，引导学生在实践中锤炼自身品格，发展自身兴趣与特长。因此，社团评价也要求社团注重提升自身在育人方面的影响，将影响形式与受益人数等指标纳入社团考核中，充分发挥第二课堂的育人功能。

（四）科学公正，实事求是

社团评价指标始终坚持公平、公正、公开的原则，一切从实际出发，实行科学合理的评价标准和评审流程，对于不同类别的社团，有针对性地进行考核评价。

（五）深化改革，与时俱进

贯彻落实《深化新时代教育评价改革总体方案》精神和共青团改革要求，不断创新社团考核评价办法，及时更新和完善社团评价指标体系，保证社团发展与评价体系建设齐头并进，相得益彰。

第二节　　高校学生社团评价指标设计

新时代高校学生社团评价工作需要对不同类型社团情况进行考量，涉及社团的方方面面，影响指标的因素众多。要评价考核一个体系的整体，需要对该体系进行剖析，逐一寻找特定的可以囊括整体的因素，从而建立完整的指标体系。

一、高校学生社团指标设计原则

（一）科学性原则

科学性原则主要体现在理论和实践相结合，以及保证方法的科学性等方面。既要在理论上站得住脚，又能客观反映评价对象的实际情况。设计评价指标体系时，首先要有科学的理论做指导，使评价指标体系能够在基本概念和逻辑结构上严谨、合理，抓住评价对象的实质，并具有针对性。同时，评价指标体系是理论与实际相结合的产物，是最重要的、最本质的和最有代表性的东西。对客观实际抽象描述得越清楚、越简练、越精准，科学性就越强。

（二）系统优化原则

评价对象必须用若干指标进行衡量，这些指标是互相联系和互相制约的，有的指标之间有横向联系，反映不同程度的制约关系；有的指标之间有纵向关系，反映不同层次之间的包含关系。同时，同一层次指标之间要尽可能地界限分明。减少内在的相互干扰，以免出现有内在联系的若干组、若干层次的指标体系，这也充分体现了指标体系的建立具有很强的系统性。指标数量及体系的结构形式讲究从优原则，即尽量以较少的指标（数量较少，层次较少）去全面系统地反映客观事实，既要避免指标体系过于庞杂，又要避免单因素选择。由于同一层次指标之间存在制约关系，在设计指标体系时，应该统筹兼顾各方面的影响因素，再三权衡后寻求最优解。设计评价指标体系需采用系统的方法，将德尔菲法和层次分析法相结合，由总指标分解成次级指标，再由次级指标分解成次次级指标（通常人们把这三个层次称为目标层、准则层和指标层），并组成树状结构的指标体系，使体系的各个要素及其结构都能满足系统优化的要求。也就是说，通过各项指标之间的有机联系和合理的数量匹配关系，体现出对上述各种关系的统筹兼顾，达到评价指标体系的整体功能最优，充分保证输出结果的科学性、客观性和全面性。

（三）通用可比原则

通用可比性指的是不同时期以及不同对象间的比较，即纵向比较和横向比较。纵向比较指的是同一对象不同时期的对比。评价指标体系要有通用可比性，前提是指标体系和各项指标、各种参数的内涵和外延保持稳定，用以计算各指标相对值的各个参照值（标准值）不变。横向比较指的是不同对象之间的比较，找出共同点，按共同点设计评价指标体系。针对各种具体情况，指标体系的设计要采用调整权重的办法，综合评价各个对象的状况，再加以比较。

（四）实用性原则

实用性原则指的是可行性、简便性和准确性。指标要简化，方法要简便。评价指标体系要繁简适中，计算评价方法要简便易行，即评价指标体系不可设计得太烦琐，在能基本保证评价结果的客观性、全面性的条件下，评价指标体系尽可能简化，减少或去掉一些对评价结果影响甚微的指标。评价指标所需的数据要易于采集，无论是定性评价还是定量评价，其信息来源渠道必须可靠，并且容易取得，否则评价工作难以进行或者代价太大。此外，要严格控制输入数据的准确性和可靠性，以保证结果的精准性。

（五）目标导向原则

评价的目的不是单纯评出名次及优劣的程度，更重要的是引导和鼓励被评价对象向正确的方向和目标发展。考评是管理工作中控制环节的重要内容，采用"黑箱"的方法利用实际成果的评价对被评价对象的行为加以控制，引导其向目标靠近，即目标导向的作用。[①]

二、高校学生社团评价指标体系建立

社团评价指标体系建立过程建议结合使用德尔菲法和层次分析法。德尔菲法（Delphi），也称专家调查法，1946 年由美国兰德公司创始实行，其本质上是一种反馈匿名函询法，其大致流程是在对所要预测的问题征得专家的意见之后，进行整理、归纳和统计，再匿名反馈给各专家，再次征求意见，再集中，再反馈，直至得到一致的意见。该方法是由企业组成一个专门的预测机构，其中包括若干专家和企业预测组织人员，按

---

① 廖泉文. 人力资源考评系统[M]. 济南：山东人民出版社，2018：145.

照规定的程序，背靠背地征询专家对未来市场的意见或者判断，然后进行预测的方法。美国兰德公司在 20 世纪 50 年代与道格拉斯公司合作，研究出有效、可靠的收集专家意见的方法，以 "Delphi" 命名，该方法广泛地应用于商业、军事、教育、卫生保健等领域。

层次分析法是将评价对象或问题视为一个系统，根据问题的性质和要达到的总目标，将问题分解成不同的组成要素，并按照因素间的相互关联度及隶属关系，将因素按不同层次聚集组合，从而形成一个多层次的分析结构系统，把问题条理化、层次化。

笔者根据高校学生社团指标体系设计原则、学生社团指标体系设计的本身特点，在征询熟悉学生社团管理的专家团队，主要包括高校团委社团管理人员、学工书记、社团骨干成员以及社团指导教师等意见的基础上，结合文献查阅，参考高校学生社团的日常考核因素等，形成学生社团考核指标筛选库，并用德尔菲法和层次分析法征询专家对指标修改的意见，最终构建出社团评价的多层次指标体系。

社团评价指标体系结构如表 7.1 所示。

表 7.1 社团评价指标体系

一级指标	二级指标	三级指标
一级指标 A_1	二级指标 B_1	三级指标 C_1
		……
		三级指标 C_p
	……	……
	二级指标 B_i	三级指标 C_q
		……
		三级指标 C_r
……	……	……
一级指标 A_k	二级指标 B_j	三级指标 C_s
		……
		三级指标 C_t
	……	……
	二级指标 B_m	三级指标 C_u
		……
		三级指标 C_n

根据研究对象的不同，指标体系分层如下。

（一）高校学生社团个体评价指标体系

高校学生社团评价方法决定着社团发展的方向。为了更好地规范社团管理，使其更好地服务高校学生，社团负责人及指导教师关注的是所负责社团的建设和发展，因而在社团评价中，管理者首先考虑的是社团个体评价。按照社团管理体系，社团评价主要围绕组织管理、影响评价、工作成效三部分展开。其中，每一部分又可以细化成多个分支，通过德尔菲法和层次分析法，以及专家筛选，最终得出如表 7.2 所示的社团个体评价指标体系。

表 7.2　高校学生社团个体评价指标体系

一级指标 A	二级指标 B	三级指标 C	主要观测点
组织管理 A_1	规章制度 B_1	社团章程 C_1	章程规范，依章治团
		社团制度 C_2	制度健全，落实到位
	组织建设 B_2	组织机构 C_3	组织机构部门健全，设置合理
		会员招新 C_4	有计划规范招新、会员有注册退出管理机制
		干部换届 C_5	有明确的换届制度，且能够规范操作
	运行机制 B_3	计划总结 C_6	计划总结详细，内容翔实，及时上报
		社团会议 C_7	定时召开，记录规范，及时参加社团代表大会
		指导教师 C_8	配备合理，指导全面，效果显著
		财务工作 C_9	经费充足，收支规范合理，按时上报财务情况
		档案管理 C_{10}	妥善保存成员信息和活动记录，并及时上报
	环境建设 B_4	活动场所 C_{11}	有无固定活动场所，场所保持整洁
影响评价 A_2	常规活动 B_5	活动策划 C_{12}	活动目的明确，实施细节全面，安全有保障
		内容形式 C_{13}	形式多样，具有广泛性、创新性、影响力
		活动规模 C_{14}	面向全校（全院、社团内部）的活动
		活动效果 C_{15}	活动开展流畅，社员参与积极，满意度极高
		活动次数 C_{16}	活动次数较多且频度安排合理
		活动安全 C_{17}	无重大安全事故，出校或邀请校外人员活动前向学校报备，安全保障到位
	特色品牌 B_6	特色品牌 C_{18}	形成有一定影响力的特色品牌活动
	创新实践 B_7	创新实践 C_{19}	参与社会实践，志愿服务，并有提升社团创新、创业能力的活动
	课程开发 B_8	课程开发 C_{20}	申请学分制社团，形成具有特色的学分制社团课程
	行为规范 B_9	资源租借 C_{21}	公共场地以及物品租借填写申请表，归还时保证场地清洁、物品完好
		投诉情况 C_{22}	若遭遇投诉，由学校团委裁判是否为有效投诉

续表

一级指标 A	二级指标 B	三级指标 C	主要观测点
工作成效 A_3	社团人数 B_{10}	社团人数 C_{23}	有一定的社团人数
	宣传效果 B_{11}	内部宣传 C_{24}	拥有学校备案的社团网站、微博或公众号并及时更新
		外部宣传 C_{25}	社团活动在校级及以上媒体报道的次数和影响力
	荣誉奖项 B_{12}	荣誉奖项 C_{26}	团体或个人多次获得各级各项荣誉
	科研活动 B_{13}	科研活动 C_{27}	社团成员科研立项，发表论文、专利和设计发布等
	评审展示 B_{14}	评审材料 C_{28}	评审材料真实性、详尽性，制作精美程度
		现场汇报 C_{29}	汇报重点，汇报大纲，语言精练性
	工作满意度 B_{15}	社员满意度 C_{30}	社团成员对社团的认可度和满意度
		外社团满意度 C_{31}	其他社团对社团的认可度和满意度
		学校满意度 C_{32}	学校对社团的认可度和满意度

社团个体评价指标可以针对独立社团进行全面综合的评价，其内容涵盖社团的各个方面，有助于引导社团更好地建设与发展。为了保障社团评价体系的科学性、规范性和实效性，需要在调研、计算后确定各级指标的分配系数，以此建立完整的社团评价指标体系。

（二）高校学生社团整体评价指标体系

针对高校高层管理者来说，着眼点在于学校社团整体的层次水平，因此对所在高校学生社团的整体评价也应运而生。对于学校社团整体评价来说，由于观察的站位点不同，因此指标体系也应随之发生改变，依前文所述评价指标体系的方法，学校领导、社团管理部门、行业内专家等利用德尔菲法和层次分析法筛选建构出如表7.3所示的高校学生社团整体评价指标体系。

表 7.3 高校学生社团整体评价指标体系

一级指标 A	二级指标 B	三级指标 C	主要观测点
组织管理 A_1	规章制度 B_1	社团章程 C_1	章程规范，依章治团
		社团制度 C_2	制度健全，落实到位
	组织建设 B_2	分管校领导 C_3	有校领导全面协调社团工作
		社团管理中心 C_4	成立校级社团管理中心
		二级社团管理中心 C_5	二级学院成立社团管理中心
	运行机制 B_3	社代会 C_6	定期召开社团代表大会
		社团管理中心例会 C_7	社团管理中心定期召开例会
		指导教师 C_8	为社团配备指导教师

一级指标 A	二级指标 B	三级指标 C	主要观测点
组织管理 A_1	运行机制 B_3	经费支持 C_9	有社团工作的专项经费
		档案管理 C_{10}	妥善保存成员信息、活动记录等
	环境建设 B_4	活动场地 C_{11}	为社团提供专门的活动场地
		安全保障 C_{12}	为社团提供安全的活动环境
影响评价 A_2	特色品牌 B_5	特色品牌 C_{13}	届制化的品牌活动
	社会实践 B_6	假期实践项目 C_{14}	寒暑假社会实践项目
		日常实践项目 C_{15}	非假期参与的社会实践项目
		共建实践基地 C_{16}	与学校对接共建的社会实践基地
影响评价 A_2	志愿服务 B_7	志愿服务时长 C_{17}	志愿服务时长
		志愿服务项目 C_{18}	社团参与的志愿服务项目
	创新精神 B_8	创新精神 C_{19}	开展培养创新精神的活动
	创业能力 B_9	创业能力 C_{20}	开展培养创业能力的活动
	课程开发 B_{10}	课程开发 C_{21}	以社团为载体开设有特色学分制社团课程
工作成效 A_3	社团人数 B_{11}	社团人数 C_{22}	参与社团的学生人数
	社团数量 B_{12}	社团数量 C_{23}	适当的社团数量
	宣传效果 B_{13}	校内宣传 C_{24}	拥有学校备案的社团网站、微博或公众号的文章数量、阅读量
		校外宣传 C_{25}	社团活动在校外媒体上报道的数量和质量
	荣誉奖项 B_{14}	荣誉奖项 C_{26}	团体或个人获得的各级各项荣誉数
	科研活动 B_{15}	科研活动 C_{27}	社团团队或个人科研立项、发表论文、专利和设计发布等
	年审展示 B_{16}	评审材料 C_{28}	评审材料真实性、详尽性，制作精美程度
		现场汇报 C_{29}	汇报重点，汇报大纲，语言精练性
	工作满意度 B_{17}	社员满意度 C_{30}	社团成员对社团的认可度和满意度
		社团满意度 C_{31}	社团对学校社团管理工作的认可度和满意度
		学校满意度 C_{32}	学校社团建设管理评议委员会对社团工作的认可度和满意度

运用社团整体评价指标可以对学校社团工作开展的整体情况进行评估，形成一个可供参考的量化指标。

在学生社团评价当中，除了评价指标体系的建构，重点还在于指标因素分量的确定。在当前的社团评价方法中，层次分析法占据主流地位，其不仅应用于指标体系的层次架构，更适用于确定出指标的权重分量。下面介绍该方法的理论知识。

一、层次分析法概述

层次分析法（analytic hierarchy process，简称 AHP）是将决策问题的有关元素分解成目标、准则、方案等层次，在此基础之上进行定性和定量分析的决策方法。该方法是美国运筹学家、匹茨堡大学教授萨蒂于 20 世纪 70 年代初在为美国国防部研究"根据各个工业部门对国家福利的贡献大小而进行电力分配"课题时，应用网络系统理论和多目标综合评价方法提出的一种层次权重决策分析方法。层次分析法是将复杂问题分解为各个组成因素，又将这些因素按支配关系分组形成递阶层次结构（见图 7.2），通过两两成对比较，确定同一层次中诸因素的相对重要性，利用 1～9 比较标度构造成对比较矩阵，计算出成对比较矩阵的特征向量，通过归一化排序和一致性检验，得到各指标相对总目标重要程度的权重值，然后综合起来确定出复杂问题中决策方案相对重要性的总排序。该方法提出来之后，由于它在处理复杂决策问题上的实用性和有效性，多年来它的应用已遍及社会各领域，用于决策、评价、分析、预测，等等。[①]

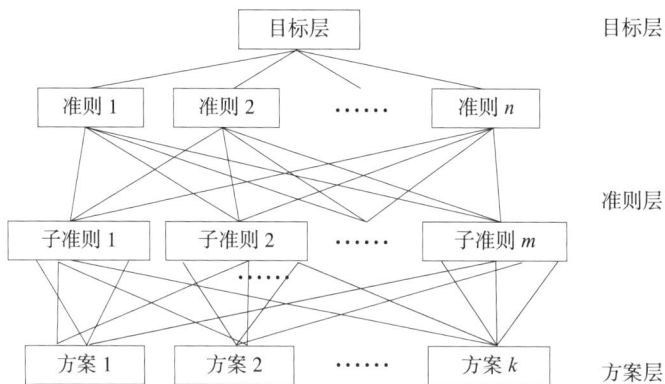

图 7.2 层次结构

---

① 姜启源等. 数学模型[M]. 北京：高等教育出版社，2018：25-50.

二、层次分析法评价应用

（一）理论分析

层次分析法应用于学生社团评价工作的分析如下。

1. 专家小组对评价指标进行重要性比较

由于新建立的社团评价体系中各指标对社团发展的影响力有所差异，通常不易定量地测量，凭人们的知识和经验进行判断，在指标较多时给出的结果往往是不全面和不准确的；如果只是定性的结果，常常不容易被认可。层次分析法的做法，不是把所有指标放在一起比较，而是两两相互对比，采用相对尺度，以此尽可能地减少性质不同的各指标之间相互比较的困难，提高准确度。

例如，要比较某一层 n 个指标 C_1，C_2，$\cdots$，C_n 对上层某一个指标的影响，将该 n 个指标任取两个相互进行比较，根据心理学家的观点，进行成对比较的因素太多，将超出人的判断能力，最多大致在 7 ± 2 的范围，如以 9 个为例，可以用 1～9 尺度表示。根据重要程度不同，专家小组对 1～9 比较尺度赋分（见表 7.4）。

表 7.4　比较尺度 1～9 赋分

尺度 a_{ij}	含义
1	C_i 与 C_j 的影响相同
3	C_i 比 C_j 的影响稍强
5	C_i 比 C_j 的影响强
7	C_i 比 C_j 的影响明显的强
9	C_i 比 C_j 的影响绝对的强
2，4，6，8	C_i 与 C_j 的影响之比在上述两个相邻等级之间
1，1/2，$\cdots$，1/9	C_i 与 C_j 的影响之比为上面 a_{ij} 的互反数

专家小组根据各个指标的重要程度，比较完毕后得到正互反矩阵 $A = (a_{ij})_{n \times n}$，$a_{ij} > 0$，$a_{ij} = \dfrac{1}{a_{ji}}$。

2. 社团评价指标矩阵的一致性检验

怎样由成对比较矩阵确定某一层 n 个指标 C_1，C_2，$\cdots$，C_n 对上层某一个指标的权重呢？

一般的，如果正互反矩阵 A 满足：$a_{ij} \cdot a_{jk} = a_{ik}$（$i$，$j$，$k = 1$，2，$L$，$n$），则 A 称为一致性矩阵。该矩阵满足一致性的 n 阶矩阵的归一化特征向量 w 的每个元素的数值可以

表示为 n 个指标 C_1，C_2，$\cdots$，C_n 对上层某一个指标的权重。

如果正互反矩阵 A 不是一致矩阵，但在不一致的容许范围内，称为通过一致性检验。此时，建议用对应于 A 的最大特征根 λ_{max} 的归一化的特征向量 w 作为权向量，其中，w 满足 $A_w = \lambda_{max} w$。从而为了度量学生社团评价指标权重的可靠性，需要对指标进行一次总体评价。

该一致性检验是基于指标 CI 来实现的，$CI = \dfrac{\lambda_{max} - n}{n-1}$，其中，$\lambda_{max}$ 为正互反矩阵 A 的最大特征根，n 为矩阵阶数，CI 值越小，权重可靠性越高。在对可靠性的定性评价时引入 CR 值作为一致性评价指标：$CR = \dfrac{CI}{RI}$，其中，RI 是随机一致性指标系数，该系数根据矩阵的阶数变化，如表 7.5 所示。

表 7.5　随机一致性指标系数 RI

n	1	2	3	4	5	6	7	8	9	10	11
RI	0	0	0.58	0.90	1.12	1.24	1.32	1.41	1.45	1.49	1.51

注：表中，$n=1$，2 时，$RI=0$，是因为 1、2 阶的正互反矩阵总是一致矩阵。

当 $CR = \dfrac{CI}{RI} < 0.1$ 时，矩阵 A 的不一致程度在容许范围之内，可用其最大特征根的特征向量作为权向量，通过一致性检验；当检验不通过时，要重新进行成对比较，调整正互反矩阵，或者对已有的 A 进行修正。反复进行此操作，对一级指标及其下一层的多级指标进行赋值，直至所有指标获得相应权重。

3. 权向量的组合

将每一层对上一层的权向量，与上一层的权向量进行组合相乘，通过层层权向量组合计算，最终得到最下一层对目标层的权向量，完成评价指标的层次分析，得到相应的权重分量。

4. 数据的获取

指标权重确定之后，接下去就是数据的获取，一般建议采用满意度调查方式，即在评价框架下各个指标观测点的定量化获取。数据获取主要是询问总体样本的主客观效果结果，对评价结果以五级划分，然后通过模糊数学的赋分法则将各个结果转化为数值处理。例如，"非常满意""比较满意""一般""不太满意""不满意"分别对应 100、90、80、70、60 五个数值，这一赋值的过程根据所在高校学生社团评价得分设计，其他学校可根据实际情况修改其赋值的具体数值。

5. 评价结果的计算

将所获得的数据按每项求均值的计算方法求出，再与层次分析中组合后的权向量加权相乘，再求和，最终得到评价结果。

（二）层次分析法在学生社团评价中的简化算法过程

众所周知，用定义计算矩阵的特征根和特征向量是相当困难的，特别是矩阵阶数较高的时候；另外，因为成对比较矩阵是通过定性比较得到的略粗糙的量化结果，对它做精确计算是不必要的，所以完全可以用简便的近似方法计算其特征根和特征向量，常见的有和法、幂法和根法。多数高校学生社团管理者缺乏扎实的计算功底和专业统计学软件操作经验，而层次分析法在使用中需要进行大量烦琐的计算，若评价指标层和指标数增加，计算量会成倍增加，容易出现计算错误或评价结果难以通过一致性检验，进而影响了该方法的普及和推广。因此，有必要对该方法进行合理简化设计，以助力评价工作的推广实施。

Excel 软件作为计算统计功能强大且为高校工作人员熟知的办公软件，其中每一单元格都有其对应所在行和列的标度，类似于矩阵中的每个元素的所在行列。笔者建议考虑用 Excel 作为简化层次分析法操作的工具手段，操作者只要有 Excel 软件就能快速完成某个社团的评价工作，且方便易学。以下介绍具体简化的算法过程。

1. 建立指标体系权重计算表

在评价指标体系确定后，将指标体系列成一个 Excel 表格（以图的格式列举），专家依照表 7.4 对指标的重要性进行比较，按照权重比较打分，然后利用 Excel 软件建立电子表格，编辑各个一级指标权重计算表。本文以 5 个指标为例进行说明，如表 7.6 所示。

表 7.6　指标体系权重计算

序号	A	B	C	D	E	F	G	H	I	J	K
1		指标一	指标二	指标三	指标四	指标五	几何均值	权重 W	加权和	权重之和验算	
2	指标一	1								最大特征值	
3	指标二		1							CI	
4	指标三			1						RI	
5	指标四				1					CR	
6	指标五					1					

2. 编辑权重计算函数

根据层次分析法，由于所编写的矩阵（$B_2 : F_6$）中的数字关于对角线对称数字互为倒数，根据矩阵的正互反性，我们需要将专家对各个指标的相对评分分别输入矩阵（$B_2 : F_6$），即对角线两旁数字互为倒数，例如 B_3 上输入 "$=1/C_2$"，依此类推，填写矩阵对角线左下半部分表格，此时，矩阵已编辑完毕。

对于几何平均数、权重、加权、权重值和验算，λ_{max}、CI、RI 以及 CR 的计算公式如表 7.7 所示。

表 7.7　权重计算公式

单元格	输入公式	对应操作
$G_2 \sim G_6$	= GEOMEAN（$B_2 : F_2$）	求几何平均数，以此类推，$G_3 =$ GEOMEAN（$B_3 : F_3$）等
$H_2 \sim H_6$	= G_2 / SUM（$G_2 : G_6$）	该指标占总指标的权重，以此类推，$H_3 = G_3$/SUM（$G_2 : G_6$）等
$I_2 \sim I_6$	= MMULT（$B_2 : F_2$，$H_2 : H_6$）	计算加权数，因此有，$I_3 =$ MMULT（$B_3 : F_3$，$H_2 : H_6$）等
K_1	= SUM（$H_2 : H_6$）	权重的验算
K_2	= SUMPRODUCT（$I_2 : I_6$ / $H_2 : H_6$ / 5）	特征值的计算，其中指标数 n 为 5
K_3	=（K_2 − 5）/4	$CI = \dfrac{\lambda_{max} - n}{n-1}$（$n$ 为指标数）
K_4	1.12	此为 $n=5$ 时的 RI 值
K_5	K_3 / K_4	$CR = \dfrac{CI}{RI}$

由表 7.7 可以计算出表 7.6 中的所有对应项值，若一致性检验没通过，则回到指标体系中的权重进行重新比较，重新打分，进而修正，直到满足一致性检验标准为止，权重计算表完成。

按此方法，求出所有层间的指标归一化的权重向量。

3. 编辑问卷调查计算表

进行满意度调查后，编辑问卷调查统计表，如表 7.8 所示，计算出 n 个三级指标的平均分值 x_1，x_2，…，x_n，如表 7.8 所示。

表 7.8　满意度调查情况统计

三级指标	非常好	比较好	一般	非常差	平均分
三级指标 C_1					X_1
三级指标 C_2					X_2
……					……
三级指标 C_n					X_n

4. 计算组合权向量

列出组合权向量计算表，如表 7.9 所示。

表 7.9　组合权向量计算

一级指标	指标权重	二级指标	指标权重	三级指标	指标权重	组合权重
一级指标 A_1	w_{A_1}	二级指标 B_1	w_{B_1}	三级指标 C_1	w_{C_1}	$y_1 = w_{A_1} \cdot w_{B_1} \cdot w_{C_1}$
				……		
				三级指标 C_p	w_{C_p}	$y_p = w_{A_1} \cdot w_{B_1} \cdot w_{C_p}$
		……	……	……		……
		二级指标 B_i	w_{B_i}	三级指标 C_q	w_{C_q}	$y_q = w_{A_1} \cdot w_{B_i} \cdot w_{C_q}$
				……		
				三级指标 C_r	w_{C_r}	$y_r = w_{A_1} \cdot w_{B_i} \cdot w_{C_r}$
……		……		……		
一级指标 A_k	w_{A_k}	二级指标 B_j	w_{B_j}	三级指标 C_s	w_{C_s}	$y_s = w_{A_k} \cdot w_{B_j} \cdot w_{C_s}$
				……		
				三级指标 C_t	w_{C_t}	$y_t = w_{A_k} \cdot w_{B_j} \cdot w_{C_t}$
		……		……		
		二级指标 B_m	w_{B_m}	三级指标 C_u	w_{C_u}	$y_u = w_{A_k} \cdot w_{B_m} \cdot w_{C_u}$
				……		
				三级指标 C_n	w_{C_n}	$y_n = w_{A_k} \cdot w_{B_m} \cdot w_{C_n}$

注：$A_1 + L + A_k = 1$；$B_1 + L + B_i = 1$，…，$B_j + L + B_m = 1$；$w_{C_1} + L + w_{C_p} = 1$，…，$w_{C_u} + L + w_{C_n} = 1$。

其中，$L = 2$，3，…，$k-1$。且根据权重向量归一性，得到 $y_1 + L + y_n = 1$，即组合权重向量也是归一的。

5. 计算最终评价结果

组合权向量和平均分值分别相乘求和，利用 Excel 电子表格计算后得到最终某个社团的个体评价结果 z，即：$z = x_1 y_1 + L + x_n y_n$，评价完成。

由于指标权重是通过德尔菲法和层次分析法确定的，不同的社团，对其问卷调查的结果并不一致，从而经过权重加权相乘后，得到不同的百分制的结果，供高校管理者分析考核。

第四节　高校学生社团评价实证分析

利用上述评价方法，对浙江省某高校学生社团的个体和整体评价进行实证分析。利用社团个体评价指标体系，笔者对该高校某社团做量化的个体评价，如下所述。

第一步，列出专家征询评价指标权重矩阵，根据矩阵的正互反性以及表 7.4 的比较尺度 1~9 赋分，请专家根据三个指标的重要性两两对比后，将比值填入右上角数据。例如，第一层有三个评价指标，利用 Excel 建立如表 7.10 所示的评价表。

表 7.10　一级指标对高校学生个体社团重要性评价

指标	组织管理 A_1	影响评价 A_2	工作成效 A_3
组织管理 A_1	1		
影响评价 A_2		1	
工作成效 A_3			1

表 7.10 对应如下矩阵：$\begin{pmatrix} 1 & a_{12} & a_{13} \\ 1/a_{12} & 1 & a_{23} \\ 1/a_{13} & 1/a_{23} & 1 \end{pmatrix}$，其中，对角线元素为 1，且表 7.10 中表格右上角三个单元格对应于矩阵中的 a_{12}、a_{13}、a_{23} 三个元素，与表格中左下角单元格数值互为倒数。

通过 6 位专家对三个指标重要性两两对比后，取平均值，填入 Excel 表格，如表 7.11 所示。

表 7.11　一级指标对高校学生社团个体重要性评价数值

指标	组织管理 A_1	影响评价 A_2	工作成效 A_3
组织管理 A_1	1.00	1.22	1.25
影响评价 A_2	0.82	1.00	1.50
工作成效 A_3	0.80	0.67	1.00

表 7.11 对应矩阵：$\begin{pmatrix} 1 & 1.22 & 1.25 \\ 0.82 & 1 & 1.20 \\ 0.8 & 0.83 & 1 \end{pmatrix}$。

同理，得到其他二级指标对应一级相关指标、三级指标对应二级相关指标的各正互反矩阵，如表 7.12 至表 7.23 所示。

表 7.12　一级指标对高校学生社团个体评价的重要性比较

指标	规章制度 B_1	组织建设 B_2	运行机制 B_3	环境建设 B_4
规章制度 B_1	1.00	2.17	1.69	1.31
组织建设 B_2	0.46	1.00	0.58	1.26
运行机制 B_3	0.59	1.71	1.00	1.19
环境建设 B_4	0.76	0.80	0.84	1.00

表 7.13　二级指标对组织管理重要性的比较

指标	社团人数 B_{10}	宣传效果 B_{11}	荣誉奖项 B_{12}	科研活动 B_{13}	评审展示 B_{14}	工作满意度 B_{15}
社团人数 B_{10}	1.00	0.62	0.51	0.88	0.75	0.51
宣传效果 B_{11}	1.62	1.00	0.70	1.33	1.83	0.92
荣誉奖项 B_{12}	1.95	1.43	1.00	1.83	3.50	1.56
科研活动 B_{13}	1.14	0.75	0.55	1.00	2.81	1.75
评审展示 B_{14}	1.34	0.55	0.29	0.36	1.00	0.76
工作满意度 B_{15}	1.96	1.09	0.64	0.57	1.32	1.00

表 7.14　二级指标对影响评价重要性的比较

指标	常规活动 B_5	特色品牌 B_6	创新实践 B_7	课程开发 B_8	行为规范 B_9
常规活动 B_5	1.00	0.53	1.03	1.01	0.98
特色品牌 B_6	1.88	1.00	1.39	1.37	1.53
创新实践 B_7	0.97	0.72	1.00	1.21	1.03
课程开发 B_8	0.99	0.73	0.83	1.00	1.12
行为规范 B_9	1.02	0.65	0.97	0.90	1.00

表 7.15　二级指标对工作成效重要性的比较

指标	社团人数 B_{10}	宣传效果 B_{11}	荣誉奖项 B_{12}	科研活动 B_{13}	评审展示 B_{14}	工作满意度 B_{15}
社团人数 B_{10}	1.00	0.62	0.51	0.88	0.75	0.51
宣传效果 B_{11}	1.62	1.00	0.70	1.33	1.83	0.92
荣誉奖项 B_{12}	1.95	1.43	1.00	1.83	3.50	1.56
科研活动 B_{13}	1.14	0.75	0.55	1.00	2.81	1.75
评审展示 B_{14}	1.34	0.55	0.29	0.36	1.00	0.76
工作满意度 B_{15}	1.96	1.09	0.64	0.57	1.32	1.00

表 7.16　三级指标对规章制度重要性的比较

指标	社团章程 C_1	社团制度 C_2
社团章程 C_1	1.00	1.39
社团制度 $C2$	0.72	1.00

表 7.17　三级指标对组织建设重要性的比较

指标	组织机构 C_3	会员招新 C_4	干部换届 C_5
组织机构 C_3	1.00	1.20	1.67
会员招新 C_4	0.83	1.00	1.51
干部换届 C_5	0.60	0.66	1.00

表 7.18　三级指标对运营机制高效性的重要性比较

指标	计划总结 C_6	社团会议 C_7	指导教师 C_8	财务工作 C_9	档案管理 C_{10}
计划总结 C_6	1.00	1.17	0.69	1.00	1.33
社团会议 C_7	0.86	1.00	0.58	0.67	0.89
指导教师 C_8	1.44	1.71	1.00	2.25	2.50
财务工作 C_9	1.00	1.50	0.44	1.00	1.17
档案管理 C_{10}	0.75	1.13	0.40	0.86	1.00

表 7.19　三级指标对常规活动重要性的比较

指标	活动策划 C_{12}	内容形式 C_{13}	活动规模 C_{14}	活动效果 C_{15}	活动次数 C_{16}	活动安全 C_{17}
活动策划 C_{12}	1.00	1.73	2.07	0.80	1.93	0.52
内容形式 C_{13}	0.58	1.00	1.67	0.37	1.53	0.38
活动规模 C_{14}	0.48	0.60	1.00	1.47	1.16	0.38
活动效果 C_{15}	1.25	2.73	0.68	1.00	3.20	0.54
活动次数 C_{16}	0.52	0.65	0.87	0.31	1.00	0.37
活动安全 C_{17}	1.93	2.61	2.61	1.86	2.72	1.00

表 7.20　三级指标对行为规范重要性的比较

指标	资源租借 C_{21}	投诉情况 C_{22}
资源租借 C_{21}	1.00	1.17
投诉情况 C_{22}	0.85	1.00

表 7.21　三级指标对宣传效果重要性的比较

指标	内部宣传 C_{24}	外部宣传 C_{25}
内部宣传 C_{24}	1.00	0.42
外部宣传 C_{25}	2.39	1.00

表 7.22　三级指标对评审展示重要性的比较

指标	评审材料 C_{28}	现场汇报 C_{29}
评审材料 C_{28}	1.00	0.99
现场汇报 C_{29}	1.01	1.00

表 7.23　三级指标对工作满意度重要性的比较

指标	社员满意度 C_{30}	外社团满意度 C_{31}	学校满意度 C_{32}
社员满意度 C_{30}	1.00	1.67	0.80
外社团满意度 C_{31}	0.60	1.00	0.71
学校满意度 C_{32}	1.25	1.42	1.00

第二步，利用层次分析法及 Excel 的计算功能，即由表 7.7 权重计算公式，计算出该正互反矩阵的几何均值，归一化的权重 w 加权，权重值和归一化验算 $\lambda_{\max}$、CI、RI 以及 CR 等指标数值。以一级指标重要性评价矩阵为例，为方便起见，直接在前述电子表格基础上进行扩展，做相应运算，为了表述方便，将相应一些数据调整了位置，得到表 7.24。

表 7.24　一级指标对高校学生社团个体重要性评价矩阵一致性检验相关数值

指标	组织管理 A_1	影响评价 A_2	工作成效 A_3	几何均值	权重 W	加权和	权重之和验算	1.00
组织管理 A_1	1.00	1.22	1.25	1.15	0.38	1.15	$\lambda_{\max}$	3.02
影响评价 A_2	0.82	1.00	1.50	1.07	0.35	1.06	CI	0.01
工作成效 A_3	0.80	0.67	1.00	0.81	0.27	0.81	RI	0.58
							CR	0.01

由表 7.24 可知 $\lambda_{\max}=3.02$，$CI=0.01$，$RI=0.58$，$w=\{0.38，0.35，0.27\}$，$CR=0.01$，且 CR 值小于 0.1，矩阵通过一致性检验（若 CR 不满足一致性检验条件，则返回第一步；当矩阵的阶数为 1、2 时是一致矩阵，无须判断一致性）。

同理可算出各二级指标、三级指标重要性评价矩阵一致性检验相关数值表，如表 7.25 至表 7.35 所示。

表 7.25　二级指标对组织管理的重要性评价矩阵一致性检验相关数值

指标	规章制度 B_1	组织建设 B_2	运行机制 B_3	环境建设 B_4	几何均值	权重 W	加权和	权重之和验算	1.00
规章制度 B_1	1.00	2.17	1.69	1.31	1.48	0.36	1.45	$\lambda_{\max}$	4.07
组织建设 B_2	0.46	1.00	0.58	1.26	0.76	0.18	0.75	CI	0.02
运行机制 B_3	0.59	1.71	1.00	1.19	1.05	0.25	1.02	RI	0.90
环境建设 B_4	0.76	0.80	0.84	1.00	0.85	0.20	0.84	CR	0.03

表 7.26　二级指标对影响评价的重要性评价矩阵一致性检验相关数值

指标	常规活动 B_5	特色品牌 B_6	创新实践 B_7	课程开发 B_8	行为规范 B_9	几何均值	权重 W	加权和	权重之和验算	1.00
常规活动 B_5	1.00	0.53	1.03	1.01	0.98	0.89	0.17	0.88	λmax	5.02
特色品牌 B_6	1.88	1.00	1.39	1.37	1.53	1.40	0.28	1.39	CI	0.00
创新实践 B_7	0.97	0.72	1.00	1.21	1.03	0.97	0.19	0.96	RI	1.12
课程开发 B_8	0.99	0.73	0.83	1.00	1.12	0.92	0.18	0.91	CR	0.00
行为规范 B_9	1.02	0.65	0.97	0.90	1.00	0.90	0.18	0.88		

表 7.27　二级指标对工作成效的重要性评价矩阵一致性检验相关数值

指标	社团人数 B_{10}	宣传效果 B_{11}	荣誉奖项 B_{12}	科研活动 B_{13}	评审展示 B_{14}	工作满意度 B_{15}	几何均值	权重 W	加权和	权重之和验算	1.00
社团人数 B_{10}	1.00	0.62	0.51	0.88	0.75	0.51	0.69	0.11	0.67	最大特征值	6.18
宣传效果 B_{11}	1.62	1.00	0.70	1.33	1.83	0.92	1.17	0.18	1.11	CI	0.04
荣誉奖项 B_{12}	1.95	1.43	1.00	1.83	3.50	1.56	1.74	0.27	1.66	RI	1.24
科研活动 B_{13}	1.14	0.75	0.55	1.00	2.81	1.75	1.15	0.18	1.14	CR	0.03
评审展示 B_{14}	1.34	0.55	0.29	0.36	1.00	0.76	0.62	0.10	0.60		
工作满意度 B_{15}	1.96	1.09	0.64	0.57	1.32	1.00	1.01	0.16	0.98		

表 7.28　三级指标对规章制度的重要性评价矩阵一致性检验相关数值

指标	社团章程 C_1	社团制度 C_2	几何均值	权重 W	加权和	权重之和验算	1.00
社团章程 C_1	1.00	1.39	1.18	0.58	1.16	最大特征值	2.00
社团制度 C_2	0.72	1.00	0.85	0.42	0.84	CI	0.00
						RI	0.00
						CR	一致阵无须求解

表 7.29　三级指标对组织建设的重要性评价矩阵一致性检验相关数值

指标	组织机构 C_3	会员招新 C_4	干部换届 C_5	几何均值	权重 W	加权和	权重之和验算	1.00
组织机构 C_3	1.00	1.20	1.67	1.26	0.41	1.23	权重之和验算	1.00
会员招新 C_4	0.83	1.00	1.51	1.08	0.35	1.05	最大特征值	3.00
干部换届 C_5	0.60	0.66	1.00	0.74	0.24	0.72	CI	0.00
							RI	0.58
							CR	0.00

表 7.30　三级指标对运营机制高效性的重要性评价矩阵一致性检验相关数值

指标	计划总结 C_6	社团会议 C_7	指导教师 C_8	财务工作 C_9	档案管理 C_{10}	几何均值	权重 W	加权和	权重之和验算	1.00
计划总结 C_6	1.00	1.17	0.69	1.00	1.33	1.02	0.19	0.98	最大特征值	5.05
社团会议 C_7	0.86	1.00	0.58	0.67	0.89	0.78	0.15	0.76	CI	0.01
指导教师 C_8	1.44	1.71	1.00	2.25	2.50	1.69	0.32	1.64	RI	1.12
财务工作 C_9	1.00	1.50	0.44	1.00	1.17	0.95	0.18	0.92	CR	0.01
档案管理 C_{10}	0.75	1.13	0.40	0.86	1.00	0.78	0.15	0.75		

表 7.31　三级指标对常规活动的重要性评价矩阵一致性检验相关数值

指标	活动策划 C_{12}	内容形式 C_{13}	活动规模 C_{14}	活动效果 C_{15}	活动次数 C_{16}	活动安全 C_{17}	几何均值	权重 W	加权和	权重之和验算	1.00
活动策划 C_{12}	1.00	1.73	2.07	0.80	1.93	0.52	1.19	0.18	1.10	最大特征值	6.30
内容形式 C_{13}	0.58	1.00	1.67	0.37	1.53	0.38	0.77	0.12	0.74	CI	0.06
活动规模 C_{14}	0.48	0.60	1.00	1.47	1.16	0.38	0.76	0.12	0.77	RI	1.24
活动效果 C_{15}	1.25	2.73	0.68	1.00	3.20	0.54	1.26	0.19	1.26	CR	0.05
活动次数 C_{16}	0.52	0.65	0.87	0.31	1.00	0.37	0.57	0.09	0.53		
活动安全 C_{17}	1.93	2.61	2.61	1.86	2.72	1.00	2.01	0.31	1.86		

表 7.32　三级指标对行为规范的重要性评价矩阵一致性检验相关数值

指标	资源租借 C_{21}	投诉情况 C_{22}	几何均值	权重 W	加权和	权重之和验算	1.00
资源租借 C_{21}	1.00	1.17	1.08	0.54	1.08	最大特征值	2.00
投诉情况 C_{22}	0.85	1.00	0.92	0.46	0.92	CI	0.00
						RI	0.00
						CR	一致阵无须求解

表 7.33　三级指标对宣传效果的重要性评价矩阵一致性检验相关数值

指标	内部宣传 C_{24}	外部宣传 C_{25}	几何均值	权重 W	加权和	权重之和验算	1.00
内部宣传 C_{24}	1.00	0.42	0.65	0.29	0.59	最大特征值	2.00
外部宣传 C_{25}	2.39	1.00	1.55	0.71	1.41	CI	0.00
						RI	0.00
						CR	一致阵无须求解

表 7.34　三级指标对评审展示的重要性评价矩阵一致性检验相关数值

指标	评审材料 C_{28}	现场汇报 C_{29}	几何均值	权重 W	加权和	权重之和验算	1.00
评审材料 C_{28}	1.00	0.99	1.00	0.50	1.00	最大特征值	2.00
现场汇报 C_{29}	1.01	1.00	1.00	0.50	1.00	CI	0.00
						RI	0.00
						CR	一致阵无须求解

表 7.35　三级指标对工作满意度的重要性评价矩阵一致性检验相关数值

指标	社员满意度 C_{30}	外社团满意度 C_{31}	学校满意度 C_{32}	几何均值	权重 W	加权和	权重之和验算	1.00
社员满意度 C_{30}	1.00	1.67	0.80	1.10	0.36	1.08	最大特征值	3.02
外社团满意度 $C31$	0.60	1.00	0.71	0.75	0.25	0.74	权重之和验算	1.00
学校满意度 $C32$	1.25	1.42	1.00	1.21	0.40	1.19	最大特征值	3.02
							CI	0.01
							RI	0.58
							CR	0.01

　　第三步，将所有归一化权向量进行组合计算，其中若有上一层指标对应下一层指标是一对一的情况，则其下一层权重直接记为归一值 1。将所有向量组合计算，得到最终的组合权重，如表 7.36 所示。

表 7.36 组合权向量计算数值

一级	权重 W	二级	权重 W	三级	权重 W	专家组合权重
A_1	0.38	B_1	0.36	C_1	0.58	0.08
				C_2	0.42	0.06
		B_2	0.18	C_3	0.41	0.03
				C_4	0.35	0.02
				C_5	0.24	0.02
		B_3	0.25	C_6	0.19	0.02
				C_7	0.15	0.01
				C_8	0.32	0.03
				C_9	0.18	0.02
				C_{10}	0.15	0.01
		B_4	0.20	C_{11}	1.00	0.08
A_2	0.35	B_5	0.17	C_{12}	0.18	0.01
				C_{13}	0.12	0.01
				C_{14}	0.12	0.01
				C_{15}	0.19	0.01
				C_{16}	0.09	0.01
				C_{17}	0.31	0.02
		B_6	0.28	C_{18}	1.00	0.10
		B_7	0.19	C_{19}	1.00	0.07
		B_8	0.18	C_{20}	1.00	0.06
		B_9	0.18	C_{21}	0.54	0.03
				C_{22}	0.46	0.03
A_3	0.27	B_{10}	0.11	C_{23}	1.00	0.03
		B_{11}	0.18	C_{24}	0.29	0.01
				C_{25}	0.71	0.03
		B_{12}	0.27	C_{26}	1.00	0.07
		B_{13}	0.18	C_{27}	1.00	0.05
		B_{14}	0.10	C_{28}	0.50	0.01
				C_{29}	0.50	0.01
		B_{15}	0.16	C_{30}	0.36	0.02
				C_{31}	0.25	0.01
				C_{32}	0.40	0.02

第四步，面向学校社团成员、指导教师、学工线、管理部门，按三级指标的主要观测点做满意度调查问卷 7 份，按"非常满意""比较满意""一般""不太满意""不满

意"，即 A、B、C、D、E 五档分别对应于 100、90、80、70、60 五个数值，求出参与问卷的每个观察点对应指标相应的平均值，如表 7.37 所示。

表 7.37　问卷调查均值计算

问卷 1	问卷 2	问卷 3	问卷 4	问卷 5	问卷 6	问卷 7	问卷平均值
90	90	90	80	90	90	90	88.57
90	90	90	90	80	90	90	88.57
90	80	80	80	100	90	90	87.14
80	80	80	80	100	100	100	88.57
90	90	80	90	90	100	100	91.43
90	90	90	90	100	100	100	94.29
90	90	90	90	100	90	90	91.43
90	90	80	90	100	100	100	92.86
90	90	90	90	90	100	100	92.86
90	90	80	90	100	100	100	92.86
90	90	90	90	100	100	100	94.29
90	90	90	90	100	100	100	94.29
80	80	80	80	100	90	90	85.71
90	90	90	90	100	100	100	94.29
90	90	90	90	90	100	100	92.86
80	80	90	80	90	90	90	85.71
90	90	90	90	100	90	90	91.43
100	100	100	100	100	100	100	100.00
90	80	90	90	100	90	90	90.00
100	100	100	100	100	100	100	100.00
90	90	90	90	100	80	90	90.00
100	100	100	100	100	100	100	100.00
70	70	70	70	70	70	70	70.00
90	90	90	90	90	100	90	91.43
100	100	100	100	100	100	100	100.00
90	90	90	90	90	100	100	92.86
80	80	80	80	90	90	90	84.29
90	90	90	90	100	100	100	94.29
90	90	90	90	100	100	100	94.29
90	90	80	90	90	100	90	90.00
90	90	80	80	80	90	90	85.71
90	90	90	90	90	100	100	92.86

第五步，将表7.36中的32个专家组合权重和表7.37中的32个问卷平均值对应相乘后再求和，得到一个百分制数值，如表7.38所示。

表7.38　加权计算数值

专家组合权重	问卷平均值	加权计算
0.08	88.57	7.00
0.06	88.57	5.04
0.03	87.14	2.50
0.02	88.57	2.18
0.02	91.43	1.53
0.02	94.29	1.76
0.01	91.43	1.32
0.03	92.86	2.89
0.02	92.86	1.63
0.01	92.86	1.33
0.08	94.29	7.31
0.01	94.29	1.05
0.01	85.71	0.62
0.01	94.29	0.67
0.01	92.86	1.10
0.01	85.71	0.46
0.02	91.43	1.73
0.10	100.00	9.75
0.07	90.00	6.08
0.06	100.00	6.41
0.03	90.00	3.02
0.03	100.00	2.87
0.03	70.00	2.02
0.01	91.43	1.32
0.03	100.00	3.46
0.07	92.86	6.78
0.05	84.29	4.06
0.01	94.29	1.22
0.01	94.29	1.23
0.02	90.00	1.37
0.01	85.71	0.89
0.02	92.86	1.55
		92.15

其中，第三列数值是第一列和第二列对应数值的乘积，第三列最后的数值为该数值上面 32 个数值之和，通过 Excel 表格计算之后，得出该社团个体评价量化数值约为 92.15，完成个体社团量化评价。同时，也可以从表 7.38 中分析出社团工作优劣的方面，对下一步工作有指导作用。

对高校学生社团整体评价来说，与个体评价所不同的是指标体系架构的差异，但这并不影响评价的方法，利用同样的方法操作，可计算出对该高校学生社团整体评价的量化数值约为 94.53。

通过分析社团考核评价体系的指标和权重可以发现，评价体系可以很好地体现管理者的管理理念，集中体现了当前管理者对学生社团的评价具有以学生为中心，夯实制度化建设，注重过程化管理，加强社团文化和内涵建设，强化学生参与感和获得感，重视学生社团发挥实践育人和隐性育人作用的价值导向。

总之，社团的评价工作是社团建设必不可少的一个环节，通过建立全面科学、操作性强的社团评价体系，可以更加高效地指导和管理学生社团，及时发现社团值得肯定、有待提高、亟须完善的方面，从而对社团进行有针对性的指导与提升，实现整个社团建设的闭环管理。在运用本评价体系指导学生社团建设时，高校应明确思想政治教育成效在学生社团评价中的指导性地位，从而发挥学生社团实践育人和隐性育人的作用。由于社团个体评价的对象包含了思想政治类社团、志愿服务类社团、文化体育类社团等不同类型，因建设与发展的侧重点不同，在考核时，个体评价体系中的指标权重需要一定程度的微调，以保证其科学性。本章有关社团评价的方法采用了系统评价的方式，其中的评价指标体系并不唯一，也可以根据地域差异、高校自身特色及发展目标的不同，对相应参数或权重做调整，以满足不同的需求，从而实现高校学生社团科学评价、精准建设、良性发展的目标。

附件：社团满意度调查问卷

一、所在社团满意度调查

1. 你对社团章程规范，依章治团是否满意？（　　　）

    A 非常满意　　　B 比较满意　　　C 一般　　　D 不太满意　　　E 不满意

2. 你对社团制度健全，落实到位的程度是否满意？（　　　）

    A 非常满意　　　B 比较满意　　　C 一般　　　D 不太满意　　　E 不满意

3. 你对社团组织机构部门健全，设置合理是否满意？（　　　）

    A 非常满意　　　B 比较满意　　　C 一般　　　D 不太满意　　　E 不满意

4. 你对社团会员招新计划、规范招新的情况是否满意？（　　　）

    A 非常满意　　　B 比较满意　　　C 一般　　　D 不太满意　　　E 不满意

5. 你对社团干部换届能有明确的制度，且能够规范操作是否满意？（　　　）

    A 非常满意　　　B 比较满意　　　C 一般　　　D 不太满意　　　E 不满意

6. 你对社团计划总结详细，内容翔实，及时上报是否满意？（　　　）

    A 非常满意　　　B 比较满意　　　C 一般　　　D 不太满意　　　E 不满意

7. 你对社团会议能定时召开，记录规范，及时参加社团代表大会是否满意？（　　　）

    A 非常满意　　　B 比较满意　　　C 一般　　　D 不太满意　　　E 不满意

8. 你对社团指导教师配备合理，指导全面，效果显著的情况是否满意？（　　　）

    A 非常满意　　　B 比较满意　　　C 一般　　　D 不太满意　　　E 不满意

9. 你对社团经费充足，收支规范合理，并能按时上报财务的情况是否满意？（　　　）

    A 非常满意　　　B 比较满意　　　C 一般　　　D 不太满意　　　E 不满意

10. 你对社团妥善保存社员信息及活动记录，并及时上报的情况是否满意？（　　　）

    A 非常满意　　　B 比较满意　　　C 一般　　　D 不太满意　　　E 不满意

11. 你对社团有无固定场所，场所是否保持整洁的情况是否满意？（　　　）

    A 非常满意　　　B 比较满意　　　C 一般　　　D 不太满意　　　E 不满意

12. 你对社团活动目的明确，实施细节全面，安全有保障的情况是否满意？（　　　）

    A 非常满意　　　B 比较满意　　　C 一般　　　D 不太满意　　　E 不满意

13. 你对社团内容能形式多样、新颖的情况是否满意？（　　　）

    A 非常满意　　　B 比较满意　　　C 一般　　　D 不太满意　　　E 不满意

14. 你对社团面向全校（全院、社团内部）的活动规模情况是否满意？（　　　）

    A 非常满意　　　B 比较满意　　　C 一般　　　D 不太满意　　　E 不满意

15. 你对社团活动开展流畅，成员参与积极的情况是否满意？（　　　）

    A 非常满意　　　B 比较满意　　　C 一般　　　D 不太满意　　　E 不满意

16. 你对社团活动次数较多且频度安排合理的情况是否满意？（　　　）

　　A 非常满意　　　B 比较满意　　　C 一般　　　D 不太满意　　　E 不满意

17. 你对社团活动无重大安全事故，出校或邀请校外人员活动前向学校报备，安全保障到位的情况是否满意？（　　　）

　　A 非常满意　　　B 比较满意　　　C 一般　　　D 不太满意　　　E 不满意

18. 你对社团形成有一定影响力的特色品牌活动方面的情况是否满意？（　　　）

　　A 非常满意　　　B 比较满意　　　C 一般　　　D 不太满意　　　E 不满意

19. 你对社团能组织参与社会实践，志愿服务，组织提升社团创新、创业能力的活动是否满意？（　　　）

　　A 非常满意　　　B 比较满意　　　C 一般　　　D 不太满意　　　E 不满意

20. 你对社团是否申请学分制社团，形成具有特色的学分制社团课程是否满意？（　　　）

　　A 非常满意　　　B 比较满意　　　C 一般　　　D 不太满意　　　E 不满意

21. 你对社团租借公共场地以及物品填写申请表，归还时保证场地清洁、物品完好的情况是否满意？（　　　）

　　A 非常满意　　　B 比较满意　　　C 一般　　　D 不太满意　　　E 不满意

22. 学校团委对被投诉社团的处理结果的公正合理性你是否满意？（　　　）

　　A 非常满意　　　B 比较满意　　　C 一般　　　D 不太满意　　　E 不满意

23. 所在社团人数为多少？（　　　）

　　A 200 人以上　　　B 150～199 人　　　C 100～149 人　　　D 50～99 人　　　E 50 人以下

24. 你对社团网站、微博、微信公众号及时更新的情况是否满意？（　　　）

　　A 非常满意　　　B 比较满意　　　C 一般　　　D 不太满意　　　E 不满意

25. 你对社团活动是否能在校级及以上媒体报道的情况是否满意？（　　　）

　　A 非常满意　　　B 比较满意　　　C 一般　　　D 不太满意　　　E 不满意

26. 你对社团团体或个人获得各级各项荣誉的情况是否满意？（　　　）

　　A 非常满意　　　B 比较满意　　　C 一般　　　D 不太满意　　　E 不满意

27. 你对社团成员科研立项、论文发表、专利和设计发布等的情况是否满意？（　　　）

　　A 非常满意　　　B 比较满意　　　C 一般　　　D 不太满意　　　E 不满意

28. 你对社团评审材料真实、详尽，制作精美规范的情况是否满意？（　　　）

　　A 非常满意　　　B 比较满意　　　C 一般　　　D 不太满意　　　E 不满意

29. 你对社团现场汇报能重点突出，汇报简明扼要，语言精练的情况是否满意？（　　　）

　　A 非常满意　　　B 比较满意　　　C 一般　　　D 不太满意　　　E 不满意

30. 社团成员对社团的认可度和满意度如何？（　　）

    A 非常满意　　B 比较满意　　C 一般　　D 不太满意　　E 不满意

31. 其他社团对社团的认可度和满意度如何？（　　）

    A 非常满意　　B 比较满意　　C 一般　　D 不太满意　　E 不满意

32. 学校对社团的认可度和满意度如何？（　　）

    A 非常满意　　B 比较满意　　C 一般　　D 不太满意　　E 不满意

二、高校学生社团整体满意度调查

1. 你对学校社团章程规范，依章治团的情况是否满意？（　　）

    A 非常满意　　B 比较满意　　C 一般　　D 不太满意　　E 不满意

2. 你对学校社团制度健全，落实到位的程度是否满意？（　　）

    A 非常满意　　B 比较满意　　C 一般　　D 不太满意　　E 不满意

3. 你对学校领导全面协调社团工作的程度是否满意？（　　）

    A 非常满意　　B 比较满意　　C 一般　　D 不太满意　　E 不满意

4. 你对学校成立校级社团管理中心的情况是否满意？（　　）

    A 非常满意　　B 比较满意　　C 一般　　D 不太满意　　E 不满意

5. 你对学校各二级学院成立社团管理中心的情况是否满意？（　　）

    A 非常满意　　B 比较满意　　C 一般　　D 不太满意　　E 不满意

6. 你对学校定期召开社团代表大会的情况是否满意？（　　）

    A 非常满意　　B 比较满意　　C 一般　　D 不太满意　　E 不满意

7. 你对社团管理中心定期召开例会的情况是否满意？（　　）

    A 非常满意　　B 比较满意　　C 一般　　D 不太满意　　E 不满意

8. 你对为社团配备指导教师的情况是否满意？（　　）

    A 非常满意　　B 比较满意　　C 一般　　D 不太满意　　E 不满意

9. 你对学校社团工作的专项经费支持情况是否满意？（　　）

    A 非常满意　　B 比较满意　　C 一般　　D 不太满意　　E 不满意

10. 你对各社团是否妥善保存社团信息、活动记录等情况是否满意？（　　）

    A 非常满意　　B 比较满意　　C 一般　　D 不太满意　　E 不满意

11. 学校是否为社团提供专门的活动场地，你的满意度如何？（　　）

    A 非常满意　　B 比较满意　　C 一般　　D 不太满意　　E 不满意

12. 学校是否为社团提供安全的活动环境，你的满意度如何？（　　）

    A 非常满意　　B 比较满意　　C 一般　　D 不太满意　　E 不满意

13.社团是否有届制化的品牌活动,你的满意度如何?(　　　)

　　A 非常满意　　　B 比较满意　　　C 一般　　　D 不太满意　　　E 不满意

14.社团是否有寒暑假社会实践项目,你的满意度如何?(　　　)

　　A 非常满意　　　B 比较满意　　　C 一般　　　D 不太满意　　　E 不满意

15.社团是否有非假期参与的社会实践项目,你的满意度如何?(　　　)

　　A 非常满意　　　B 比较满意　　　C 一般　　　D 不太满意　　　E 不满意

16.社团是否有与学校对接共建的社会实践基地,你的满意度如何?(　　　)

　　A 非常满意　　　B 比较满意　　　C 一般　　　D 不太满意　　　E 不满意

17.社团进行志愿服务的时长有多少?(假设学校学生总数为 N)(　　　)

　　A 2.5N 以上　　　B 2.5N～2N　　　C 2N～1.5N　　　D 1.5N～1N　　　E 1N 以下

18.学校是否有社团参与的志愿服务项目,你是否满意?(　　　)

　　A 非常满意　　　B 比较满意　　　C 一般　　　D 不太满意　　　E 不满意

19.社团是否开展培养创新精神的活动,你是否满意?(　　　)

　　A 非常满意　　　B 比较满意　　　C 一般　　　D 不太满意　　　E 不满意

20.社团是否开展培养创业能力的活动,你是否满意?(　　　)

　　A 非常满意　　　B 比较满意　　　C 一般　　　D 不太满意　　　E 不满意

21.学校是否以社团为载体开设有特色学分制社团课程,你是否满意?(　　　)

　　A 非常满意　　　B 比较满意　　　C 一般　　　D 不太满意　　　E 不满意

22.目前学校参与社团的学生人数有多少?(假设学校学生总数为 N)(　　　)

　　A 1N 以上　　　B 1N～0.8N　　　C 0.8N～0.6N　　　D 0.6N～0.4N　　　E 0.4N 以下

23.学校的社团数量有多少?(假设学校学生总数为 N)(　　　)

　　A 0.01N 以上　　B 0.01N～0.008N　　C 0.008N～0.004N　　D 0.004N～0.002N　　E 0.002 以下

24.你对学校备案的社团网站、微博或公众号及时更新的情况是否满意?(　　　)

　　A 非常满意　　　B 比较满意　　　C 一般　　　D 不太满意　　　E 不满意

25.你对社团活动在校外媒体上报道的情况是否满意?(　　　)

　　A 非常满意　　　B 比较满意　　　C 一般　　　D 不太满意　　　E 不满意

26.你对社团的团体或个人获得的各级各项荣誉情况是否满意?(　　　)

　　A 非常满意　　　B 比较满意　　　C 一般　　　D 不太满意　　　E 不满意

27.你对社团团队或个人科研立项、论文发表、专利和设计发布等情况是否满意?(　　　)

　　A 非常满意　　　B 比较满意　　　C 一般　　　D 不太满意　　　E 不满意

28.你对学校社团年审材料真实、详尽,制作精美规范等程度是否满意?(　　　)

　　A 非常满意　　　B 比较满意　　　C 一般　　　D 不太满意　　　E 不满意

29. 学校社团年审展示现场汇报是否做到重点突出，汇报简明扼要，语言精练，你是否满意？
（　　　）

    A 非常满意　　　B 比较满意　　　C 一般　　　D 不太满意　　　E 不满意

30. 你认为学校社团成员对社团的认可度和满意度如何？（　　　）

    A 非常满意　　　B 比较满意　　　C 一般　　　D 不太满意　　　E 不满意

31. 你认为社团对学校社团管理工作的认可度和满意度如何？（　　　）

    A 非常满意　　　B 比较满意　　　C 一般　　　D 不太满意　　　E 不满意

32. 你认为学校社团建设管理评议委员会对社团工作的认可度和满意度如何？（　　　）

    A 非常满意　　　B 比较满意　　　C 一般　　　D 不太满意　　　E 不满意

第八章

高校学生社团数字化管理

———

第一节　社团数字化管理理论基础

以教育信息化带动教育现代化是我国教育改革和发展的战略选择。为促进教育信息化发展，我国先后印发了《面向 21 世纪教育振兴行动计划》《国家中长期教育改革和发展规划纲要（2010—2020 年）》《国家教育事业发展"十三五"规划》《教育信息化十年发展规划（2011—2020 年）》《教育信息化"十三五"规划》等文件，对我国教育信息化工作进行了全面规划和系统部署。经过几十年的发展，我国的教育信息化工作在基础设施建设、数字化教育资源建设、教育信息化管理水平、信息化队伍建设等方面取得了显著成绩。2018 年 4 月，教育部出台的《教育信息化 2.0 行动计划》标志着我国教育信息化正在从以"教育信息化"为重点的 1.0 时代进入到了以"信息化教育"为重点的 2.0 时代，核心目标是以教育信息化推动教育现代化，全面提升教育品质，构建新时代教育的新生态。这将在宏观层面上为我国教育信息化发展加强顶层设计进一步指明了发展方向。

数字化管理是指利用计算机、通信、网络等技术，通过统计技术量化管理对象与管理行为，从而实现计划、组织、协调、服务、创新等职能的管理活动和方法。社团数字化管理是指利用数字化技术与社团管理机制的融合，将社团管理方式数字化，并协同相关职能部门整合资源，达到服务学生、提高社团育人功能的目的。

一、社团数字化管理的背景和意义

《教育信息化十年发展规划（2011—2020 年）》中明确指出，深度融合，引领创新，培养学生信息化环境下的学习能力，要以教育信息化带动教育现代化，以信息化引领教育理念和教育模式的创新。当前社团管理信息化顺应了教育信息化的发展趋势。

（一）社团数字化管理是顺应教育信息化的趋势所在

随着电信运营商基础设施的不断建设、移动互联网的普及和 5G 甚至 6G 通信技术的不断应用，当前所有高校都已接入 100M、1000M 甚至更高的主干网络，建成了基本校园网络，成立了信息化部门主管网络运营、维护，为高校数字化管理奠定了物理基础（见图 8.1）。

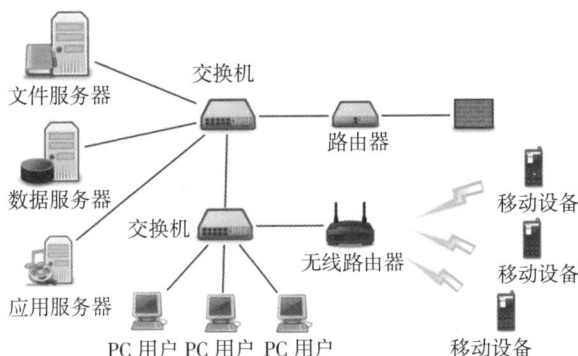

图 8.1 校园基本网络

数字校园建设应用的主要技术有：IPv6 技术、云计算（cloud computing）技术、无线网络技术、SOA 技术、Web2.0/Web3.0 技术（Blog、Wiki、RSS、Tag、SNS、Ajax 等）、共享数据中心、数据挖掘技术、企业服务总线技术（enterprise service bus，ESB）、WEBGIS、ArcGIS Engine、Web Series、J2EE、Portal 技术、P2P、分布式技术（CORBA、DCOM 等）、流媒体技术、富媒体技术、IPTV（internet protocol television）技术、仿真技术、虚拟现实技术、目录服务等。随着高校信息化建设基础设施的不断完善，信息化技术的不断成熟，高校内各项工作都要求进行信息化管理，主要原因归结如下。

1. 提升工作效率

数字化管理加快了各项工作信息的流转速度，极大地缩减了流程逐级审批时间，配合电子签章、防伪二维码溯源等安全技术手段，可以保障信息安全。高校师生可通过信息化管理手段在线办事，优化、简化办事流程，实现用户、职能部门、管理者三赢的局面。

2. 提供数据支撑

社团数字化管理能够沉淀大量的数据，例如社团最新的财务状况、工作计划与总结、会员状况、招新状况、活动开展情况等。管理者掌握了这些数据，一方面，可以了解社团最新的发展状况，对社团进行全方位的评价；另一方面，可以为社团制订发展规划与方向。高校在管理过程中，掌握各类数据对于开展工作有重要作用。缺少信息化管理手段将导致数据的严重滞后，为工作带来极大的阻碍。

3. 材料归档电子化

以往材料管理主要以纸质档案为主，查找历史数据要消耗大量人力，且查询到的数据量相对抽象、简略，无法提取档案全貌。信息化时代要求档案材料电子归档，且能在档案中体现时间痕迹，归档电子化必将成为高校各类信息存档的趋势。

（二）社团数字化管理是实施"第二课堂成绩单"的内在要求

2018年，共青团中央、教育部印发的《关于在高校实施共青团"第二课堂成绩单"制度的意见》中指出，共青团"第二课堂成绩单制度"是充分借鉴第一课堂教学育人机理和工作体系，整体设计高校共青团工作内容、项目供给、评价机制和运行模式，实现共青团组织实施的思想政治引领、素质拓展提升、社会实践锻炼、志愿服务公益和自我管理服务等第二课堂活动的科学化、系统化、制度化、规范化，实现高校学生参与共青团第二课堂可记录、可评价、可测量、可呈现的一整套工作体系和工作制度。实施共青团"第二课堂成绩单"制度是落实习近平总书记提出的"要重视和加强第二课堂建设"的重要要求、贯彻落实团十八大精神的必然举措，是持续推动高校思想政治工作改革创新、深度融入高等教育综合改革、纵深推进高校共青团改革、不断完善学生发展服务体系的迫切需要。

《关于在高校实施共青团"第二课堂成绩单"制度的意见》中提出要构建课程项目体系，记录评价体系、数据信息体系、动态管理体系和价值应用体系。其中，数据信息体系是共青团"第二课堂成绩单制度"的实施支撑。要依托数据信息体系开展课程项目的发布、管理、评估，实现学生参与课程项目的记录、评价、认证。高校可通过自主研发或使用其他由共青团组织、教育部门提供的数据管理系统建立数据信息平台。倡导鼓励共青团"第二课堂成绩单"制度数据信息体系与学校综合信息系统统筹联通。要建立自下而上、逐级审核、及时更新的信息采集、审核、发布机制，完善学生个人申报、班级团支部或院系团组织审查、课程项目主办方审核、学校团委评价认定等流程，实现逐级对数据信息的真实性、完整性、准确性把关，确保数据信息及时、准确、全面。

高校团委履行本校学生社团工作的主要管理职能，应设立专门管理机构，配备工作人员，切实承担起学生社团的成立、年审、注销、组织建设、活动管理、经费管理和工作保障等工作。要加快高校共青团互联网战略转型，形成线上线下深度融合的工作理念和整体格局。结合各类信息化系统以及新媒体工具的使用，推进"网上共青团"建设。社团是高校内部最为活跃的团组织，它承担着合理运用青年学生课余时间的重要责任。通过合理地建设高校学生社团组织，结合共青团中央"第二课堂成绩单"制度，可以有效地引导高校青年学生树立正确的政治观念、思想观念以及人生观和价值观。

高校要以立德树人为根本，通过高校学生社团管理的信息化推动学生社团的进步，以学生社团推动校园文化的繁荣建设，加强学生的思想政治教育，促进优良校风、学风的形成，并在服务学校教育教学改革等方面发挥更大的作用。

二、教育信息化管理的协同理论

（一）教育信息化定义

目前多数学者都认为，"教育信息化"的概念实际上是 20 世纪 90 年代伴随美国"国家信息基础设施"计划而出现的。从一开始，"教育信息化"无论从概念上还是内涵上来说，都与信息通信技术保持着非常紧密的关系。"教育信息化"这一概念在我国已被广泛使用，但目前对于"教育信息化"的内涵众说纷纭，还未形成一个统一的定义。国内学者提出的众多定义中，主要以"过程说"为主。南国农认为，所谓教育信息化，是指在教育中普遍运用现代信息技术，开发教育资源，优化教育过程，以培养和提高学生的信息素养，促进教育现代化的过程。[①] 祝智庭认为，教育信息化是指在教育领域全面深入地运用现代信息技术来促进教育改革和教育发展的过程，其结果必然是形成一种全新的教育形态——信息化教育。[②] 黎加厚认为，教育信息化是以现代信息技术为基础的新教育体系，包括教育观念、教育组织、教育内容、教育模式、教育技术、教育评价、教

---

① 南国农. 我国教育信息化发展的新阶段、新使命[J]. 电化教育研究，2011（12）：12.
② 祝智庭. 魏非. 教育信息化2.0：智能教育启程，智慧教育领航[J]. 电化教育研究，2018（9）：8.

育环境等一系列的改革和变化。① 教育信息化并不是简单地等同于计算机化或网络化，而是一个关系到整个教育改革和教育现代化的系统工程。发展教育信息化的目的是使我国现有的教育体系适应信息时代对新一代公民教育的基本要求。

通过对上述教育信息化定义进行综合比较和总结，我们可以将教育信息化概括为在国家及教育部门的统一规划和组织下，在教育系统的各个领域全面深入地应用现代信息技术，加速实现教育现代化的过程。

教育信息化服务教育现代化，服务人的成长与发展。教育的服务性决定了教育信息化的服务性。教育的根本宗旨是促进人的生命成长和发展，换言之，教育的本质是为人的生命成长和发展服务，这是教育服务性的根本体现。教育信息化的消费性决定了服务是其内在属性。学生、教师、家长、政府、社会等，都是不同层级的教育消费者，因此，教育是服务性、生产性与消费性的统一。确立服务理念是教育信息化自身发展的根本要求。教育部于 2012 年 3 月印发了《教育信息化十年发展规划（2011—2020 年）》，明确提出教育信息化具有促进教育文化变革和社会文明进步的重要作用。这种提法具有更加宏观的视野、更加丰富的内涵和更加鲜明的时代特征，与以往常常将教育信息化限定在学校教学层面的认识有显著区别。这明确告诉我们，对教育信息化的理解要突破技术性的要素框架，从技术、教育和人三者的关系中去理解人的成长、教育变革、社会进步等诸多问题。也就是说，教育信息化必须从要素驱动型向服务驱动型转变。

社团数字化管理是更好地服务社团管理、服务高校第二课堂育人的现代管理方式。目前大部分高校的信息化建设，通常只针对学生档案、教务考试、办公人事等信息功能规划，大部分高校学生社团在建设中，对社团人事、工作审批、考核评优等工作内容依旧采用线下纸质流程，忽视了学生社团管理的信息化需求和应用。在科技迅猛发展的今天，数字化、信息化的管理模式已经渗透到社会的每个角落。高校学生社团的形式也趋于多样性，故而对于管理也有了更高的要求。借助互联网实施便捷的数字化社团管理是社团发展所必须要跨出的改革性的一步。

（二）教育信息化协同理论

协同学（synergetics），亦称"协同论"或"协合学"，被誉为"协调合作之学"，20 世纪 70 年代由德国斯图加特大学教授、著名物理学家赫尔曼·哈肯创立。

协同学是研究开放系统在外界物质、能量和信息作用下，系统内部诸要素、诸层次

---

① 刘然亮. 黎加厚博士谈教育信息化[J]. 中国电化教育，2002（1）：5.

和诸子系统之间，如何通过相互调节，自发地组织成为一个协调系统的内部机制和规律的科学。协同学作为一门联系自然科学、技术科学和社会科学的前沿科学，为人们认识和改造世界提供了新的方法论武器。

教育信息化是复杂的系统工程，其规划、建设、应用和评估涉及教育机构、学校、社区等众多部门，教育信息化功能效益的发挥依赖于各部门之间的相互协调与合作。为了更好地发挥教育信息化功能，教育信息化服务主体建立协同机制显得尤为重要。

协同现象是教育信息化建设中的普遍现象。对教育信息化内涵理解的逐步深化并达成共识、对教育信息化建设目标的最终确定等都是协同现象的表现。识别并利用教育信息化建设中的协同现象，有助于更好地推动教育信息化建设。教育信息化建设与发展过程是协调数字校园各子系统，产生新的数字校园系统结构，使信息系统持续满足学生、教师、管理者、社会公众等用户需求的过程。数字校园规划、建设、管理、应用和评估中处处蕴含协同现象。

战略协同是教育信息化建设的前提与基础，是做好数字校园规划与设计的重要保障。参与教育信息化建设的团队需要对数字校园的内涵、功能和作用达成基本共识，了解国家相关政策，关注教育中的热点问题，并突出彰显本地化特色。教育信息化战略规划的研制，需要与上述内容相互协调，并需要增强战略规划的前瞻性、科学性、效益性、均衡性、针对性和可行性。数字校园战略协同效果好，能够有效避免数字校园战略规划实践中容易出现的各种问题。

团队协同贯穿数字校园建设的始终，在教育信息化的规划与设计、建设实施、信息化管理以及教育评估中发挥着重要的作用。教育信息化建设是一个多方参与、协同作战的过程。教育信息化协同作战的本质是团队内部成员之间能协调一致，使团队的整体水平大于个体成员绩效的总和。教育信息化建设队伍的协同作战可以分为思想协同、行为协同、创新应用协同三个阶段。其中，思想协同是行为协同和创新应用协同的基础，创新应用协同是数字校园建设团队协同作战的最高级阶段，也是建设团队协同作战的理想目标。

三、社团数字化管理的现状分析

青年学生是思想最为活跃的群体，高校作为青年学生思想交流的前沿阵地，承担着引领思想发展潮流的重要责任，而社团活动管理是高校思想引领工作中的关键一环。学生社团是青年学生课余时间思维碰撞、思想交流的重要载体。社团活动在高校中随处可见，是在校生日常生活中不可或缺的一部分，也是进入社会前难得的社会实践机会。

社团承担着青年学生课外兴趣、创新创业思维培养的重要责任，在促进学风建设、提高学生综合素质、培养学生创新精神与实践能力和丰富校园文化氛围等方面有着重要作用。当下社团数字化管理也面临着许多问题。

（一）信息传递的滞后性

社团管理工作通过纸质材料下发、口头通知、电话短信或者流行的微信、QQ等工具进行传递，虽然也能够保证时效性等效果，却缺乏信息传递反馈和时效性统计等，无法做到实时管控。同时，社团数量和社团成员人数的不断增加，社团成员信息管理、社团活动管理、社团场地审批等需要耗费大量的时间和精力。爆炸式增长的数据以及高校学生日益增长的活动需求使传统的基于纸面的社团信息管理不再适用于高校学生社团发展现状。

（二）系统功能的片面性

高校学生社团管理存在内部管理需求，例如工作总结、计划、经费等。随着高校对社团定位的提高，社团会有更多的管理需求，当下的信息化管理工具由于缺少完整的理论体系指导，不具有功能全面性。

（三）校方管理的局限性

校方对社团发展起着领导作用，保障社团健康、有序发展是学校管理者的重要工作。信息化工具不完善引起的信息传递环节缺漏，使管理者无法及时掌握社团动态，获取信息具有滞后性。例如，在资源的分配上，如果不能及时掌握资源的使用情况，则不能有效地进行资源分配，为保障社团发展带来一定的困难。各种信息采集统计依旧通过传统的纸质文档、线下审批，使工作效率大打折扣，甚至引起学生工作者的反感。

高校学生社团管理所面临的问题，迫切需要一套结合当下"互联网+"概念和高校学生社团管理理念深度融合的信息化管理产品。通过深度的、先进的理论指导体系来构建整个信息化体系，辅以先进的、开放的信息化技术架构，打造高校信息化社团管理系统，充分发挥学生社团在促进学风建设、提高学生综合素质、培养学生创新精神与实践能力、丰富校园文化生活等方面的重要作用。

目前比较流行的社团管理载体有 PU 口袋校园、Myouth、到梦空间等由共青团中央推荐的第二课堂成绩单管理系统。这些信息化软件在很多高校已经运行多年，反馈良好。这些管理系统注重活动管理，具备完善的活动管理功能，能够满足高校开展第二课堂活动的基本需求。但是它们同时存在固定流程表单适配受限，不支持完整模块定制，维护成本过高等问题。

社团数字化管理系统架构

信息管理系统是以人为主导的，利用计算机硬件、软件以及网络设备等进行信息的收集、传递、存储、加工、整理的系统，具有自动化、网络化的特点。信息管理系统的应用使社团管理更加准确化、透明化、结构化，实现了高校对学生社团的有效管理，提高了管理效率，是高校对学生社团科学化管理以及信息化发展到一定阶段的必然产物。

笔者发现，在将信息管理系统应用于高校学生社团的过程中，没有成体系的制度作为系统设计的支撑，以帮助宏观规划设计信息管理系统，而往往只能将系统作为存储媒介，用于信息的输入和输出，无法切实有效地发挥高校学生社团的育人功能，充分发挥信息管理系统的优势。构建完善的社团信息管理系统体系结构，对建立使用友好、功能强大的交互平台以及提高高校信息管理水平有着不可取代的意义。

系统结构设计通过运用系统论的方法，对信息系统建设的各个方面、层次，各种参与力量以及各种正面的促进因素和负面的限制因素进行统筹考虑，理解和分析影响系统建设的各种关系，从全局的视角出发，进行整体业务架构与技术架构的设计，并做出各种管理和技术决策，提出改进建议。

一、数字化系统用户角色分析

系统分析是管理信息系统开发的一个关键阶段，是指从系统需求入手建立系统用户模型。用户模型在概念上全方位表达系统需求，即系统与用户的关系。系统分析在用户模型的基础上，建立独立于系统实现环境的逻辑结构。社团管理信息化系统构建过程中，笔者抽象出包括社团成员、社团、指导教师、挂靠单位、教务处、团委/社团管理中心以及社团建设管理评议委员会等七种用户类型（见图8.2）。同时系统需要完成注册管理、场地审批、社团信息管理、活动审批和学分制社团课程建设等主要功能。

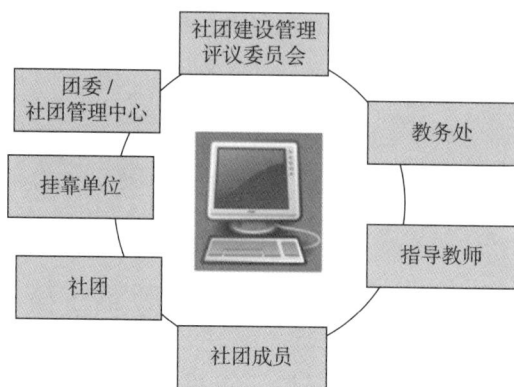

图 8.2　社团管理系统用户模型

社团建设管理评议委员会：系统需要支撑社团建设管理评议委员会查阅系统所有信息的权限，可不参与系统管理过程审核（见图 8.3）。

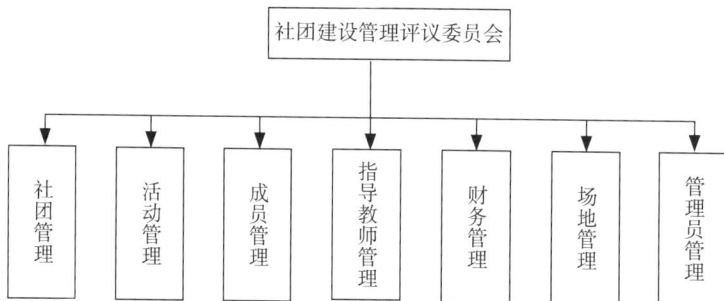

图 8.3　社团建设管理评议委员会模型

团委 / 社团管理中心：团委 / 社团管理中心全面管理社团运行，引导社团合理健康发展，并给予物资、场地等支持。系统需要将所有流程监管权限赋予社团管理中心，并支持查阅所有相关信息（见图 8.4）。

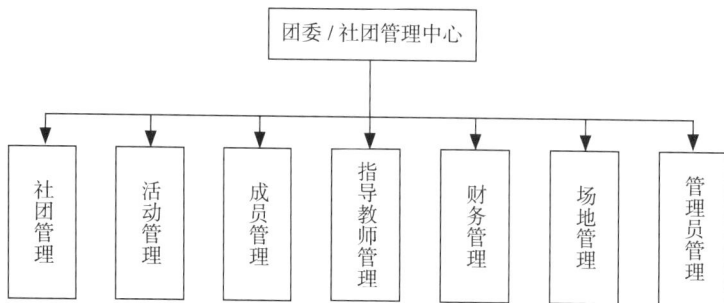

图 8.4　团委 / 社团管理中心模型

挂靠单位：挂靠单位在系统中需要完成对挂靠在本单位社团的物资管理、场地管理、财务管理、成员管理、活动管理、指导教师管理，以及挂靠社团的信息维护（见图 8.5）。

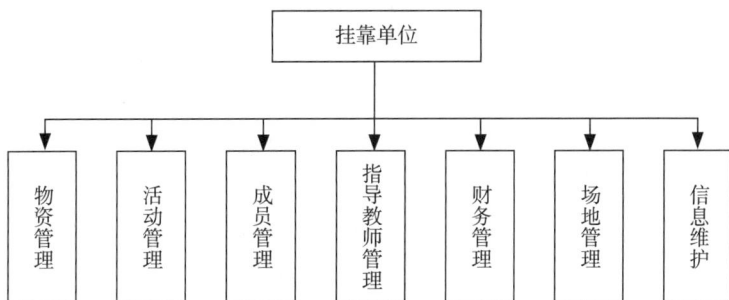

图 8.5　挂靠单位模型

教务处：教务处在系统中对学分制社团课程进行审核，并给予指导教师工作量，对选课学生赋予学分（见图 8.6）。它是学分制社团运行的监督管理机构。

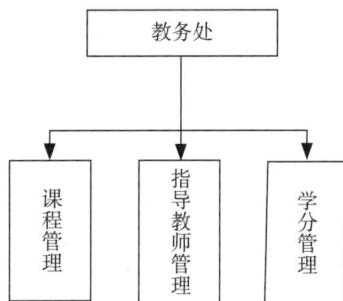

图 8.6　教务处模型

指导教师：指导教师在社团发挥育人作用中起关键作用。系统需要完成开课申请、选课学生管理以及成绩管理等功能并记录指导教师信息（见图 8.7）。

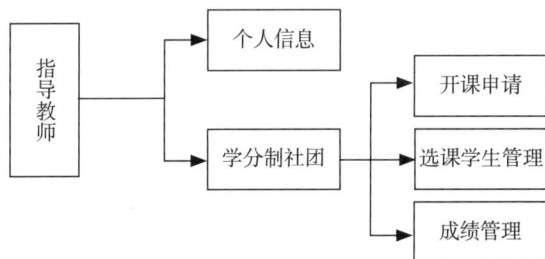

图 8.7　指导教师模型

社团：社团是社团成员的活动组织机构。社团包含社团注册、社团信息、活动管理、成员管理以及财务管理等功能并保存记录社团信息（见图8.8）。

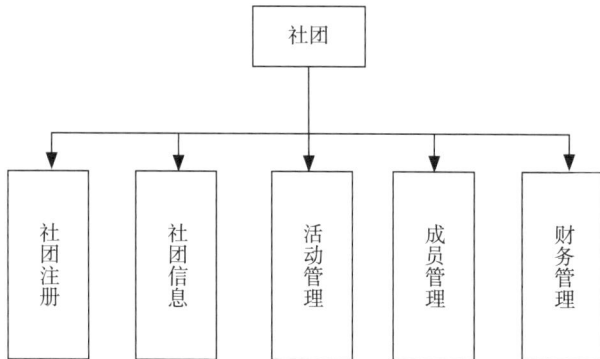

图 8.8　社团模型

社团成员：社团成员是信息管理系统的主要信息提供者，同时也是系统的主要使用群体。系统需要为社团成员完成加入社团、选择课程与参与活动等主要流程服务，并记录个人信息（见图8.9）。

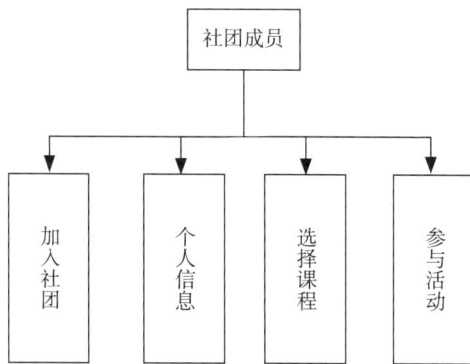

图 8.9　社团成员模型

二、数字化系统业务流程设计

系统流程是用于描述业务的过程，可表述系统内单位和人员之间的业务关系、作业顺序和管理信息流向。社团数字化管理系统的工作范畴和基本业务流程，主要包含社团注册流程、活动审批流程、场地审批流程以及学分制社团课程申请流程。社团注册流程发起后，经挂靠单位、社团管理中心审核后完成注册。社团活动审批和场地申请审批由社团提出审批，经过挂靠单位、社团管理中心审批后获得权限开展活动（见图8.10）。

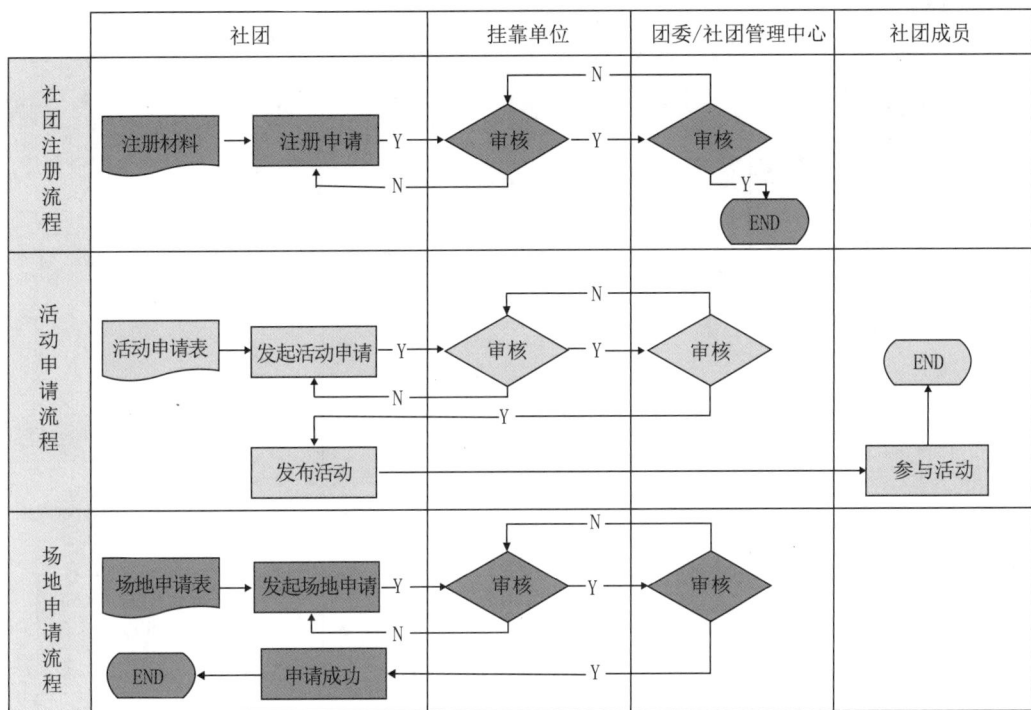

图8.10　社团活动及场地审批流程

　　学分制社团课程包含四个过程，分别为学分制社团课程申请、开课申请、学分考核以及指导教师工作量发放。社团提交学分制社团课程申请，逐级审核后，学分制社团课程申请成功；社团再进行开课申请，经指导教师与教务处审核通过，全校同学可在系统中进行选课；成功选课的学生参与考核并获得学分，指导教师经教务处审核后获得工作量（见图8.11）。

三、数字化系统技术架构设计

　　为了让信息化系统架构更加灵活，具备更强的应对业务需求变化的能力，笔者在传统的信息化管理系统基础上按照微服务模式进行改造，使社团信息化系统能够在有效整合现有业务系统的基础上支持新的业务系统持续集成。

　　微服务模式的技术架构设计在制度保障体系和信息安全体系上包含了应用层、服务层以及支撑层。应用层主要包含系统各个功能；服务层包含统一用户认证体系、统一接口体系以及统一消息体系；支撑层主要包含数据存储、模型支撑以及安全支撑（见图8.12）。

　　制度保障体系：为系统设计提供依据，明确各角色职能，完善系统流程。

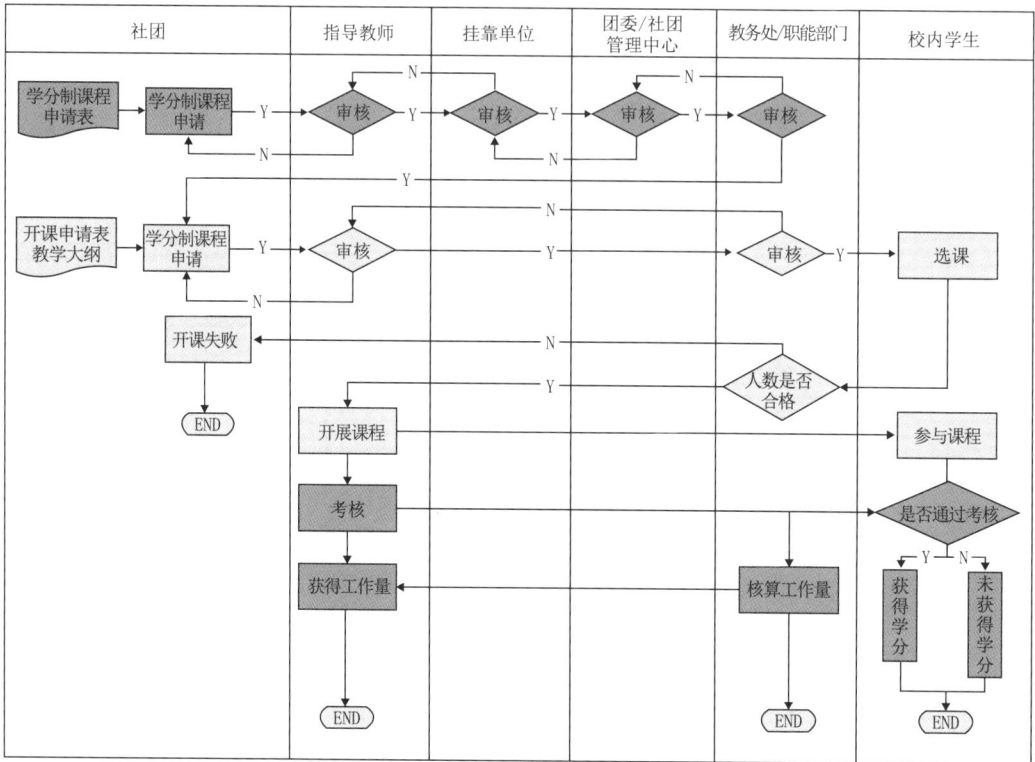

图 8.11　学分制社团课程申请流程

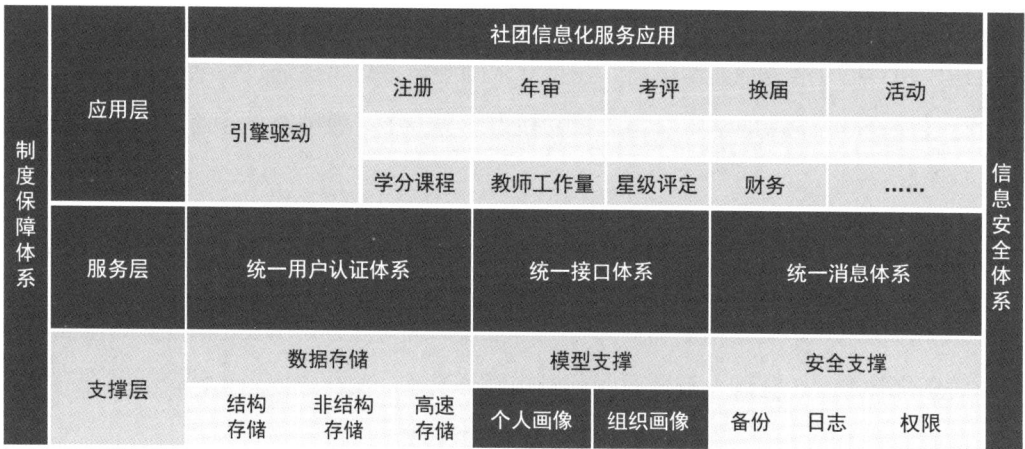

图 8.12　基于微服务的社团管理数字化系统架构设计

信息安全体系：包括 URL 拦截、加密连接、消息体加密、HTTP 攻击屏蔽、URL 重定向等，确保系统安全稳定运行。

统一用户认证体系：建设统一认证平台，实现不同接入设备访问统一用户认证，统一鉴权。

统一接口体系：对各应用模块以及应用系统之间的接口进行统一管理，包括消息转换、消息路由、服务注册、服务编排、服务的 MetaData 管理，传输服务管理、中介管理、多服务集成、服务和事件管理支持等。

统一消息体系：建立消息管理体系，包括移动端发来的消息处理，以及消息推送处理；提供消息处理接口，提供给各个应用模块使用。

数据存储：实现数据存储的统一接口访问，对底层分布式数据库采用分库分表的方式进行存储，满足大数据量高并发、高性能的访问。

模型支撑：在数据分析的基础上描绘用户个人画像和组织画像，为管理决策提供数据支撑。

安全支撑：包含数据备份，日志体系以及权限管理。数据备份防止数据丢失；建立统一的日志管理体系，对系统发生的每一件事情都有详细的日志记录，包括用户的登录信息、所有的操作信息、增删改查信息、系统运行状况监控等内容；权限管理体系是基于用户角色和系统资源的管理权限体系，它对每一个模块、每一个功能点、每一条数据都有详细的权限分配，可以避免越权查看的现象。

基于微服务的社团管理数字化系统架构为社团管理业务提供了更为灵活开放的服务构建模式，在数据、业务流程以及集成展示层面都进行了整合和封装，将各部门应用系统中复杂的业务功能抽象成可重复利用的微服务。根据业务功能将各个微服务组织起来，然后在社团数字化管理的基础上进行集成开发，师生用户通过不同的访问终端（PC端、手机端、平板端和穿戴设备）等发起访问请求，访问请求经过网关安全策略进行访问过滤与拦截，通过访问认证模块进行访问权限和安全性验证，并将通过验证的访问转发到后端进行处理，各服务之间通过微服务架构的相关组件进行沟通协作。

本节通过分析系统功能需求、抽象用户模型及业务流程，形成系统体系结构，保障信息管理系统在后续的开发中能更好地发挥社团功能，提高应用效率以及高校学生社团管理水平。开发社团数字化管理系统需要加强顶层设计，分步实施。在推进业务系统改造过程中，要以师生和管理人员的实际需求为切入点，以点带面，用建设成效推动项目，提高系统建设水平。

第三节　社团数字化管理系统案例

浙江科技学院自 2016 年以来，实施注册制、挂靠制、星级制、学分制、导师制五项机制推进社团改革与建设（见图 8.13），建立了浙江科技学院数字化社团服务平台（见图 8.14）。学生社团注册制要求所有社团每年进行统一注册，由社团负责人填写社团注册登记表，经社团指导教师和挂靠单位初审通过后，报社团管理中心和团委审定批准，学校通过注册制规范社团的准入和监管。挂靠制强化社团管理。每个社团都要挂靠到相关单位，挂靠单位可为学校职能部门、直属单位或二级学院；挂靠单位对挂靠社团的常规工作、活动组织、社团发展等进行指导，给予活动场地、专业技能设施设备等方面的支持。星级制培育社团品牌。星级制完善了考核激励机制，充分调动了社团干部、指导教师的主动性、积极性和创造性。社团管理中心和团委每年根据考核结果将各社团划分为五星级、四星级、三星级、二星级和一星级社团，并作为学分制社团评定和经费划拨等的重要依据。学分制强化社团育人功能。连续两年被评为四星级的社团或曾被评为五星级的社团可以申请学分制社团，由教务处、团委等联合评审确立每学期开课的学分制社团课程。学分制社团要严格按照社团工作计划和教学计划，保质保量地开展并完成教学任务，每学年教学和教学实践活动时间应达到相应学分的课时要求。学校把学生参与社团活动的情况作为重要内容纳入学生综合测评体系中，在推优评奖和综合测评等方面充分考虑学生从事社团工作的情况及获得的成绩，并定期评选、表彰、奖励优秀社团干部，从而建设一批可持续发展的社团活动载体和基地。导师制注重社团指导，充分发挥指导教师的主观能动作用。被认定为学分制社团的指导教师，经考核合格，学校给予相应的工作量，激励教师充分参与到学分制社团的指导过程中。

一、注册挂靠功能模块

社团注册由社团发起人或者其挂靠单位自行发起申请，主要信息包含社团名称、指导单位（挂靠单位）、指导单位确认书、组织类别、组织 logo 标识、发起人、其他联合发起人、主要管理人员、组织章程、特色说明等信息（见图 8.15）。

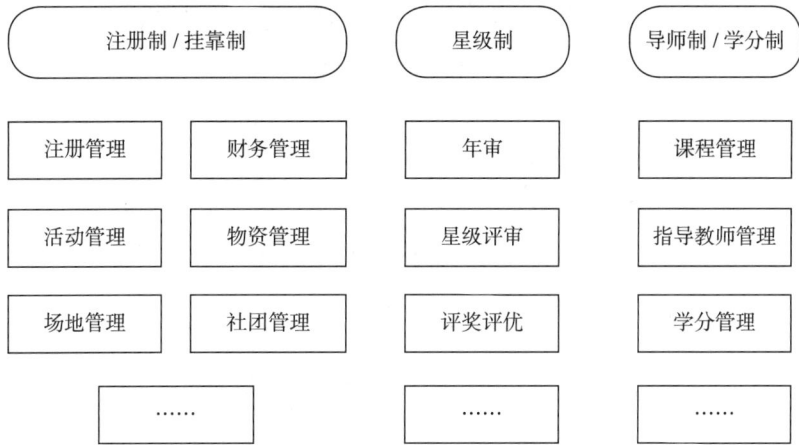

图 8.13　基于五项制度的社团管理系统功能

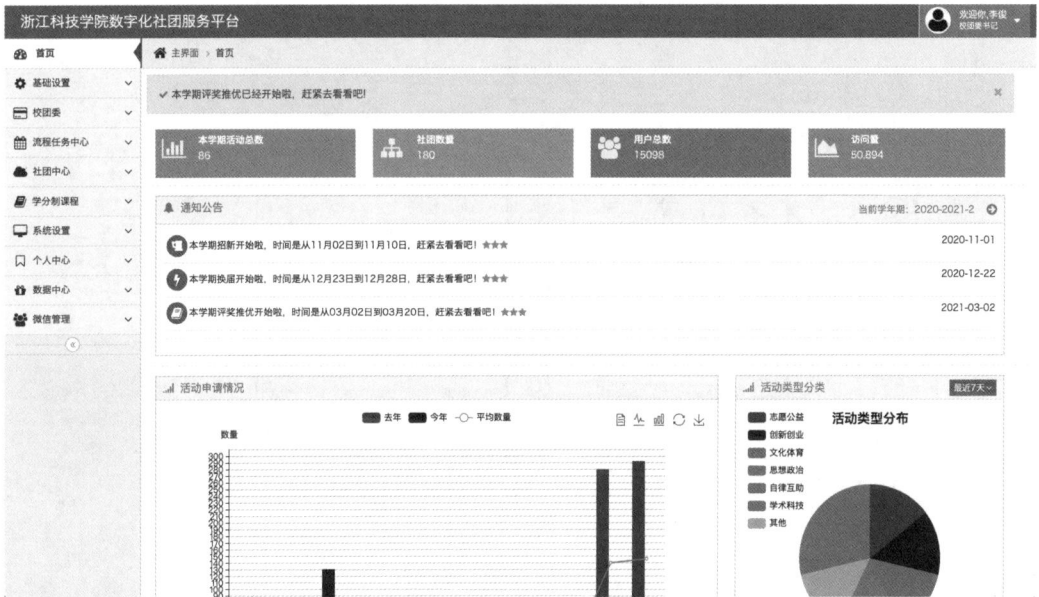

图 8.14　浙江科技学院数字化社团服务平台

　　其中，组织类别为《高校学生社团建设管理办法》中定义的类别，它们是思想政治类、学术科技类、创新创业类、文化体育类、志愿公益类、自律互助类，也可以自定义设置为其他类。设定指导教师时，需要同时上传指导教师确认书附件（图片形式）。作为社团发起人，需要完善个人信息，包括成绩、综测排名、奖惩情况等，用于信息审批时查看（见图 8.16）。发起人提交申请后，待自定义流程审批通过，组织方可正式成立，并记录在案。

图 8.15　社团注册界面

图 8.16　社团负责人信息完善界面

社团其他日常管理包括活动管理、社团管理、物资管理等（见图 8.17）。

二、星级评定功能模块

星级制是对优秀社团的一种客观评价结果。通过星级制度来表达对优秀社团的肯定与认可，能够带给社团干部极大的荣誉感，提升社团干部的主观能动性和创造性。

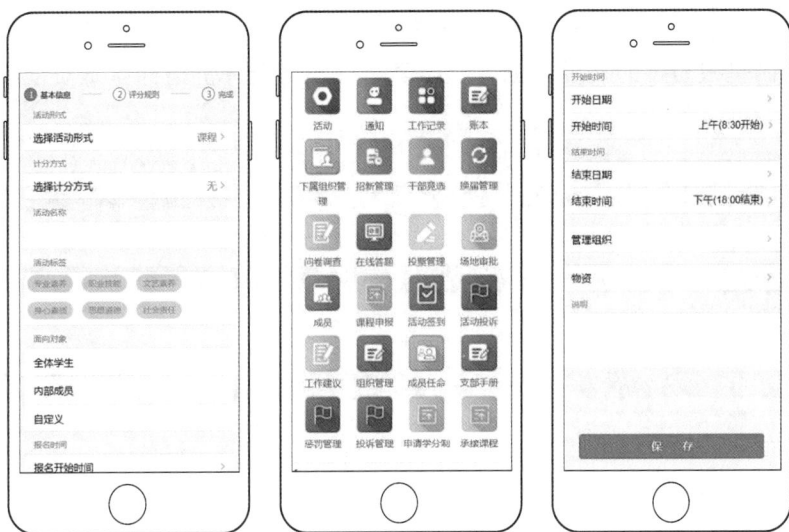

图 8.17　活动管理、社团管理、物资管理界面

社团在成立后，每年需要进行年审，来把控社团整体运行情况（见图 8.18）。年审信息包括工作部门、计划总结、活动经费、成员情况、活动列表和违纪情况等。

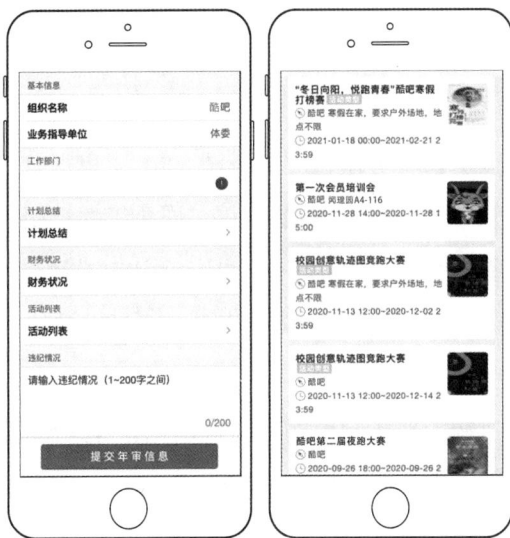

图 8.18　社团年审界面

其中，财务状况、计划总结、活动列表自动抓取上一学年信息，可以联动展示。每次年审前，所有已经填写的计划总结、财务经费信息等都将不可变更，人员信息也要求进行最新更新。年审完毕后，各项信息将会被归档，日后如果需要，则可以进行查询并导出。实行挂靠制时，由社团挂靠指导单位进行审核，审核通过后，年审方可完成。

通过年审信息可以直观地查看社团的整体发展情况，团委/社团管理中心将年审信息作为社团星级考核的主要依据，参照学生社团星级评价指标体系对社团进行分级（见图8.19）。

图8.19　社团星级评审界面

三、学分制社团功能模块

三星级以上社团可以申请学分制社团（见图8.20），审批合格后可以发布带有学分的课程活动，实现社团管理学分制（见图8.21）。低星级的社团可以正常开展其他特色活动。每学年进行社团考核评审时，通过各项指标评比对社团进行星级制管理，以考核为手段，以星级制度评审为抓手，充分调动社团干部、指导教师等社团管理层的积极性、主动性和创造性。

本节介绍了以五项机制为保障制度的社团数字化管理系统在浙江科技学院的应用。注册制、挂靠制、星级制、学分制以及导师制共同形成了全过程指导和全面化监督考评的社团工作机制，能够激发社团内生动力，构建完善的社团育人功能平台，实现资源的有序管理和高效利用。

图 8.20　学分制社团课程申请界面

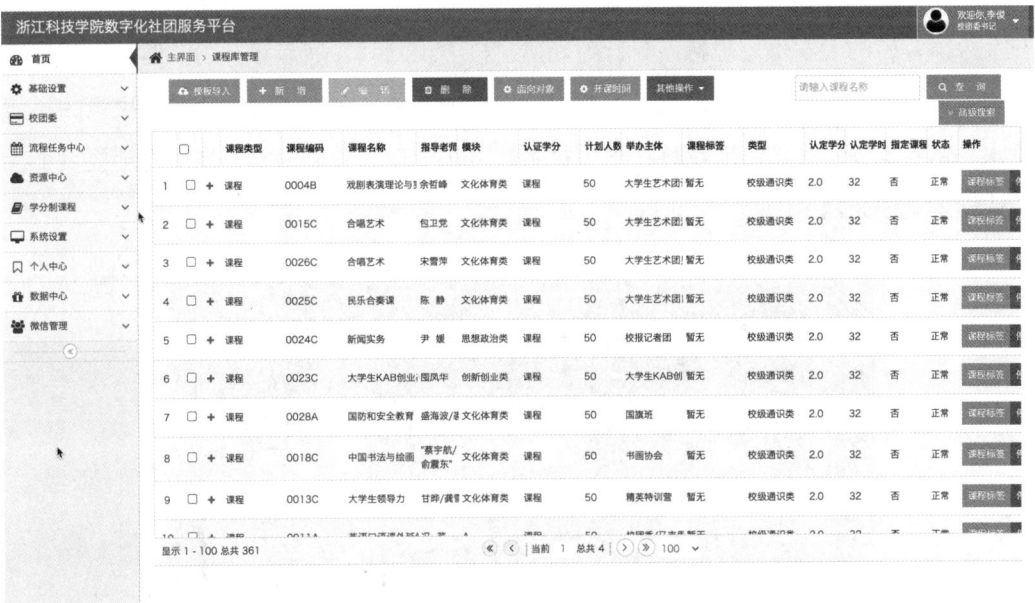

图 8.21　学分制社团课程管理界面

第四节　　社团数字化管理数据应用

当前，以大数据、人工智能等为代表的科技革命在推动人类社会步入智能时代的同时，也正在引领着新一轮的教育变革，对加快推进我国教育现代化影响深远。实现大数据与高校育人体系的结合是现代信息技术应用于教育领域的重大创新。高校教育工作者要因时而进、因势而新，用大数据赋能新时代高校教育发展，不断提高高校教育的针对性、实效性。要确保始终沿着正确的方向顺利推进，实现良好的预期效果，就必须进行科学决策。大数据时代"用数据说话"、注重个性思维和动态思维、预测精准性的特征，为实现高校思想政治教育决策的客观性和科学化提供了可能。在大数据时代，一切信息都可以转化为数据，从而实现对信息的保留和传播，用数据说话已成为时代最强音。大数据基于数据挖掘、数据集成、数据整合、关联分析和"用户画像"等技术，洞悉隐藏在大数据背后的大学生思想特点与行为规律，科学预测其发展趋势，为及时、全面、准确地了解掌握大学生的学习现状、思想困惑和心理变化，全面提升高校教育决策的科学化水平奠定了坚实基础。浙江科技学院社团数字化管理大数据为学校社团管理提供了决策依据（见图 8.22）。

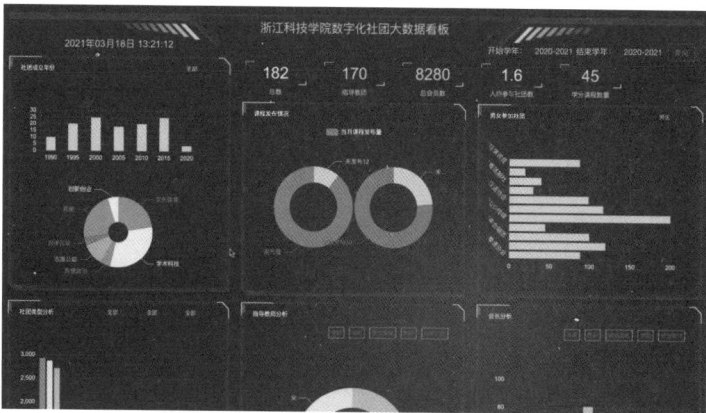

图 8.22　浙江科技学院社团数字化管理大数据看板

"五项机制"保障了社团实践育人重要作用的发挥。管理部门、挂靠单位以及指导教师形成三位一体的社团管理结构，能够充分发挥各职能部门功能，全方位支持社团活动，保障社团健康有序的发展。同时，这种社团管理结构能够激发师生的主观能动性，完善学分制社团课程建设，发挥社团在高校育人体系中的重要作用。

　　大数据处理分析数据是信息化热点。该分析通过云计算以及私有聚合算法，将海量数据进行抽取、转换、加载（ETL），转化为有用的数据，并将各项结果图形化展示，形成社团画像，便于对社团发展、学生活动情况、思想动态进行挖掘、分析、改进和管理。以下以浙江科技学院为例进行说明。

一、社团数据分析

　　学生社团注册制的实行，可以显著提升学校管理者对学生社团的监管程度，进一步加强学校对学生社团的管理工作。通过设定严格的注册标准与条件，确保每一个合法有效的学生社团思想健康、学风建设优良性；章程草案等材料的提交，可以保证学生社团的运行指导宗旨明确，内部管理合法、合理、透明；通过对学生社团主体和学生社团运营人员的严格把控，确保学生社团质量过关，保障学生社团在素质拓展、学分建设等方面作用的发挥；通过对社团成立时间的分布、社团类别的分布等数据进行整理分析（见图 8.23、图 8.24），找到学校特色发展社团，指导社团发展方向。

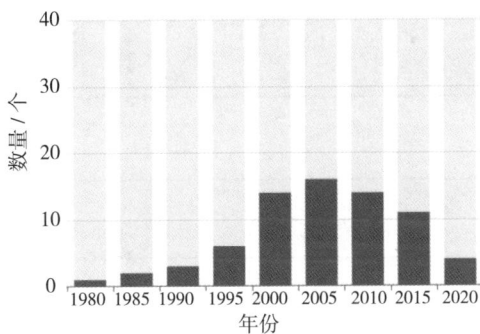

图 8.23　社团发展情况

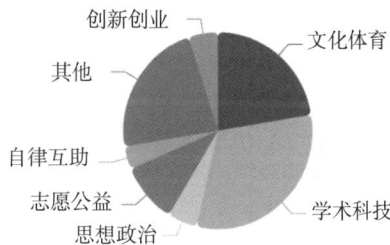

图 8.24　社团类型分布

二、智能辅助管理

　　为了切实有效地解决学生社团建立后的监管问题，实行学生社团挂靠单位分级管理能够避免"眉毛胡子一把抓"的问题，切实减轻管理单位的工作量，提高学生社团管理工作运行效率。挂靠单位为社团的政治方向和日常管理提供正确的引导，社团指导教师从社团内部着手，双管齐下，实现"内外两手"抓，确保学生社团发展方向的正确性，同时为做大做强特色社团提供有力的资源支持，保证社团的正常有序发展。如何合理地将社团下放给各个指导单位，是校方管理者面临的重要问题。信息化系统可以较好地将各类数据呈现在管理者眼前，助力管理决策（见图 8.25、图 8.26、图 8.27）。

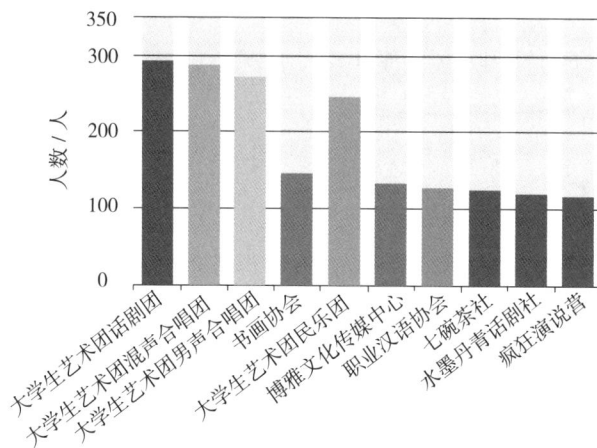

图 8.25　挂靠单位社团分布及人数（人文与国际教育学院）

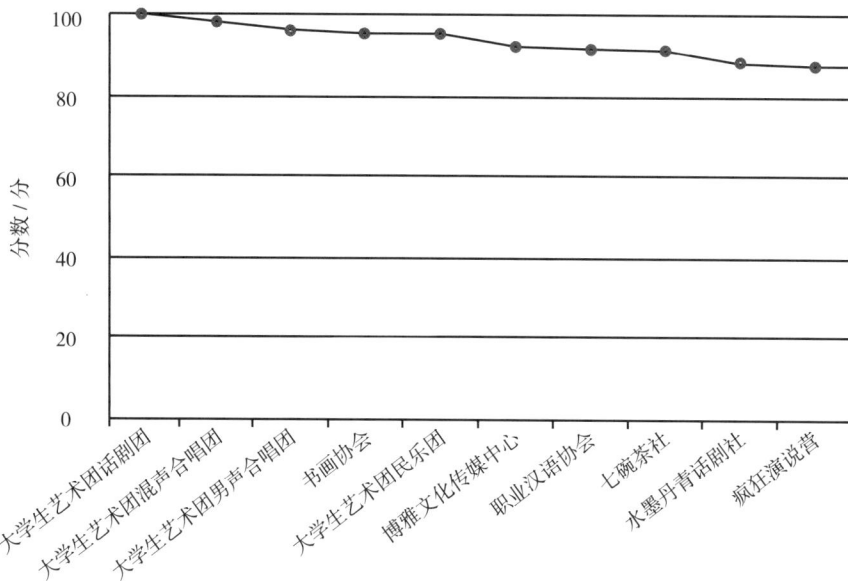

图 8.26　社团年度考核分数（人文与国际教育学院）

三、社团发展评价

充分调动学生社团干部的积极性是保持学生社团活力的重要条件。从管理者角度来看，保障优秀社团的优先发展权，是打造特色学生社团的重要保证。通过星级评选

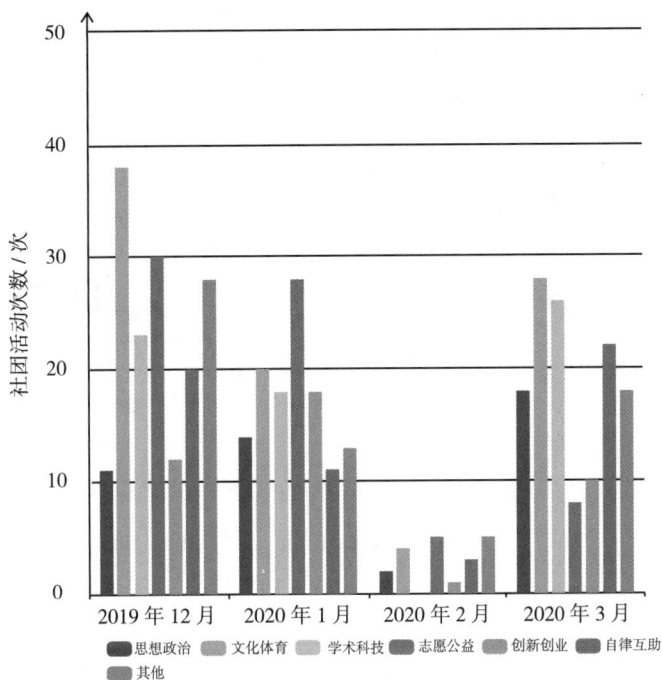

图 8.27　2019 年 12 月至 2020 年 3 月各类社团月度活动次数

中的淘汰制度，将不能正常发展的学生社团予以"清退"，保证了学生社团的先进性和活跃性。通过信息系统中的社团发展数据，可以很直观地将社团活跃情况及参与者对社团的评价呈现出来（见图 8.28、图 8.29、图 8.30）。

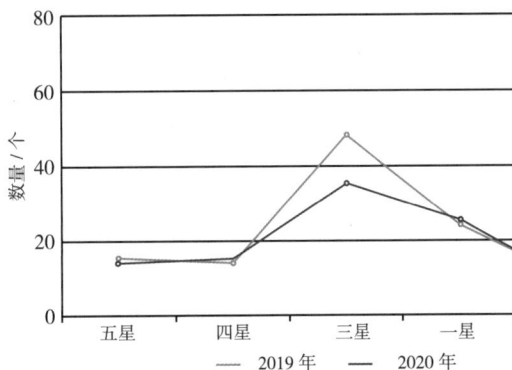

图 8.28　星级社团分布

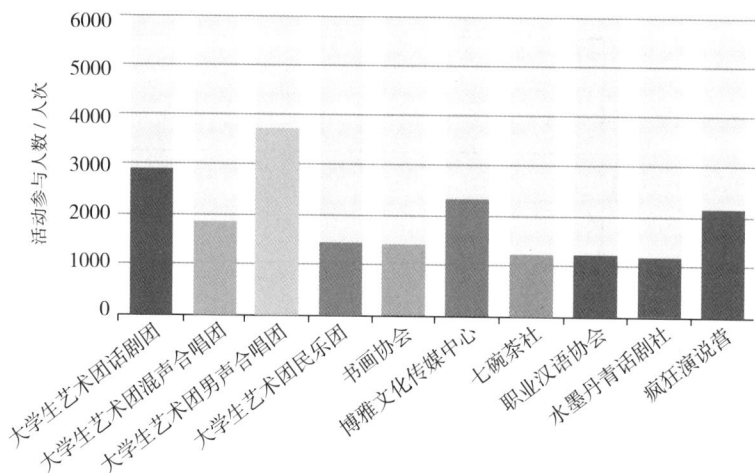

图 8.29　2020 年社团活动参与情况（人文与国际教育学院）

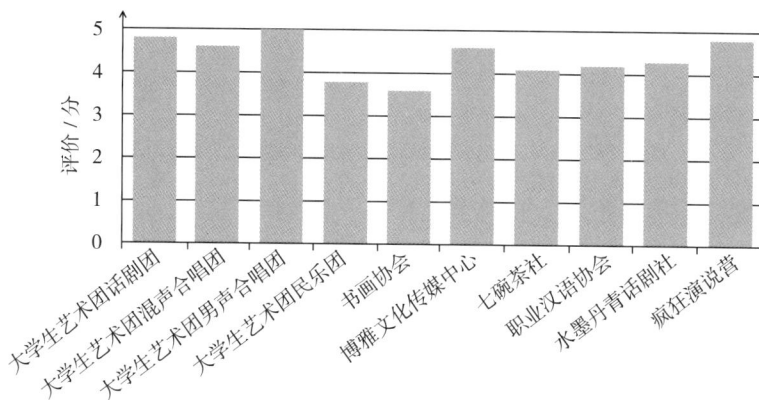

图 8.30　2020 年社团活动参与者对社团的评价（人文与国际教育学院）

四、社团育人分析

学分制和导师制的实行，进一步发挥了学生社团在学校的学分建设、综合素质拓展建设等方面的重要作用。导师制能够解决学生社团指导教师工作量的计算等问题。指导教师完成社团学分制课程任务（见表 8.1），其工作由"虚化"走向务实，调动了其工作积极性。通过数据分析，管理部门能够清晰地将社团指导教师与所承担课程、选课学生等多维度数据关联起来（见图 8.31）。

表 8.1　学分制社团课程选课示例

指导教师	指导社团	承担课程	学生数/人
余**	大学生艺术团话剧团	戏剧表演理论与实践	48
郑*	国旗班	国防和安全教育	45
李**	ATTACKER 方程式赛车队	汽车设计与整车集成仿真	50
刘**	浙科 TV	影视拍摄与后期制作	47

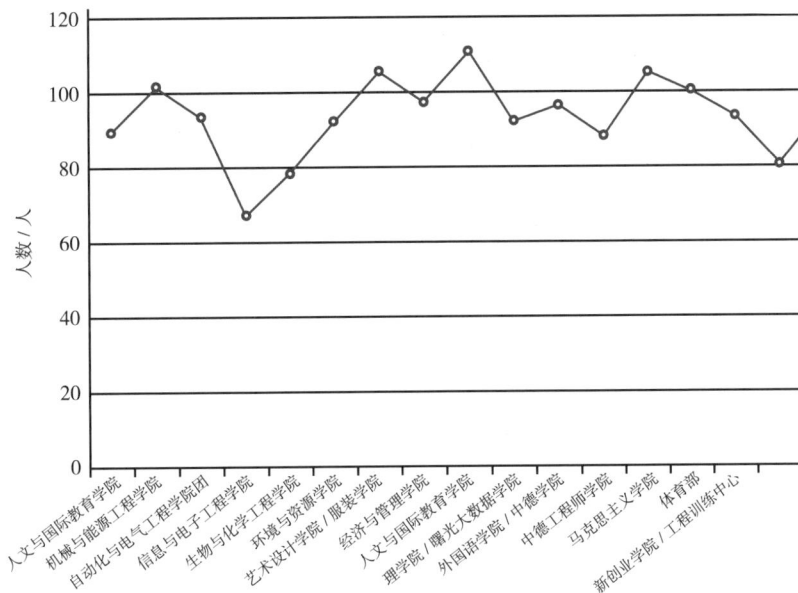

图 8.31　2020 年学生选课分布情况

　　本章通过社团数字化管理的背景和相关理论介绍，展示了社团数字化管理在育人体系中的重要作用。笔者根据浙江科技学院社团管理机制分析了社团数字化管理系统中涉及的用户角色及功能，为系统设计开发提供了依据，并介绍了社团数字化管理在实际运行过程中的应用，最后对社团数字化数据应用进行了分析。

　　学生社团的发展需要多方共同努力，管理工具只是一种辅助手段，信息化管理系统的"灵魂"在于其理论支撑体系。现如今，各高校对学生社团在高校育人中的价值体现的期望越来越高，这既是贯彻落实国家政策的需要，也是高校"立德树人"育人的根本。大力发展高校特色社团离不开高校管理者正确的引导和强力的支持。通过数字化管理工具，做到规范化管理、数据化呈现，从社团注册源头抓起，辅以持续不断的监督与引导，可以帮助学生更好地了解、选择社团；帮助指导教师熟悉业务流程、规范日常管理；帮助挂靠单位了解学生活动动态；帮助校方（团委）进行团学工作评审，营造积极向上的团学氛围，让学生社团的价值得以充分体现。

从教育信息化 1.0 时代到 2.0 时代，随着信息技术的不断发展与教育教学改革的不断深化，教育信息化的技术形态、发展重心、发展任务、发展方式、发展目标与发展愿景等方面都发生了战略转向。具体来说，教育信息化 1.0 时代的发展以计算机和半导体技术等传统信息技术为核心，以数字校园建设为载体；教育信息化 2.0 时代的发展以大数据和人工智能等新型智能信息技术为核心，以智慧校园建设为载体。教育信息化 1.0 时代的发展重心以物为重，重视信息基础设施建设；教育信息化 2.0 时代注重以人为本，重视师生全面发展，其发展方式是将信息技术作为内生变量，支撑引领教育系统性变革，其发展目标是实现教育教学过程智能化与个性化，形成教育新生态。高校要加快推进社团数字化改革，通过社团数字化管理加强思想引领，提高社团育人的精准性，强化部门工作的协同性，提升师生评价满意度，实现社团工作业务数据化、数据业务化，推动学校共青团工作和育人工作的整体智治赋能。

附 录

中共中央、国务院《深化新时代教育评价改革总体方案》（节选）

一、总体要求

指导思想。以习近平新时代中国特色社会主义思想为指导，全面贯彻党的十九大和十九届二中、三中、四中全会精神，全面贯彻党的教育方针，坚持社会主义办学方向，落实立德树人根本任务，遵循教育规律，系统推进教育评价改革，发展素质教育，引导全党全社会树立科学的教育发展观、人才成长观、选人用人观，推动构建服务全民终身学习的教育体系，努力培养担当民族复兴大任的时代新人，培养德智体美劳全面发展的社会主义建设者和接班人。

主要原则。坚持立德树人，牢记为党育人、为国育才使命，充分发挥教育评价的指挥棒作用，引导确立科学的育人目标，确保教育正确发展方向。坚持问题导向，从党中央关心、群众关切、社会关注的问题入手，破立并举，推进教育评价关键领域改革取得实质性突破。坚持科学有效，改进结果评价，强化过程评价，探索增值评价，健全综合评价，充分利用信息技术，提高教育评价的科学性、专业性、客观性。坚持统筹兼顾，针对不同主体和不同学段、不同类型教育特点，分类设计、稳步推进，增强改革的系统性、整体性、协同性。坚持中国特色，扎根中国、融通中外，立足时代、面向未来，坚定不移走中国特色社会主义教育发展道路。

改革目标。经过5至10年努力，各级党委和政府科学履行职责水平明显提高，各级各类学校立德树人落实机制更加完善，引导教师潜心育人的评价制度更加健全，促进学生全面发展的评价办法更加多元，社会选人用人方式更加科学。到2035年，基本形成富有时代特征、彰显中国特色、体现世界水平的教育评价体系。

二、重点任务

坚持把立德树人成效作为根本标准。加快完善各级各类学校评价标准，将落实党的全面领导、坚持正确办学方向、加强和改进学校党的建设以及党建带团建队建、做好思想政治工作和意识形态工作、依法治校办学、维护安全稳定作为评价学校及其领导人员、管理人员的重要内容，健全学校内部质量保障制度，坚决克服重智育轻德育、重分数轻素质等片面办学行为，促进学生身心健康、全面发展。

改进高等学校评价。推进高校分类评价，引导不同类型高校科学定位，办出特色和水平。改进本科教育教学评估，突出思想政治教育、教授为本科生上课、生师比、生均课程门数、优势特色专业、学位论文（毕业设计）指导、学生管理与服务、学生参加社会实践、毕业生发展、用人单位满意度等。改进学科评估，强化人才培养中心地位，淡化论文收录数、引用率、奖项数等数量指标，突出学科特色、质量和贡献，纠正片面以学术头衔评价学术水平的做法，教师成果严格按署名单位认定、不随人走。探索建立应用型本科评价标准，突出培养相应专业能力和实践应用能力。制定"双一流"建设成效评价办法，突出培养一流人才、产出一流成果、主动服务国家需求，引导高校争创世界一流。改进师范院校评价，把办好师范教育作为第一职责，将培养合格教师作为主要考核指标。改进高校经费使用绩效评价，引导高校加大对教育教学、基础研究的支持力度。改进高校国际交流合作评价，促进提升校际交流、来华留学、合作办学、海外人才引进等工作质量。探索开展高校服务全民终身学习情况评价，促进学习型社会建设。

树立科学成才观念。坚持以德为先、能力为重、全面发展，坚持面向人人、因材施教、知行合一，坚决改变用分数给学生贴标签的做法，创新德智体美劳过程性评价办法，完善综合素质评价体系，切实引导学生坚定理想信念、厚植爱国主义情怀、加强品德修养、增长知识见识、培养奋斗精神、增强综合素质。

完善德育评价。根据学生不同阶段身心特点，科学设计各级各类教育德育目标要求，引导学生养成良好思想道德、心理素质和行为习惯，传承红色基因，增强"四个自信"，立志听党话、跟党走，立志扎根人民、奉献国家。通过信息化等手段，探索学生、家长、教师以及社区等参与评价的有效方式，客观记录学生品行日常表现和突出表现，特别是践行社会主义核心价值观情况，将其作为学生综合素质评价的重要内容。

强化体育评价。建立日常参与、体质监测和专项运动技能测试相结合的考查机制，将达到国家学生体质健康标准要求作为教育教学考核的重要内容，引导学生养成良好锻炼习惯和健康生活方式，锤炼坚强意志，培养合作精神。中小学校要客观记录学生日常体育参与情况和体质健康监测结果，定期向家长反馈。改进中考体育测试内容、方式和计分办法，形成激励学生加强体育锻炼的有效机制。加强大学生体育评价，探索在高等教育所有阶段开设体育课程。

改进美育评价。把中小学生学习音乐、美术、书法等艺术类课程以及参与学校组织的艺术实践活动情况纳入学业要求，促进学生形成艺术爱好、增强艺术素养，全面提升学生感受美、表现美、鉴赏美、创造美的能力。探索将艺术类科目纳入中考改革试点。推动高校将公共艺术课程与艺术实践纳入人才培养方案，实行学分制管理，学生修满规定学分方能毕业。

加强劳动教育评价。实施大中小学劳动教育指导纲要，明确不同学段、不同年级劳动教育的目标要求，引导学生崇尚劳动、尊重劳动。探索建立劳动清单制度，明确学生参加劳动的具体内容和要求，让学生在实践中养成劳动习惯，学会劳动、学会勤俭。加强过程性评价，将参与劳动教育课程学习和实践情况纳入学生综合素质档案。

共青团中央、教育部《高校共青团改革实施方案》（节选）

为深入贯彻落实习近平总书记系列重要讲话和《中共中央关于加强和改进党的群团工作的意见》、中央党的群团工作会议精神，贯彻落实《共青团中央改革方案》，切实加强和改进高校共青团各项工作和建设，推进高校共青团改革创新，特制定本方案。

一、总体要求

（一）指导思想

深入贯彻党的十八大和十八届三中、四中、五中、六中全会精神，深入学习贯彻习近平总书记系列重要讲话特别是关于青少年和共青团工作的重要指示精神，立足保持和增强政治性、先进性、群众性，着力解决脱离青年学生的突出问题，依照共青团"凝聚青年、服务大局、当好桥梁、从严治团"的工作格局，积极适应共青团深化改革新形势、高等教育综合改革新发展和青年学生新特点，始终把握思想政治引领这一核心任务，坚持立德树人，坚持服务学生成长成才，坚持以体制机制改革激发活力，着力推进组织创新和工作创新，团结带领广大青年学生按照党的要求努力成长为中国特色社会主义事业的合格建设者和可靠接班人，为协调推进"五位一体"总体布局和"四个全面"战略布局、实现"两个一百年"奋斗目标作贡献。

（二）基本原则

牢牢把准政治方向。紧紧依靠党的领导，自觉将党的理论和路线方针政策贯彻落实到高校共青团改革各方面、全过程，坚定不移走中国特色社会主义群团发展道路，坚持中国特色社会主义青年运动方向，引领广大青年学生坚定跟党走。

尊重学生主体地位。深化以青年学生为中心的改革，把准青年学生脉搏，了解青年学生心声，坚持服务青年学生的工作生命线，让青年学生当团学工作和活动的主角，问需问策问效于青年学生，使高校共青团深深植根于青年学生。

突出重点聚焦问题。紧紧围绕提升高校共青团的吸引力凝聚力和扩大工作有效覆盖面，抓住脱离青年学生这一本质问题，着眼根本，立足长远，着力破解制约高校共青团发展的思维定势、重点难点和体制机制问题。

统筹推进上下联动。着眼于"自上而下"与"自下而上"相结合，既坚持全面统筹，做好顶层设计和推动，又发挥基层首创精神，鼓励基层先行先试、大胆探索，形成上下联动、合力推进改革的生动局面。

（三）主要目标

紧紧围绕保持和增强政治性、先进性、群众性这一基本要求，突出基础制度创新和组织活力提升，建设更加充满活力、更加坚强有力的高校共青团，巩固提升在全团的基础性、战略性、源头性地位和作用，直接联系服务引领青年学生取得重要成效，工作有效覆盖面不断扩大，组织吸引力凝聚力不断增强，服务高等教育发展和学生成长成才的能力水平不断提高，广大青年学生听党话、跟党走的信念更加坚定。

二、改革措施

（一）改革优化领导体制和运行机制

1. 改革完善领导机构设置。加强团教协作，在全国和省级层面，由共青团组织和教育部门共同成立高校共青团工作指导委员会，建立健全联席会议制度，加强工作统筹指导和督导。团中央学校部实行"职能处室＋专业中心＋分类组织"的工作机构设置模式；将"中等职业学校处"调整为"职业院校处"，加强高职院校与中职学校共青团工作统筹。充分发挥全国学校共青团研究中心、新媒体运营中心等专业化协同工作平台的作用。建立健全分类型、分区域的高校共青团工作交流组织机制。支持和鼓励高校团委按照思想引领、素质拓展、权益服务、组织提升等主要任务，根据工作实际合理设置和调整工作机构。

2. 推行直接联系服务引领青年师生制度。落实全团"大宣传大调研""常态化下沉基层""向基层服务对象报到""团干部直接联系青年"等工作要求。实行"驻校蹲班"直接联系基层团支部制度，团中央、省级团委、地市级团委中负责高校共青团的专职干部结合自身工作，每年集中不少于 15 个工作日到高校"驻校蹲班"，高校校级团委专职干部每人每年直接联系 1 个以上基层团支部。建立健全高校共青团工作活动开展"众创众筹众评"制度，通过项目化的征集招标、申办领办等方式，通过实行青年师生评议工作制度，使青年师生更多地参与到共青团工作的设计、决策、实施、评议全过程。定期以多种形式召开面向高校青年师生的恳谈会、通报会等。

3. 构建项目化、扁平化、制度化的工作机制。对重点工作实施项目化管理，促进"挑战杯""创青春""三下乡""三走""四进四信""与信仰对话"等项目的运行规范和内涵提升，着力打造若干面向青年学生的团学工作品牌。努力实现高校共青团各级组织间工作审批、指令发布、信息交流的科学层级化和有效扁平化，大幅精简会议、文件、简报，注重运用新媒体手段指导和推动工作。加强高校共青团的制度和规范建设，促进工作有制可循、有序开展。明确高校共青团不同层级组织的核心任务，注重工作部署的统筹安排。综合运用党政评价、师生评议、互学互评、第三方测评等方式，建立健全高校共青团上级组织对下级组织的评价考核制度。注重对基层的直接支持指导，努力为基层团组织配置和争取资源，加强工作标准化和知识化管理，建立团学工作资料库和"慕课"资源库。

（二）改革健全基层组织制度

4. 构建党领导下的"一心双环"团学组织格局。在高校党委领导下，构建"一心双环"组织格局，以团委为核心和枢纽，以学生会组织为学生自我服务、自我管理、自我教育、自我监督的主体组织，以学生社团及相关学生组织为外围延伸手臂。改进团组织对学生会组织的指导，推动学生会组织深化改革，依法依章程独立自主开展工作；高校的各级学生会组织，由同级团委归口指导。高校团委履行对学生社团的主要管理职能，支持引导学生社团规范发展；学生会组织配合团组织加强对学生社团的引导、服务和联系，校级学生会组织须明确1名主席团成员负责学生社团工作。校级团委应设立专门机构，指导和管理学生社团工作；已成立校级学生社团联合会的，其主要负责人须由校级学生会组织负责学生社团工作的学生兼任。

5. 落实和完善团的代表大会制度。严格执行校级和院系团的代表大会定期召开制度，坚决杜绝不按时召开的现象；增强代表性，提高基层团支部、非团学干部的团员学生和青年教职工的代表比例，2018年之前实现比例不低于70%的目标；畅通代表参与渠道，推行代表常任制、提案制和大会发言制度，建立校级和院系团组织定期向团的常任代表报告工作和听取意见建议的制度。坚持团内民主，推行和落实基层团支部直接选举，鼓励有条件的校级和院系团组织在经党组织同意的提名人选中差额选举产生委员会成员和书记、副书记。

6. 巩固和创新基层团组织建设。制定实施高校共青团基层组织工作制度文件。深入实施高校基层团支部"活力提升"工程。发挥校级团委主体作用；强化院系团组织建设，明确书记专设，健全内设机构；强化研究生团组织建设，加强组织覆盖和工作覆盖；巩固班级团支部建设，推进社团建团，探索宿舍建团、实验室建团、网络建团等，构建"多种模式、多重覆盖"的团建创新机制；推行班级团支部与班委会一体化运行机制，探索实行班长兼任团支部副书记或团支部书记兼任班长的制度。针对高校内的青年教师和青年职工等群体，各高校校级团委须专门成立相应团组织，积极建立交流沟通平台和机制，加强联系服务引导；注重促进青年教师密切联系学生，教学相长、共同提高。以团干部选配和团的工作规范化为重点，加强民办高校和独立学院团的建设。

（三）改革创新工作方式方法

7. 构建分层分类一体化思想引领工作体系。着眼思想政治引领和价值引领，以学习宣传贯彻习近平总书记系列重要讲话精神、中国特色社会主义和中国梦宣传教育、培育和践行社会主义核心价值观为主要内容，遵循青年学生成长和思想教育引导的客观规律，改革创新思想引领工作面向不同类型学校、不同阶段学生、不同精神需求的目标、内容和方法，构建分层分类一体化工作体系。广泛开展高校共青团"四进四信"活动，深化实施"青年马克思主义者培养工程"，改进创新面向广大青年学生的思想引领工作方式。

8. 实施高校共青团"第二课堂成绩单"制度。围绕高校育人的中心任务，在引导青年学生坚持学业为主的同时，针对学习就业创业、创新创造实践、身体心理情感、志愿公益和社会参与等普遍需求，借鉴"第一课堂"的做法，加强与学校相关部门、政府有关职能部门以及社会机构合作，普遍推行高校共青团"第二课堂成绩单"制度，推动工作的规范化、课程化、制度化。从工作内容、项目供给、评价机制等方面进行系统设计和整合拓展，客观记录、认证学生参与"第二课堂"活动的经历和成果，促进高校共青团"第二课堂成绩单"成为学校人才培养评估、学生综合素质评价、社会单位选人用人的重要依据。

9. 健全针对困难学生的多样化、常态化帮扶机制。加大高校共青团对经济困难、学业困难、心理问题、人际沟通困难、上进心不足及毕业未就业等学生群体的帮扶力度，积极动员和整合校内、社会等方面资源，推进实施"学生导师计划""心理阳光工程""千校万岗"高校毕业生就业精准帮扶行动、节假日送温暖等工作，帮助他们适应大学生活，顺利完成学业，积极融入社会。

10. 完善学生权益维护工作机制。以促进教育公平和维护学生合法权益为出发点，关注校园弱势群体，关注普遍性利益诉求，完善维护高校学生权益的组织化渠道和机制。探索在学校、院系、班级等团组织中设立权益部长（委员）。推动高校共青团与当地12355青少年服务台对接，依托服务台联系的公益律师、心理咨询师等专业力量，为学生提供法律、心理服务和权益个案帮扶。

11. 推进"网上共青团"建设。加快高校共青团互联网战略转型，形成线上线下深度融合的工作战略理念和整体格局。以"青年之声"平台建设为依托，按照"加强平台体系建设、加强功能内容建设、加强服务能力建设、推动与重点工作整合、推动强化工作保障"的思路，通过线上线下联动，将"青年之声"平台建设成反映学生呼声、回应学生诉求、维护学生权益、服务学生成长的统一品牌和重要窗口。结合全团"智慧团建"系统实施，实现基础团务、团员管理和团的信息统计网络化。提升新媒体运用能力和水平，打造微信、微博、QQ、贴吧、网站等新媒体阵地集群；统筹建好网络工作队伍，建立健全管理、培训和激励机制；加强网络文化内容供给，研发和推广优秀内容产品。发挥全国学校共青团新媒体运营中心的统筹协调作用，推动省级团委、高校团委成立相应组织，整合各方资源，加强工作联动。

共青团中央、教育部
《关于在高校实施共青团"第二课堂成绩单"制度的意见》

为深入学习贯彻习近平新时代中国特色社会主义思想和党的十九大精神，全面落实《关于加强和改进新形势下高校思想政治工作的意见》等有关文件要求，切实发挥好共青团服务高校立德树人根本任务和人才培养中心工作的重要作用，现就在全国高校实施共青团"第二课堂成绩单"制度提出如下意见。

一、重要意义

共青团"第二课堂成绩单"制度是充分借鉴第一课堂教学育人机理和工作体系，整体设计高校共青团工作内容、项目供给、评价机制和运行模式，实现共青团组织实施的思想政治引领、素质拓展提升、社会实践锻炼、志愿服务公益和自我管理服务等第二课堂活动的科学化、系统化、制度化、规范化，实现高校学生参与共青团第二课堂可记录、可评价、可测量、可呈现的一整套工作体系和工作制度。实施共青团"第二课堂成绩单"制度是落实习近平总书记提出的"要重视和加强第二课堂建设"的重要要求，推动高校思想政治工作改革创新，创新中国特色社会主义教育制度的积极举措；是适应高等教育综合改革，全面落实立德树人根本任务，全面实施素质教育的必然要求；是深化高校共青团改革，强化共青团育人职能，强化共青团组织建设的关键路径；是完善学生发展服务体系，促进学生素质素养提升，促进学生就业创业的迫切需要。

二、总体要求

（一）指导思想。高举习近平新时代中国特色社会主义思想伟大旗帜，深入贯彻落实党的教育方针，积极适应高等教育综合改革新发展、共青团组织深化改革新形势和大学生成长成才新特点，紧紧围绕立德树人根本任务，切实遵循人才培养规律、高等教育规律和青年成长规律，深入挖掘第二课堂育人价值，系统提升第二课堂育人实效，逐步健全完善第一课堂和第二课堂深度融合、相辅相成的人才培养模式，努力培养又红又专、德才兼备、全面发展的中国特色社会主义事业合格建设者和可靠接班人。

（二）基本原则。一是坚持融入人才培养大局。紧紧围绕高校人才培养中心工作，充分发挥共青团第二课堂协同育人作用，使共青团第二课堂成为人才培养体系的有机组成部分。二是坚持服务学生发展需求。秉持以学生发展为本的理念，面向学生成长成才实际需求，构建科学、务实、有效的共青团第二课堂育人体系。三是坚持发挥第二课堂优势。充分发挥第二课堂内容丰富、形式灵活的优势特点，依托校内、校外资源等将共青团第二课堂打造成为鼓励学生政治锤炼、知识实践、技能拓展、素质养成的载体平台。四是坚持突出基层主体地位。以高校为实施主体，鼓励结合学校工作实际，在内容设计、平台建设、工作实施等方面积极探索创新，形成富有学校特色的制度模式。

（三）实施目标。在 2018 年秋季学期，面向全国高校推广实施共青团"第二课堂成绩单"制度，通过有关方面共同努力，逐步将共青团"第二课堂成绩单"打造成为学校人才培养评估、学生综合素质评价、社会单位招录高校毕业生的重要依据，为提升高等教育质量，深化高校共青团改革，创新人才培养模式发挥重要作用。

三、主要内容

（一）构建课程项目体系。课程项目体系是共青团"第二课堂成绩单"制度的实施基础。要紧紧围绕思想素质养成、政治觉悟提升、文艺体育项目、志愿公益服务、创新创业创造、实践实习实训、技能特长培养等内容设计课程项目体系。聚焦人才培养目标，尊重学校历史传统结合第一课堂教学安排，统筹设计共青团第二课堂课程项目体系，实现第二课堂与第一课堂互动互融、互补互促。要充分借鉴第一课堂教学模式，对能够课程化的项目活动进行课程化设计，制定教学大纲，配备师资力量，规范教学过程，完善考核方式。对不宜课程化的项目活动要规范供给标准，注重质量控制。要坚持开放包容、协同育人，充分吸纳团学组织、机关院系、社会机构等举办的，可以促进学生全面发展、能够科学反映学生成长状况的活动和项目。

（二）构建记录评价体系。记录评价体系是共青团"第二课堂成绩单"制度的实施牵引。记录评价体系应突出客观性、写实性、价值性、简便性，以科学的评价标准为依据，针对学生参与共青团第二课堂的表现进行科学认证，按照学期、学年等时间节点，对学生表现出的综合素质进行全面反映。根据具体情况灵活施策，可采用记录式评价，对学生参与第二课堂的过程和成果进行真实客观记录；可采用学分式评价，对课程项目设定学分或学时、积分等，对学生参与第二课堂情况实行课程化管理，以是否完成相关要求作为评价标准；可采用综合式评价，根据学生参与第二课堂活动情况，对学生综合能力进行描述性评价，形成评价报告。基于共青团组织和学生会、学生社团的组织化功能，由课程项目主办方提供、班级团支部和院系团组织记录、学校团委评价学生参与第二课堂活动情况，鼓励学生自我参与申报。

（三）构建数据信息体系。数据信息体系是共青团"第二课堂成绩单"制度的实施支撑。要依托数据信息体系开展课程项目的发布、管理、评估，实现学生参与课程项目的记录、评价、认证。高校可通过自主研发或使用其他由共青团组织、教育部门提供的数据管理系统建立数据信息平台。倡导鼓励共青团"第二课堂成绩单"制度数据信息体系与学校综合信息系统统筹联通。要建立自下而上、逐级审核、及时更新的信息采集、审核、发布机制，完善学生个人申报、班级团支部或院系团组织审查、课程项目主办方审核、学校团委评价认定等流程，实现逐级对数据信息的真实性、完整性、准确性把关，确保数据信息及时、准确、全面。

（四）构建动态管理体系。动态管理体系是共青团"第二课堂成绩单"制度的实施保障。要立足立德树人，建立标准健全、多方参与、多级评价的共青团第二课堂质量监测评估体系，制定科学合理的质量控制标准、监测指标和评价方法，健全第三方评价机制，增强评价的专业性、独立性和客观性。要建立学期、学年结果反馈和运用机制，充分运用互联网、大数据等现代信息技术，对学生参与第二课堂情况进行分析评价，科学评估第二课堂育人成效，动态调整第二课堂课程项目体系，促进第二课堂活动完善与迭代，为学校了解学生成长状况、优化人才培养方案提供决策支持，为学生及时掌握第二课堂项目活动参与情况，促进健康成长提供动态指导。

（五）构建价值应用体系。价值应用体系是共青团"第二课堂成绩单"制度的实施关键。共青团"第二课堂成绩单"制度具有客观跟踪记录、科学评价评估、引导学生成长、服务育人大局、强化组织建设、促进学生就业等功能。要重点突出共青团"第二课堂成绩单"结果应用和价值发掘，将共青团"第二课堂成绩单"作为学生在校期间综合素质测评、评奖评优、升本推研、推优入党等的重要评价，积极推进将"第二课堂成绩单"纳入学生个人档案。要通过"第二课堂成绩单"为社会用人单位选人、用人提供具有规范性、公信力的科学参考依据，形成学生、学校、社会的有效连接。

四、工作要求

（一）加强组织领导。各省级团委和教育部门要通过成立工作组、建立联席会议制度等，统筹做好工作指导、督导检查和绩效评估。各高校要在学校党政领导下，把共青团"第二课堂成绩单"制度作为"三全育人"综合改革的一项重要内容，作为深化高校共青团改革的牵引性重大举措，统筹校内教育教学、科学研究、学生工作、组织宣传、后勤保障等多个部门，成立必要的推进实施专门机构，具体工作由学校团委负责。要加大对实施共青团"第二课堂成绩单"制度的整体规划和管理指导，结合本校实际情况，尽快制定相关工作方案和配套文件。

（二）加强资源保障。各省级团委和教育部门要充分结合本地区实际，为共青团"第二课堂成绩单"制度的设计实施提供必要支持和资源保障，完善共青团"第二课堂成绩单"制度有关机制。各高校要在师资、经费、场地、后勤等方面为制度实施提供保障，把共青团第二课堂体系建设经费纳入人才培养成本，把教师指导学生参加共青团第二课堂计入工作量，鼓励专业教师和校友等社会力量参与共青团第二课堂建设。

（三）加强宣传推广。各省级团委和教育部门要争取组织、宣传部门和人力资源和社会保障等其他部门支持，向用人单位和社会广泛推介共青团"第二课堂成绩单"，为共青团"第二课堂成绩单"制度实施提供政策保障，营造浓厚舆论氛围。各高校要注重共青团"第二课堂成绩单"制度工作成果总结和分享传播，充分利用微信、微博等新媒体和大众传媒、校园媒体等多种形式，加强宣传报道和成果展示。

中共浙江科技学院委员会
《关于新时代加强和改进学生社团工作的指导意见》

为深入贯彻习近平新时代中国特色社会主义思想特别是习近平总书记关于高校思想政治工作和青年工作的重要论述，贯彻落实《中共中央关于加强和改进党的群团工作的意见》、中共教育部党组、团中央印发《高校学生社团建设管理办法》的要求，完成学校第四次党代会提出的"高水平建设社会主义的浙江科技大学"目标和对社团工作的殷切期望，进一步加强和改进学生社团工作，建立健全学生社团工作体制，引导推动学生社团的健康有序发展，发挥其在文化校园建设、优良学风创建、创业创新教育和提高学生综合素质等方面的积极作用，结合学校实际，制定本指导意见。

一、指导思想

学生社团是在校党委的领导和团委的指导下开展活动的群众性学生团体。学生社团工作的指导思想是：以习近平新时代中国特色社会主义思想为指导，坚持社会主义先进文化的发展方向。以立德树人为根本，推动学生社团在活跃校园文化、加强学生思想政治教育、促进优良学风建设、服务学校改革发展稳定等方面发挥更大的作用；以提升学生思想政治素质、文化道德素养、创业创新能力为主要目标，坚持建设和管理并重，积极扶持、规范运作，促进学生社团工作健康发展；以实践育人为主要途径，充分发挥社团在第二课堂育人中的作用，提高学生的综合素质，促进青年学生德智体美劳全面发展。

二、总体要求

学生社团工作的总体要求是：不断完善社团的管理体制和运行机制，使社团运行规范高效有序；不断丰富社团活动内容，使社团成为校园文化和第二课堂的引领者，成为学生主动学习、自我发展的重要阵地；不断增强社团的凝聚力和吸引力，扩大学生参与社团活动的覆盖面；不断加强社团的校内外实践平台建设，建设一批可持续发展的社团活动载体和基地；不断提高社团建设的水平，培育一批有特色、有水平、有内涵的品牌性示范社团。

三、工作措施

1.进一步完善学生社团管理和运行机制。学校成立由党委分管领导任主任的社团建设管理评议委员会，成员由组织部、宣传部、学工部、研工部、教务处、人事处、保卫处、校团委负责人和相关领域专家组成，负责对社团注册登记及年审进行评议审核，委员会下设办公室挂靠校团委。学校各级党组织要切实加强对学生社团工作的领导，把加强和改进学生社团工作纳入学生党建与思想政治教育工作体系之中，定期研究学生社团工作；学校党委学工部、研工部要会同团委加强社团的规范管理和分类指导；校团委在学校党委的领导下，具体承担对学生社团工作的管理工作，各社团挂靠单位具体负责社团的日常指导工作，校、院两级共青团组织要指定专人负责学生社团工作；党委宣传部、人事处、教务处等部门结合工作职能，为学生社团的建设和发展给予支持和指导，每周安排相对固定的学生社团活动时间；保卫处、后勤等部门为学生社团开展活动提供必要的安全保障和物质保障。形成党委领导，行政支持，挂靠单位业务指导，团组织具体管理，各部门、各学院共同关心、共同参与的学生社团工作管理格局。实行学生社团注册制，所有社团每年进行统一注册，注册条件须符合《学生社团建设管理办法》要求，学生社团负责人学习成绩综合排名须在班级前 50% 以内，社团注册需要有 20 名以上正式学籍在读学生联合发起并需要有挂靠单位，挂靠单位可为学校职能部门、直属单位或二级学院（部、中心）。学生社团应本着有利于自身发展和有利于活动开展的原则提出挂靠意向，并与相应的挂靠单位协商，也可委托校团委、校学生社团管理中心与相关单位协商挂靠事宜。挂靠单位对挂靠社团的政治方向、常规工作、活动组织、社团发展等进行指导，并对挂靠社团健康发展担负主体责任。优先给予活动场地、专业技能设施设备、活动资金和师资力量等方面的支持。挂靠社团享有参与挂靠单位对所属学生社团相关评奖评优工作的权利，挂靠社团所取得的各种成绩或获得的任何荣誉，可作为挂靠单位团学工作成果列入年度评优等各项工作考核。

2.进一步强化社团指导提高社团活动质量。实行学生社团导师制，每个学生社团至少配备 1 名指导教师，其中第一导师须为在职在岗教职工，每名老师指导社团不多于2 个，每届聘期一般为 1 年，鼓励学生参与指导教师的学术科研活动。思想政治类社团和志愿公益类社团指导教师须为中共党员。被认定为学分制社团的指导教师，经考核合格，学校给予相应的工作量。若社团有多名指导教师，其工作量根据实际指导情况进行分配。社团指导教师的考核由教师个人申报、所在社团评价、挂靠单位评价和校社团管理中心评价四部分组成，最终提交社团建设管理评议委员会审定。学校根据相应工作量发放社团指导津贴。

建立社团分类指导机制。将学生社团划分为思想政治类、学术科技类、创新创业类、文化体育类、志愿公益类、自律互助类及其他类等。要根据各大类社团的科学发展规律，严格把握社团正确的发展方向，坚持分类指导原则。大力扶持思想政治类社团，充分发挥其在学生思想引领方面的重要作用；用心培育学术科技类社团，展现学生学术钻研的风采，促进优良学风的形成；重点打造创新创业类社团，激发学生的创新创业意识，培养学生的创新创业能力；努力发展文化体育类社团，锻炼学生的健康体魄，养成体育锻炼的良好习惯；积极倡导志愿公益类社团，培养学生奉献、友爱、互助、进步的志愿者精神；正确引导自律互助类社团，陶冶学生高雅情操，树立良好的社会公德。在社团管理中心统一管理的基础上，各类别社团可组织经验丰富的骨干成立顾问团，对本大类的社团进行指导和帮助。

3.进一步提高社团参与度发挥社团育人功能。实行"一生一社"参与机制。要把学生社团作为贯彻党的方针政策，推进素质教育的重要组成部分。以社团建设为载体，不断开拓学生自我学习、自我管理、自我发展的团学育人新局面。让每个学生都有机会加入社团，争取学生参与社团覆盖率达到100%，每个学生参与社团数一般不得多于2个。把参与社团活动的情况作为重要内容纳入到学生综合测评体系中。在推优入党、评奖评优等方面充分考虑学生从事社团工作及其业绩，定期评选表彰优秀学生社团干部。

推行学生社团学分制。评定为三星级及以上的学生社团可以申请认定学分制社团。学分制社团要严格按照社团工作计划和教学计划，保质保量开展并完成社团工作和教学任务，每学年教学和教学实践活动时间应达到相应学分的课时要求。全校所有全日制在校生均可加入学分制社团，社团学分性质原则上认定为公选课学分。学分制社团成员参加所要求的教学及其他活动并通过考核即可认定相应学分，其考核内容包括参加选修社团课程、参加社团活动、相关竞赛等，成绩由社团指导教师评定。

进一步加大社团建设投入做强社团实践平台。加大对学生社团的建设投入，学校每年为社团建设提供必要的社团建设专项经费不少于20万元，各二级学院要从学生活动经费中划拨用于社团建设的工作经费，保证学生社团活动正常开展。学校每年给五星级社团提供经费1000～2000元，四星级社团500～1000元，社团挂靠部门要相应给予不少于50%的配套。学生社团原则上不接受校外资助，不收取成员会费，确有需要资助的要加强合法合规性审核，并将资助经费纳入学校财务统一管理。充分发挥学生活动中心、教学场所、党员之家、和山广场、银杏广场、排练厅等活动阵地的作用，鼓励有条件的二级单位建设学生社团活动基地，为学生社团开展活动提供有力的物质保障。

通过举办社团文化节、优秀社团评比展示、特色社团活动展演、创新社团活动观摩和社团工作经验交流等方式，进一步活跃社团活动，扩大社团在学生中的影响，为学生社团发展注入活力、创造条件、搭建舞台、营造氛围。树立精品意识，实施"一社一品"社团品牌活动培育计划。各级团组织和挂靠单位、指导教师要切实发挥指导作用，把握社团正确的政治方向，从活动设计、实施和总结等方面全程关注社团活动的开展。各单位要在活动中及时总结，深入挖掘亮点，对活动过程中涌现出的典型进行宣传，培养学校社团活动的优秀品牌，着重建设一批有活动、有特色、有品牌、有影响的优秀社团，打造一批主题鲜明、内容充实、形式新颖、效果明显、影响深远的社团活动。

5.进一步健全社团评价机制提升社团整体水平。实施星级评定制，完善考核激励和年审评价机制，充分调动社团干部、指导教师等的主动性、积极性和创造性。社团建设管理评议委员会每年对全校学生社团组织一次考评，评选优秀社团指导教师、优秀社团干部、社团活动积极分子和社团活动奖学金，对成绩突出的社团指导教师、工作出色的社团负责人和积极参与社团活动的学生给予表彰和奖励。同时，根据每年考核结果将各社团划分为五星级、四星级、三星级、二星级、一星级。五星级社团应在校内外具有较大影响力，获得校、省级等荣誉；四星级社团应在校内具有一定影响力，有特色，表现突出；三星级社团运营良好，较有特色；二星级社团正常运营，无特色，表现一般；一星级社团：社团业绩不佳，运营不规范，连续两年评定一星级社团且无明显发展意识，将予以注销。社团管理中心每年定期公布年度评比、星级评定等相关信息。

构建研究鼓励机制，以专家学者、专职团学干部和学生骨干为主体构建研究队伍，关注和研究学生社团发展中出现的新情况、新问题，掌握学生社团工作的动态信息，总结和把握高校学生社团发展的规律，为学生社团的繁荣发展提供理论支持。

四、组织保障

学生社团工作在学校党委的领导和团委的指导下开展，明确分管学生工作的校领导分管学生社团工作，分管人事、教学的校领导参与学生社团指导教师选聘考核、社团骨干学习指导等管理工作，党委组织部、宣传部、学工部、研工部等党委部门共同推进党对社团工作领导的具体化，各级党、团组织要正确把握学生社团建设和发展方向，努力扩大党、团组织在学生社团中的覆盖面，加强政治指导，切实发挥学生社团团结、服务、凝聚青年的桥梁和纽带作用。学生会要加强对学生社团的引导、服务和联系，要善于在社团活动基础上开展符合学校特点、适合同学要求的活动，校团委设置学生社团管理中心具体负责学生社团日常管理工作。

校团委要修订并落实《浙江科技学院学生社团管理办法》《浙江科技学院学生社团星级评定实施办法》《浙江科技学院学生社团学分制管理办法》《浙江科技学院学生社团指导教师聘任及工作量核算方法》等文件，规范社团审批、成立、活动开展、工作考核、评优奖先、财务管理和监督、队伍建设等重点环节，保证学生社团健康、持续、稳定发展。

各级党、团组织要以求真务实、与时俱进的精神改进和创新学生社团工作。要积极探索社团建立临时党团支部、网上社团活动、跨校社团活动、学生社团刊物与宣传活动的管理方式和方法，认真研究学生社团之间的竞争加剧、学生社团与学生会及其他学生组织的关系处理、学生社团活动个性化和社会化程度增强等问题，不断创新工作内容和形式，适应学生需求，增强学生社团和社团活动的吸引力和凝聚力，努力形成新形势下通过学生社团开展思想政治教育的新手段、新方法，促进学校社团工作整体水平的提升。

本意见由校团委负责解释，自发布之日起施行。

参考文献

REFERENCES

[1] Daniel Stufflebeam. Metaevaluation: Concept, Standards, and Uses[A]. In R A Berk (Eds.). Educational Evaluation Methodology: The State of the Art[M]. Baltimore, MD: Johns Hopkins University, 1981.

[2] Engin U, Tahire H. The moderating effect of student club membership on the relationship between career intention in the tourism sector and post-graduate employ ability anxiety[J]. Journal of Hospitality, Leisure, Sport & Tourism Education, 2020, 27(11): 100-110.

[3] Fredricks J A, Blumenfeld P C & Paris A H. School engagement: Potential of the concept, state of evidence[J]. Review of Educational Research, 2004, 74(1): 59-109.

[4] James Waddell Alexander. A History of the University Club of New York[M]. Michigan: Scholarly Publishing Office, 1988.

[5] Kathy E, Brooke L. Effects of a virtual writing club in a college of pharmacy[J]. Currents in Pharmacy Teaching and Learning, 2010, 2(2): 68-71.

[6] Laura Nitu. The Design Club-An extracurricular activity for art students and a master-disciple learning partnership[J]. Procedia-Social and Behavioral Sciences, 2011(11): 27.

[7] Lipset S M, Altbach P G. Student politics and higher education in the Unites States[J]. Comparative Education Review, 1996 (10): 320-349.

[8] Merwin J C. Historical Review of Changing Concepts of Evaluation. In R L Tyler (ed.). Educational Evaluation: New Roles, New Methods: The Sixty-eighth Yearbook of the National Society for the Study of Education, Pant Ⅱ [M]. Chicago: University of Chicago Press, 1969.

[9] Natriello. Problems in the evaluation of students and student from secondary schools[J]. Journal of Research and Development in Education, 2004(17): 14-24.

[10] Washington (D C.). University Club of The City. Year-Book of the University Club of the City of Washington[M]. South Carolina: Nabu Press, 2010.

[11] 陈玉琨. 中国高等教育评价论[M]. 广州：广东高等教育出版社，1993.

[12] 陈武强. 高校学生社团评价体系研究[J]. 教育观察，2020（7）：9-12.

[13] 邸卫敏，贾云秀，马沁芳. 高校社团育人机制的跨文化研究——对中美高校社团的比较分析[J]. 河北青年管理干部学院学报，2008（3）：33.

[14] 弗里德里希·恩格斯. 卡尔·马克思. 马克思恩格斯选集：第1卷[M]. 北京：人民出版社，2012.

[15] 谷贤林. 大学生发展理论[J]. 比较教育研究，2015（8）：28.

[16] 韩煦. 高校学生社团育人效能的现状分析及其提升对策[J]. 思想理论教育，2021（1）：108.

[17] 何海兵. 论高校社团文化对大学生素质的影响[J]. 湖北社会科学，2002（4）：38.

[18] 胡庆芳. 优化课堂教学：方法与实践[M]. 北京：中国人民大学出版社，2014.

[19] 雷浩. 基于核心素养的课程评价：理论基础、内涵与研究方法[J]. 上海师范大学学报（哲学社会科学版），2020（5）：78-85.

[20] 廖良辉. 中美高校学生社团管理比较——以美国哈佛大学为研究实例[J]. 青年研究，2005（4）：48.

[21] 刘健清. 社团志[M]. 上海：上海人民出版社，1998.

[22] 刘鑫渝，高伟. 高校学生社团育人机制对比研究[J]. 中国青年政治学院学报，2011（2）：48.

[23] 陆凯，杨连生. 以文化人视域下高校学生社团文化育人机制研究[J]. 思想教育研究，2017（9）：101.

[24] 吕春辉. 西方大学学生社团的发展变迁及启示[J]. 现代教育科学，2009（1）：13.

[25] 马鑫，李占才. 中国共产党接班人思想的发展与演化[J]. 河南社会科学，2015（2）：62.

[26] 欧阳大文. 中美高校学生社团的比较研究[D]. 长沙：湖南师范大学，2007：45.

[27] 彭明. 五四运动史[M]. 北京：人民出版社，1984.

[28] 孙云龙等. 基于EXCEL的AHP层次分析法在学生社团评价中的应用[J]. 现代商贸工业，2018（2）：104-106.

[29] 王英杰. 美国高等教育的发展与改革[M]. 北京：人民教育出版社，2002.

[30] 王建慧. 高校学生社团发展周期与运行机制相关性研究[J]. 扬州大学学报（高教研究版），2010（3）：47-48.

[30] 王道俊，郭文安. 教育学[M]. 北京：人民教育出版社，2019.

[31] 王德佳. 浅谈高校学生干部的能力培养与素质提升[J]. 当代教育实践与教学研究，2020（8）：132.

[32] 许丹东，吕林海，傅道麟. 中国研究型大学本科生高影响力教育活动特征探析[J]. 高等教育研究，2020（2）：60.

[33] 王碧，李素矿. 高校学生社团组织育人探究[J]. 学校党建与思想教育，2020（11）：74.

[34] 杨飞龙. 高校学生社团隐性育人功能刍议[J]. 东北师大学报（哲学社会科学版），2011（5）：182.

[35] 杨帆，李朝阳，许庆豫. 高校学生社团的学生评价与影响因素[J]. 教育研究，2015（12）：49.

[36] 游小培. 奏定学堂章程颁行百年祭[J]. 浙江社会科学，2004（6）：114.

[37] 于立军，宋雪峰，梁春早. 积极发挥优质学生社团组织的育人功能[J]. 中国高等教育，2005（22）：27.

[38] 张勤. 大学生参与志愿服务长效机制研究——中美比较的视角[J]. 中国高教研究，2009（12）：78.

[39] 张昌凡. 高校教学团队工作模式的组织行为学分析[J]. 中国高教研究，2012（12）：78-81.

[40] 张继平. 学科评估服务"双一流"建设：元评估的现实困境与路径选择[J]. 现代教育管理，2020（12）：63-71.

[41] 郑爱华. 论高校社团育人功能[J]. 湘潭学院学报（社会科学版），2007（5）：170.

[42] 周小骥，侯盛炜，秦晶. 高校学生社团课程化建设探究[J]. 学校党建与思想教育，2014（8）：87-89.

后　记

　　近年来，随着教育体制改革的成效愈发显著，高校学生社团的发展也日益蓬勃。国内高校学生社团制度、章程健全，活动多样，丰富了多姿多彩的校园文化，为学生提供了优质的发展平台，为高校提供了有效的育人载体。社团发展的过程中难免遇到挑战，比如专职指导教师不足；社团管理存在官僚化倾向；社团领导层对社团活动缺乏理解，导致活动出现消极化；新时代社团成员具有网络的黏性特征，但对学校的活动参与性较低；等等。为了应对出现的挑战，我们要提高社团管理层次和水平。首先，社团活动的形式和内容应该进行创新，在形式上要与时俱进，善于运用新形式和新方法，突出多样化；在内容上要注重开创一批有内涵、有深度、有质量、贴近当前大学生兴趣的高质量的活动，提高社团成员对社团的忠诚度，让社团成员积极主动地愿意开展和参与活动，为社团发展做出自己的贡献。其次，要重视对学生社团负责人在优秀社团建设中的作用，这就要求加强对社团负责人的培养。在选拔社团负责人时，社团管理部门要充分考虑社团建设和发展的需要，选择那些能在社团中起到正面引领作用的学生，培育社团特色。

　　为了从理论和实践层面应对这些挑战，本书第一章在深入研究高校学生社团建设的理论基础上，对高校学生社团的定义、与社团建设相关的马克思主义关于人的本质理论、社会组织理论等进行了阐述。第二章中比较了中美高校学生社团的发展经验，在发展历史、社团类型、运行机制、评价指标上进行了比较和探索，获得了一定的启示。第三章在社团的创建机制、运行管理以及支撑体系上进行了阐述，提出了高校学生社团运行的五项机制，分别是注册制、挂靠制、星级制、学分制和导师制，该机制能够较为有效地支撑起高校学生社团的运行。第四章探讨了优化高校学生社团课程建设的路径，引入了活动课程理论、隐性课程理论、混合式教学理论、项目教学理论和成果导向教育理论等课程建设与教学理论，结合各高校社团工作的实际情况对社团课程建设开发、社团课程评价管理工作条分缕析地给予了展示，希望对学分制社团课程建设有所裨益。社团是培养干部的组织，学生们因为兴趣爱好集合在一起，为了共同的目标去打造社团文化、开展活动，从而培养了自己的能力，社团干部的培养在第五章中重点着墨，如何培养社团干部的工作意识和工作能力是广大社团管理者和社团成员关注的问题。第六章中对社团育人模式进行了尝试性分析，从组织育人、实践育人、文化育人、网络育人、服务育人五个维度展示了社团育人的内涵和机制。社团工作评价是社团建设中必不可少的一部分，本书第七章利用层次分析法等相关理论提出了社团评价体系，其中的评价指标体系并不唯一，也可以根据地域差异、高校自身特色及发展目标的不同，对相应参数或权重做相应的调整，以满足各自不同的需求，从而实现高校学生社团科学评价、精准建设、良性发展的目的。社团信息化发展是大势所趋，本书在第八章对浙江科技学院社团数字化管理系统如何实现社团工作业务数据化、数据业务化，推动学校共青团工作和育人工作的整体智治赋能进行了介绍。

浙江科技学院的社团改革与建设工作得到了团省委副书记周苏红，校党委书记龚建立、校长赵东福以及校党委副书记周加敏等领导的大力支持。

在本书撰写过程中，浙江大学梅伟惠教授、省团校蔡宜旦教授、郭彧副校长等专家对本书撰写进行了指导；在学校团委工作过的同事薛凡、齐铭鑫、方乐成、项露露参与了学校社团建设并为本书的写作提供了一手资料，张琰、刘培锐协助参与了本书的撰写，叶赛英、苟尧泊、马利国、季康雪参与了相关研究工作；浙江大学出版社朱玲编辑为本书的出版提供了重要的帮助和支持。在此一并表示衷心的感谢！同时还要感谢浙江大学、宁波大学、浙江工业大学、浙江农林大学、中国计量大学、浙江中医药大学、浙江海洋大学、嘉兴学院、丽水学院、金华职业技术学院等兄弟高校为本书的编写提供了大量具有代表性的案例和经验。

本书由浙江科技学院李俊、龚雪萍撰写，作者在撰写过程中尽量把握高校学生社团工作的规律性和时代性、理论性与实践性、系统性和创新性，对社团的工作体系进行了较好的梳理，期待能够给相关领导、高校共青团干部、学生工作的教师、社团指导教师和学生社团负责人以及各级团校、人才学院和"青马工程"班学员提供参考。因作者水平有限，本书难免存在疏漏之处，欢迎大家提出宝贵建议，我们将继续深入推进高校学生社团的建设与研究，联系：LijunKab（微信号），邮箱：lj@zust.edu.cn。

李俊

2021 年 5 月